Français
Langue
Étrangère

Le FLE par les textes

Littérature et activités de langue

[Niveaux A2-B1]

• Cours de Civilisation Française de la Sorbonne
• Caroline Bouchery
• Isabelle Taillandier

Belin

8, RUE FÉROU 75278 PARIS CEDEX 06
WWW.EDITIONS-BELIN.COM

Remerciements

De nombreux professeurs des CCFS se sont mobilisés autour des auteurs: Mildred Camille-Martin, Mylène Gambert et Bernadette Lyon, qui ont relu les textes, et ceux qui ont collaboré à l'enregistrement des textes: Caroline Cachein, Louis-Jean Fesquet, Catherine Filliolet, Jean-François Hans, Philippe Lagadec, Nicole Landès, Laurence Langlois, Thierry Laurent, Maylis Léon-Dufour, Françoise Monteil, Lise Morio, Marie-Thérèse Pallut, Nathalie Paquelin, Christine Sabatier, Anne-Joëlle Stephan, Brigitte Thépot-Ricau, Matthias Vincenot.

Dans la collection

Français

Langue

Étrangère

Sous la direction de Jean-Louis Boursin

Test de connaissance du français

Anthologie de la littérature française

ISSN 0298-4687 ISBN 978-2-7011-4897-7

Avant-propos

Ce volume est l'aboutissement de plusieurs décennies d'activité des Cours de Civilisation française (CCFS). Depuis leur création en 1919, près de cent mille jeunes étrangers sont venus y découvrir la langue et la civilisation française, ou s'y perfectionner.

Ces textes ont été choisis par les professeurs qui se sont succédé aux CCFS, puis édités et complétés, sous la conduite de Pierre Brunel, professeur à l'Université Paris-Sorbonne, membre de l'Institut Universitaire de France et directeur des CCFS, par deux de leurs professeurs actuels, Isabelle Taillandier et Caroline Bouchery, qui ont également mis au point les activités pédagogiques liées aux textes choisis.

Destiné aux lecteurs de niveau A2 ou B1, cet ouvrage se caractérise par l'usage de *vrais* textes littéraires comme supports pédagogiques. Puisse-t-il donner à tous le goût de cette littérature si riche, ce fonds commun qui établit, comme le souligne le poète François Cheng dans son message, une « indéfectible connivence entre nous tous ».

Jean-Louis Boursin
Membre du Conseil supérieur de la Langue française

SOMMAIRE

Pour une utilisation en classe, le CD peut être utilisé seul puis en complément de la lecture du texte. Pour une utilisation individuelle, il est recommandé d'utiliser ensemble les deux supports.

NIVEAU **A2**

TEXTE

Robert **Desnos** naît en 1900 à Paris. En 1922, il commence des séances d'écriture automatique, parfois sous hypnose. Il excelle dans cet exercice et André Breton dira de lui : « Le surréalisme* est à l'ordre du jour et Desnos est son prophète ». Sous l'Occupation*, Robert Desnos entre dans la Résistance*. Il est arrêté en 1944 puis déporté. Il mourra en camp de concentration un an plus tard.

Les poèmes du recueil Chantefables et Chantefleurs *ont été publiés en 1944. Certains ont été mis en musique par Joseph Kosma puis enregistrés par la chanteuse Juliette Gréco en 1950.*

Le muguet

Un bouquet de muguet,
Deux bouquets de muguet,
Au guet ! Au guet !
Mes amis, **il m'en souviendrait**[1],
Chaque printemps au premier mai.
Trois bouquets de muguet,
Gai ! Gai !
Au premier mai,
Franc bouquet de muguet.

« Le Muguet », extrait de *Chantefables et Chantefleurs*,
Robert Desnos, Éditions Gründ, 1944.

1. Je m'en souviendrais.

ACTIVITÉ 1 Chez le fleuriste

De quelle fleur s'agit-il ? Complétez les phrases suivantes avec une fleur choisie dans la liste ci-dessous.

coquelicots – lys – marguerite – ~~muguet~~ – nénuphar – œillet – pivoine – rose – tournesol – tulipes – violette

1. Le ***muguet*** porte bonheur.
2. On effeuille la ______________ : « Je t'aime, un peu, beaucoup, passionnément, à la folie, pas du tout ! »
3. Le ______________ tourne sa tête en direction du soleil.
4. Les ______________ est le titre d'un célèbre tableau de Claude Monet.
5. Le ______________ vit sur l'eau.
6. La ______________ se fane très vite.
7. Quand on est timide, on devient rouge comme une ______________.
8. Les ______________ hollandaises sont réputées dans le monde entier.
9. La fleur de ______________ était le symbole des rois de France.
10. L'______________ est une fleur que les hommes portent parfois à la boutonnière.
11. À Toulouse, on trouve des bonbons qui ont la forme et le goût de la ______________.

ACTIVITÉ 2 Les fêtes en France

Que fait-on ce jour-là ? Complétez les phrases suivantes comme dans l'exemple.

1. Pour le 1er mai, on ***offre*** du muguet.
2. Le Jour de l'An, on dit « ______________ ! » à ses parents et à ses amis.
3. Le jour de l'Épiphanie, les boulangers vendent des ______________ et donnent une ______________ dorée pour le roi ou la reine.
4. Le jour de la Saint-Valentin, les amoureux se disent : « ______________ ».
5. Pour Mardi Gras, les enfants se déguisent et mangent des ______________.
6. À Pâques, on offre des ______________, ______________ ou des ______________ en chocolat.
7. Le jour de la Fête Nationale, l'armée française défile sur les ______________.
8. À la Toussaint, on va dans les cimetières et on dépose des fleurs sur les ______________ des morts de notre famille.
9. À Noël, on offre des ______________. On les dépose au pied du ______________ ou devant la ______________.

TEXTE 2

Philippe-François-Nazaire Fabre, dit **FABRE D'ÉGLANTINE** est né en 1750. C'est un acteur, un dramaturge, un poète et un homme politique. Il est partisan des idées politiques nouvelles. Pendant la Révolution française*, il se lie avec des personnes importantes comme Danton, ministre de la justice, dont il sera le secrétaire. Il meurt guillotiné à Paris en 1794.

Il pleut, il pleut bergère *est une chanson tirée de, l'opérette* Laure et Pétrarque *qu'il a écrite en 1780. Cette célèbre chanson populaire a été chantée lors de la création de la Garde nationale, au lendemain de la prise de la Bastille. On dit aussi que Fabre d'Eglantine l'a fredonnée quelques minutes avant sa mort.*

Il pleut, il pleut bergère,
Presse tes blancs moutons,
Allons sous ma chaumière
Bergère, vite, allons.
J'entends sous le feuillage
L'eau qui tombe à grand bruit,
Voici, voici l'orage
Voici l'éclair qui **luit**[1].

Entends-tu le tonnerre ?
Il roule en approchant,
Prends un abri, bergère,
À ma droite en marchant.
Je vois notre cabane,
Et tiens, voici venir
Ma mère et ma sœur Anne
Qui vont l'étable ouvrir[2].

Laure et Pétrarque, Fabre d'Églantine, 1780.

---

1. 3e personne du singulier du verbe *luire* au présent de l'indicatif.
2. Qui vont ouvrir l'étable.

ACTIVITÉ 3 La météo

Trouvez l'adjectif correspondant au nom écrit entre parenthèses. Introduisez-le dans la phrase en l'accordant.

1. (la pluie) Les jours *pluvieux* du mois de novembre ont été très pénibles.
2. (l'orage) Le ciel est ______________, il va bientôt pleuvoir.
3. (le nuage) C'est couvert aujourd'hui, le ciel est ______________.
4. (la neige) En hiver, nous aimons regarder les arbres ______________.
5. (le verglas) Sois prudent sur la route parce que la chaussée est ______________.
6. (le soleil) Cette pièce est très agréable parce que, en été, elle est ______________ du matin au soir.
7. (une inondation) Le fleuve déborde et la route est ______________.
8. (la brume) C'est ______________ ce matin. On distingue mal les collines au loin.
9. (la sécheresse) La terre est toute ______________. Elle a besoin d'eau.
10. (l'humidité) Certains climats sont chauds et ______________.
11. (la fraîcheur) Les matins d'automne sont ______________.

ACTIVITÉ 4 Les animaux de la ferme

Complétez le tableau ci-dessous.

Le mâle	La femelle	Le petit	Le lieu
un mouton	une brebis	un agneau	une bergerie
	une poule		un poulailler
		un lapereau	un clapier
	une truie		une porcherie
un canard			une mare
	une vache		*une étable*
	une jument		une écurie
un bouc			une bergerie

Guillaume **APOLLINAIRE** naît en 1880 et son vrai nom est Wilhelm Apollinaris de Kostrowitzky. Sa mère est une aristocrate polonaise séduite par un homme à l'identité inconnue, et qui l'abandonne avec son enfant. Par la suite, il aura un demi-frère, Albert. La jeune aristocrate s'installe dans le sud de la France où Guillaume et son frère font leurs études. La famille est pauvre et Apollinaire commence très jeune à gagner sa vie. En 1907, il décide de se consacrer à l'écriture et devient aussi critique d'art. Il fréquente les peintres Picasso, Derain et Vlaminck. En 1913, il publie un recueil de poèmes, *Alcools*, qui met en valeur la volonté de modernité du poète. En 1914, il part pour la guerre et il est blessé à la tête deux ans plus tard. Il obtient la nationalité française en 1917. Affaibli par sa blessure, il meurt en 1918, pendant l'épidémie de grippe espagnole. Le recueil de poèmes *Calligrammes* est publié quelques mois avant sa mort.

C'est Guillaume Apollinaire qui a inventé le mot « calligramme » mais il n'a pas inventé l'idée puisqu'on connaît des calligrammes composés par un poète grec de l'Antiquité mais aussi par Rabelais au XVI*e siècle. Toutefois, avec cette forme, ce que veut Apollinaire, c'est rendre la lecture active et obliger le lecteur à construire lui-même le poème.*

Cœur couronne et miroir

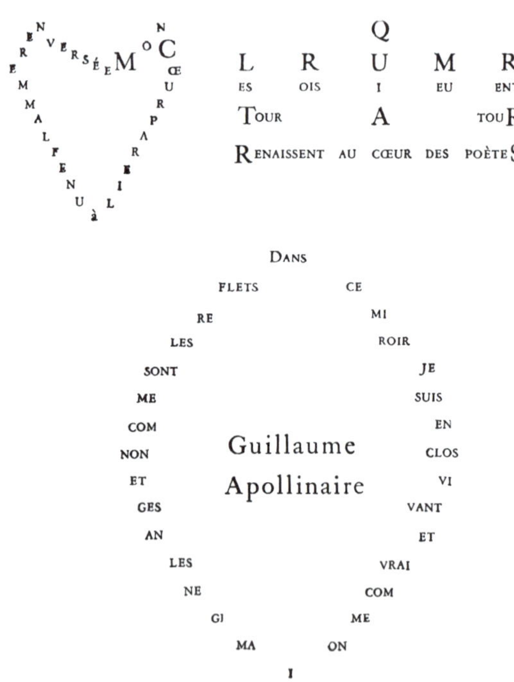

« Cœur Couronne et Miroir », *Calligrammes*,
Guillaume Apollinaire, Éditions Gallimard, 1918.

ACTIVITÉ 5 Réécriture

Écrivez « horizontalement » les poèmes de la page de gauche, comme dans l'exemple.

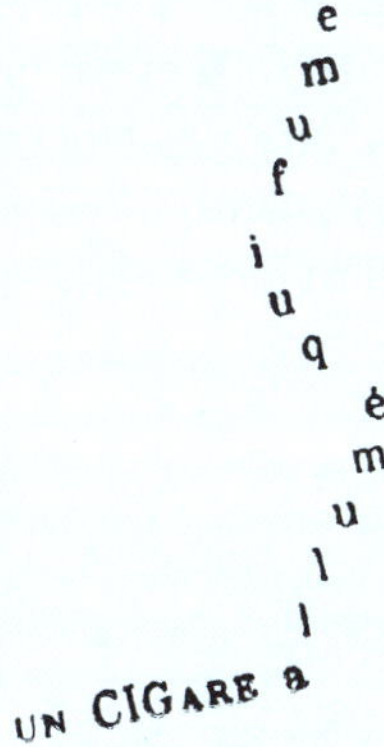

Un cigare allumé qui fume.

Cœur : ______________________________

____

Couronne : ______________________________

____

Miroir : ______________________________

____

ACTIVITÉ 6 Mon calligramme

À votre tour, créez trois calligrammes. Un qui représente la tour Eiffel, un qui représente le soleil et un qui représente une maison.

TEXTE 4

Eugène Ionesco naît en Roumanie en 1909 d'un père roumain et d'une mère française. En 1910, la famille s'installe à Paris mais le père de Ionesco rentre définitivement dans son pays trois ans plus tard et demande le divorce. Ionesco retournera en Roumanie vivre chez son père pour une brève période et ce n'est qu'en 1941 qu'il s'installe définitivement en France avec sa femme, une Roumaine. Sa première pièce, *La cantatrice chauve*, est créée au Théâtre des Noctambules à Paris en mai 1950. En 1979, à l'occasion d'un séjour aux États-Unis, il rédige les *Exercices de conversation et de diction pour étudiants américains*. Il meurt à Paris en 1994.

Avoir ou ne pas avoir quelque chose

Personnages : Thomas, Marie-Jeanne, Dick

Thomas. – Bonjour, Marie-Jeanne, il est déjà deux heures de l'après-midi, je n'ai pas mangé, j'ai faim.
Marie-Jeanne. – Moi, je n'ai pas faim, j'ai chaud.
Thomas. – Moi, j'ai faim et j'ai chaud.
Marie-Jeanne. – Moi j'ai chaud et j'ai froid parce que c'est l'été et que nous avons un été froid cette année.
Thomas. – Moi, j'ai faim, j'ai chaud, j'ai soif.
Marie-Jeanne. – Quand on a soif on a sommeil, alors j'ai sommeil.
Thomas. – Moi, j'ai faim, j'ai chaud, j'ai froid, j'ai soif, j'ai sommeil et j'ai vingt ans.
Dick. – Il vaut mieux avoir vingt ans que d'avoir chaud, faim, froid, soif et sommeil.
Thomas. – Moi, j'ai faim, chaud, j'ai froid, j'ai sommeil, j'ai vingt ans à la fois.
Dick. – Moi, je n'ai pas faim, je n'ai pas chaud, je n'ai pas froid, je n'ai pas sommeil, je n'ai pas vingt ans. Je n'ai besoin de rien mais j'ai mal partout.
Thomas. – Tu as raison de n'avoir besoin de rien ni du reste.
Marie-Jeanne. – Non, il a tort.
Thomas. – Non, il a raison, puisqu'il n'a besoin de rien.
Marie-Jeanne. – Non, il a tort puisqu'il a mal partout.
Dick. – En effet, il vaut mieux avoir sommeil.

« Avoir ou ne pas avoir quelque chose »,
Exercices de conversation et de diction pour les étudiants américains,
Eugène Ionesco, recueilli dans *Théâtre*, tome V, Éditions Gallimard, 1979.

ACTIVITÉ 7 Le verbe *avoir*

A. Dans le texte, relevez les dix expressions avec le verbe *avoir*.

B. Trouvez d'autres expressions avec le verbe *avoir*.

1. Je n'ai pas mangé, j'ai ***faim***.
2. Je ne supporte plus la pollution et le bruit de la ville. Parfois, j'ai ______________ de vivre à la campagne.
3. Il fait noir et il n'y a personne dans la rue. J'ai ______________.
4. J'ai dit une bêtise. Maintenant, j'ai ______________.
5. Si tu as des problèmes, appelle-moi. Tu peux avoir ______________ en moi.
6. Les Jeux Olympiques ont ______________ tous les quatre ans.
7. Tu devrais aller voir le médecin. Tu as l'______________ malade !
8. Est-ce que c'est un stationnement interdit ? Est-ce qu'on a le ______________ de se garer ici ?
9. Désolé mais je suis pressé et je n'ai pas le ______________ de vous parler.
10. Je gagne seulement 1 000 euros par mois. Je n'ai pas les ______________ d'acheter cette voiture.
11. Désolée, je n'ai pas de montre. Vous avez l'______________ s'il vous plaît ?

ACTIVITÉ 8 Les adjectifs antonymes

Trouvez le contraire de l'adjectif proposé.

1. Avoir froid ou ne pas avoir ***chaud***.
2. Être gentil ou ne pas être ***méchant***.
3. Être beau ou ne pas être ______________.
4. Être joyeux ou ne pas être ______________.
5. Être amusant ou ne pas être ______________.
6. Être silencieux ou ne pas être ______________.
7. Être courageux ou ne pas être ______________.
8. Être optimiste ou ne pas être ______________.
9. Être heureux ou ne pas être ______________.
10. Être prudent ou ne pas être ______________.
11. Être intelligent ou ne pas être ______________.
12. Être travailleur ou ne pas être ______________.

TEXTE 5

Léopold Sédar Senghor est né au Sénégal en 1906. Il fait d'abord ses études dans son pays puis à Paris. C'est l'époque où il rencontre Aimé Césaire et Léon Gontran Damas avec lesquels il établit les fondements de la Négritude*. Il devient professeur de Lettres avant la deuxième guerre mondiale. Il prend part à la campagne de France et est fait prisonnier. À partir de 1945, il s'engage dans l'action politique. Il est élu député du Sénégal et publie son premier recueil *Chants d'ombre*. En 1960, il devient le premier Président de la République du Sénégal et il le reste pendant vingt ans. Il écrit l'hymne national sénégalais, *Le Lion Rouge*. En 1984, Senghor entre à l'Académie française*. Sa poésie est construite sur l'espoir de créer une civilisation de l'Universel regroupant les traditions au-delà de leurs différences. Il est d'ailleurs à l'origine du mot « francophonie ». Il meurt en 2001.

La belle histoire de Leuk-le-Lièvre *est un conte pour enfant, écrit en 1953.*

C'est au temps où les animaux de la brousse aiment à se réunir pour causer et discuter de leurs affaires.

Certains jours, ils se rassemblent, sous l'arbre des palabres, pour désigner le plus jeune animal. Oncle *Gaïndé-le-lion* préside la séance.

On connaît le plus fort de tous les animaux : c'est Gaïndé-le-lion, roi de la brousse. On connaît le plus vieux : c'est *Mame-Gnèye-l'éléphant*. On connaît aussi le plus malhonnête et le moins intelligent : c'est *Bouki-l'hyène*. Mais on ne connaît pas le plus intelligent. Tout le monde veut passer pour le plus intelligent de tous les animaux. Oncle Gaïndé-le-lion dit : « Si nous connaissons le plus jeune d'entre nous, nous connaîtrons en même temps le plus intelligent. »

Alors ceux qui croient être les plus jeunes lèvent la main, pour demander à dire la date ou l'époque de leur naissance.

« Moi, je suis née l'année de la grande sécheresse, c'est-à-dire il y a trois ans », déclare la Biche.

« Moi, je suis né il y a trois lunes », affirme le Chacal en dressant ses oreilles pointues.

« Et moi, dit le Singe en se grattant, tenez, je viens de naître. »

Tout le monde applaudit, et le Singe se croit vainqueur lorsqu'une voix crie du haut d'un arbre : « Attention ! Je vais naître. Un peu de place pour me recevoir. »

Et *Leuk-le-lièvre*, lâchant la branche à laquelle il s'est accroché, tombe au milieu des animaux étonnés.

Tout le monde reconnaît que Leuk-le-lièvre est en effet le plus jeune, puisqu'il vient de naître au milieu de la discussion. Donc il est reconnu en même temps comme le plus intelligent.

Oncle Gaïndé-le-lion se lève et s'approche de Leuk-le-lièvre : « Je te proclame le plus intelligent des animaux, lui dit-il. Tu as réussi à nous prouver que tu es le plus jeune. Tu n'es peut-être pas vraiment le plus jeune, mais ton intelligence est supérieure à celle des autres. »

La belle histoire de Leuk-le-Lièvre, Léopold Sédar Senghor, Abdoulaye Sadji, coll. « Afrique en poche – cadet », EDICEF – NEA, 1990.

ACTIVITÉ 9 Le superlatif

Regardez les exemples.

Le lion est *le plus fort* de tous les animaux.

Stéphane est l'élève *le moins grand* de la classe.

À vous ! Complétez les phrases suivantes. N'oubliez pas d'accorder les adjectifs !

1. (difficile, -) Ce sont les exercices *les moins difficiles* du livre.
2. (jeune, +) Leuk-le-lièvre est *le plus jeune* des animaux.
3. (prudent, -) Patricia et Sophie sont ______________________ de la classe.
4. (cher, +) Ce sont les chaussures ______________________ du magasin.
5. (coquet, -) Bertille est ______________________ de notre groupe.
6. (bon, +) Denis est ______________________ élève de la classe.
7. (économique, -) C'est la voiture ______________________ de cette série.
8. (beau, +) Ils sont persuadés que leurs enfants sont ____________________ du monde.
9. (courageux, +) Ces femmes sont ______________________ de l'équipe.
10. (bon, -) Ce sont les frites ______________________ du quartier.

ACTIVITÉ 10 Les prépositions de temps

Complétez les phrases suivantes à l'aide d'une préposition choisie dans la liste ci-dessous.

à – à partir de – après – avant – dans – de – depuis – dès – en – il y a – jusqu'à – pendant – vers

1. « Je suis née *il y a* trois ans », dit la Biche.
2. Je me suis mis devant mon ordinateur ________ 8h30 et j'ai travaillé __________ 13 heures.
3. J'ai habité en France ____________ huit ans puis je suis rentrée dans mon pays.
4. Attendez-moi, j'arrive ____________ cinq minutes !
5. Mon grand voyage en Asie ? Je l'ai fait ____________ trois ans.
6. Il est parti à 17 heures Moi, je suis arrivée ____________ son départ, ____________ 18 heures, je crois.
7. Notre magasin est ouvert ____________ 10 heures ____________ 19 heures.
8. Ne t'inquiète pas, je te contacterai le plus vite possible, ____________ mon retour.
9. ____________ demain, la piscine sera aussi ouverte le matin.
10. Pierre est dans notre entreprise ____________ 1998 mais je ne sais pas où il était ____________ son entrée chez nous.
11. Maintenant, avec l'Eurostar, on peut aller de Paris à Londres ____________ deux heures et quinze minutes.

TEXTE 6

Jean-Marie Gustave Le Clézio naît en 1940. Il commence à écrire très tôt et *Le Procès-Verbal* (1963), son premier roman, lui apporte la reconnaissance littéraire. Les romans et les essais qu'il publie par la suite explorent l'âme humaine, mais posent aussi la question de l'écriture et de la langue. Il a alors la réputation d'un écrivain novateur. Toutefois, à la fin des années 1970, il semble vouloir apaiser son style qui devient plus sobre et aborde des thèmes comme l'enfance et le voyage. Parallèlement, il est de plus en plus fasciné par les cultures précolombiennes, notamment la culture maya, en apprend la langue, et tente une traduction en français de certains de ses textes sacrés. Il reçoit le prix Nobel de littérature pour l'ensemble de son œuvre en 2008.

Dans L'Extase matérielle, *Le Clézio tente une connaissance du monde, et donc aussi des êtres humains, qui, pour lui doit passer par l'expérience de la matière. Il pense en effet que les choses, le corps et les sensations physiques (la matière) sont « la seule intelligence de l'homme, sa seule vérité, sa technique » (l'extase). C'est pourquoi, il invite le lecteur à une évocation sensorielle du monde.*

Dans cette vie, tout est important. Plutôt que de dire d'un homme qu'il est cultivé, je voudrais qu'on me dise : c'est un homme. Et je suis tenté de demander : Combien de femmes a-t-il aimées ? Préfère-t-il les femmes rousses ou les femmes brunes ? Que mange-t-il au repas de midi ? Quelles maladies a-t-il eues ? Est-il sujet aux grippes, à l'asthme, aux furoncles, à la constipation ? Quelle est la couleur de ses cheveux ? De sa peau ? Comment marche-t-il ? Se baigne-t-il, ou prend-il des douches ? Quels journaux lit-il ? Dort-il facilement ? Est-ce qu'il rêve ? Est-ce qu'il aime les yaourts ? Qui est sa mère ? Dans quelle maison, quel quartier, quelle chambre vit-il ? Aime-t-il avoir un traversin, un oreiller, les deux, ou ni l'un ni l'autre ? Est-ce qu'il fume ? Comment parle-t-il ? Quelles sont ses manies ? Si on l'insulte, comment réagit-il ? Est-ce qu'il aime le soleil ? La mer ? Est-ce qu'il parle seul ? Quels sont ses vices, ses désirs, ses opinions politiques ? Aime-t-il voyager ? Si un vendeur de camelote sonne à l'improviste chez lui, que fait-il ? Au café, au restaurant, que commande-t-il ? Est-ce qu'il aime le cinéma ? Comment s'habille-t-il ? Quels noms a-t-il donnés à ses enfants ? Quelle est sa taille ? Son poids ? Sa tension ? Son groupe sanguin ? Comment se coiffe-t-il ? Combien de temps met-il à se laver le matin ? Est-ce qu'il aime se regarder dans une glace ? Comment écrit-il les lettres ? Qui sont ses voisins, ses amis ? Tout cela est bien plus important que la prétendue « culture » ; les objets quotidiens, les gestes, les visages des autres influent plus sur nous que les lectures ou les musées.

L'extase matérielle, J.-M. G. Le Clézio, Éditions Gallimard, 1967.

ACTIVITÉ 11 L'adjectif interrogatif *quel* et le pronom interrogatif *lequel*

Complétez les phrases suivantes avec l'adjectif ou le pronom interrogatif.

1. *Quelles* sont ses manies ?
2. À ______________ étage habites-tu ?
3. ______________ est votre adresse ?
4. ______________ de ces deux fleurs préférez-vous ?
5. Pour faire ce gâteau, je dois avoir ______________ ingrédients ?
6. Il y a plusieurs films intéressants au cinéma. ______________ est-ce que tu veux aller voir ?
7. Il y a des clés sur la table. ______________ sont celles du garage ?
8. ______________ est la spécialité de votre restaurant ?
9. ______________ des deux joueurs gagnera ?
10. Je vais lui offrir des gants mais j'hésite. ______________ vais-je prendre ?

ACTIVITÉ 12 L'interrogation ouverte

Posez la question sur le mot ou groupe de mots soulignés.

1. *Que mange-t-il au repas de midi ?* Il mange un steak-frites.
2. ______________________________ ? Ce sont mes deux frères.
3. ______________________________ ? Le feu brûle.
4. ______________________________ ? Elle raconte ses vacances.
5. ______________________________ ? Ils jouent au tennis.
6. ______________________________ ? Elle téléphone à son médecin.
7. ______________________________ ? Elle vient de Belgique.
8. ______________________________ ? Ce t-shirt est en coton.
9. ______________________________ ? Je vais bien, merci.
10. ______________________________ ? Je viendrai en voiture.
11. ______________________________ ? Vous allez dîner au restaurant.
12. ______________________________ ? Je vais me coucher parce que je suis fatiguée.
13. ______________________________ ? Ils parlent quatre langues.
14. ______________________________ ? Ce livre coûte 25 euro.
15. ______________________________ ? Le week-end prochain, nous irons à la campagne.
16. ______________________________ ? Ils sont en France depuis deux mois.

TEXTE 7

Jean TARDIEU (1903-1995) a travaillé beaucoup de genres différents mais il est surtout connu pour sa poésie et pour son théâtre. Dans son livre de souvenirs *On vient chercher monsieur Jean* (1990), il affirme avoir vécu une crise métaphysique qui a conditionné toute son œuvre et qui l'a encouragé à explorer la part d'ombre qui est en chaque être humain. Par exemple, dans *La Comédie du langage*, Tardieu se demande quelle est l'utilité du langage.

Monsieur A et Madame B se rencontrent dans une rue quelconque, devant la terrasse d'un café.

MONSIEUR A, *avec chaleur*. – Oh ! Chère amie. Quelle chance de vous…
MADAME B, *ravie*. – Très heureuse, moi aussi. Très heureuse de… vraiment oui !
MONSIEUR A. – Comment allez-vous, depuis que ?…
MADAME B, *très naturelle*. – Depuis que ? Eh bien ! J'ai continué, vous savez, j'ai continué à…
MONSIEUR A – Comme c'est !… Enfin, oui vraiment, je trouve que c'est…
MADAME B, *modeste*. – Oh, n'exagérons rien ! C'est seulement, c'est uniquement… Je veux dire : ce n'est pas tellement, tellement…
MONSIEUR A, *intrigué, mais sceptique*. – Pas tellement, pas tellement, vous croyez ?
MADAME B, *restrictive*. – Du moins je le… je, je, je… Enfin !…
MONSIEUR A, *avec admiration*. – Oui, je comprends : vous êtes trop, vous avez trop de…
MADAME B, *toujours modeste, mais flattée*. – Mais non, mais non : plutôt pas assez…
MONSIEUR A, *réconfortant*. – Taisez-vous donc ! Vous n'allez pas nous… ?
MADAME B, *riant franchement*. – Non ! Non ! Je n'irai pas jusque-là !

Un temps très long. Ils se regardent l'un l'autre en souriant.

« Un mot pour un autre », *La comédie du langage*,
Jean Tardieu, Éditions Gallimard, 1966.

ACTIVITÉ 13 Les adverbes de quantité et d'intensité

Barrez la mauvaise réponse.

1. Je suis ***très/beaucoup*** heureuse, moi aussi.
2. Il est parti **si/trop** vite que je n'ai pas eu le temps de lui dire au revoir.
3. J'ai **beaucoup/extrêmement** d'amis français.
4. J'en ai **plus/assez** ! Ça suffit !
5. Elle fume **tant/trop** qu'elle s'essouffle vite.
6. Cette opération est **beaucoup/extrêmement** douloureuse.
7. Le café est **peu/trop** chaud, je ne peux pas le boire.
8. Tu es arrivé **très/peu** de temps après moi.
9. Je t'aime **très/tellement** !
10. Il n'est jamais satisfait, il en veut toujours **plus/assez** !
11. J'ai **beaucoup/très** faim.

ACTIVITÉ 14 Les verbes de mouvement

Complétez les phrases suivantes avec un verbe choisi dans la liste ci-dessous que vous conjuguerez au présent (impératif, indicatif, infinitif).

s'allonger – s'appuyer – s'asseoir – ~~bouger~~ – s'étirer – hausser – se lever – se mettre – se pencher – se retourner – se tenir

1. Les acteurs qui interprètent les personnages de Monsieur A et de Madame B ***bougent*** sur scène.
2. « ________________ droit ! », dit la mère à son fils.
3. Après avoir dormi longtemps, on ________________ pour se réveiller.
4. Il ________________ à la fenêtre pour voir ce qu'il se passe dans la rue.
5. Quand le maître entre dans la classe, les enfants ________________.
6. Il ne sait pas quoi répondre, alors il ________________ les épaules.
7. Après le pique-nique, elles ________________ dans l'herbe pour faire une sieste.
8. Cette chaise est libre, vous pouvez ________________.
9. Il croit entendre son nom et ________________. Mais, personne !
10. Après avoir couru, le joggeur ________________ contre un arbre pour reprendre son souffle.
11. Les fidèles ________________ à genoux pour prier.

TEXTE 8

Jules Romains est le pseudonyme de Louis Farigoule. Il naît en Auvergne en 1885. Il fait des études de philosophie. Pendant la Seconde Guerre mondiale*, il s'exile aux États-Unis puis au Mexique. Il crée le concept d'unanimisme, procédé littéraire qui met en valeur les êtres humains dans leurs rapports sociaux, puis le met en pratique dans son roman *Les Hommes de bonne volonté* (1932-1946), immense fresque romanesque composée de 27 volumes ! Cependant, son œuvre la plus célèbre est la pièce de théâtre *Knock ou le Triomphe de la médecine*, dédiée à l'acteur Louis Jouvet qui jouera le rôle principal sur la scène et au cinéma. Jules Romains meurt à Paris, en 1972.

Knock, le successeur du docteur Parpalaid, a une conception très personnelle de la médecine. Il pense par exemple que les gens en bonne santé n'existent pas, que ce sont seulement « des malades qui s'ignorent ». À peine arrivé à Saint-Maurice, il fait venir le tambour, personne chargée de faire les annonces dans les villages. Il lui dicte le texte que ce dernier doit annoncer, et lui propose de l'ausculter avant tout le monde. Le tambour se plaint alors de douleurs à l'estomac mais il a du mal à les décrire : il hésite entre le verbe « gratouiller »/ « grattouiller » et le verbe « chatouiller »…

Acte II, scène 1

KNOCK, *d'un air de profonde concentration.* – Attention. Ne confondons pas. Est-ce que ça vous chatouille, ou est-ce que ça vous grattouille ?
LE TAMBOUR. – Ça me gratouille. *(Il médite.)* Mais ça me chatouille bien un peu aussi.
KNOCK. – Désignez-moi exactement l'endroit.
LE TAMBOUR : Par ici.
KNOCK. – Par ici… où cela, par ici ?
LE TAMBOUR. – Là. Ou peut-être là… Entre les deux.
KNOCK. – Juste entre les deux ?… Est-ce que ça ne serait pas plutôt un rien à gauche, là, où je mets mon doigt ?
LE TAMBOUR. – Il me semble bien.
KNOCK. – Ça vous fait mal quand j'enfonce mon doigt ?
LE TAMBOUR. – Oui, on dirait que ça me fait mal.
KNOCK. – Ah ! ah ! *(Il médite d'un air sombre.)* Est-ce que ça ne vous grattouille pas davantage quand vous avez mangé de la tête de veau à la vinaigrette ?
LE TAMBOUR. – Je n'en mange jamais. Mais il me semble que si j'en mangeais, effectivement, ça me gratouillerait plus.
KNOCK. – Ah ! ah ! très important. Ah ! ah ! Quel âge avez-vous ?
LE TAMBOUR. – Cinquante et un, dans mes cinquante-deux.
KNOCK. – Plus près de cinquante-deux ou de cinquante et un ?
LE TAMBOUR, *il se trouble un peu.* – Plus près de cinquante-deux. Je les aurai fin novembre.
KNOCK. – Mon ami, faites votre travail aujourd'hui comme d'habitude. Ce soir, couchez-vous de bonne heure. Demain matin, gardez le lit. Je passerai vous voir. Pour vous, mes visites seront gratuites. Mais ne le dites pas. C'est une faveur.

LE TAMBOUR. – Vous êtres trop bon, docteur. Mais c'est donc grave, ce que j'ai ?
KNOCK. – Ce n'est peut-être pas encore très grave. Il était temps de vous soigner. Vous fumez ?
LE TAMBOUR, *tirant son mouchoir.* – Non, je chique.
KNOCK. – Défense absolue de chiquer. Vous aimez le vin ?
LE TAMBOUR. – J'en bois raisonnablement.
KNOCK. – Plus une goutte de vin. Vous êtes marié ?
LE TAMBOUR. – Oui, docteur.
KNOCK. – Sagesse totale de ce côté-là, hein ?

Knock ou le Triomphe de la médecine, Jules Romains, Éditions Gallimard, 1924.

ACTIVITÉ 15 Chez le médecin

Complétez le texte suivant avec les mots choisis dans la liste ci-dessous.

arrêt – ausculte – carte vitale – consultation – diagnostic – examen – honoraires – médicaments – ordonnance – patients – pharmacien – radio – remboursement – Sécurité sociale – soigne – soins – symptômes – tension – tombe – vaccin

On va chez le médecin pour faire un rappel de ____________, ou quand on ____________ malade, pour qu'il nous ____________. Le médecin reçoit les ____________ à son cabinet pendant ses heures de ____________. Le patient décrit les ____________ puis le médecin l'____________ : par exemple, il prend sa ____________. Il établit ensuite un ____________, puis écrit une ____________ pour des ____________ ou pour un ____________ médical plus approfondi, une ____________ par exemple. Si le patient est trop malade pour travailler, le médecin remplit un ____________ de travail. Enfin, le patient règle les ____________ du médecin. Le médecin demande au patient sa ____________ ou il lui donne une feuille de ____________, qu'il enverra à la ____________ pour le ____________ des frais. Après, il va chez le ____________ pour acheter les médicaments.

ACTIVITÉ 16 Les maladies

Quelles parties du corps les maladies suivantes peuvent-elles affecter ? Reliez-les avec des flèches.

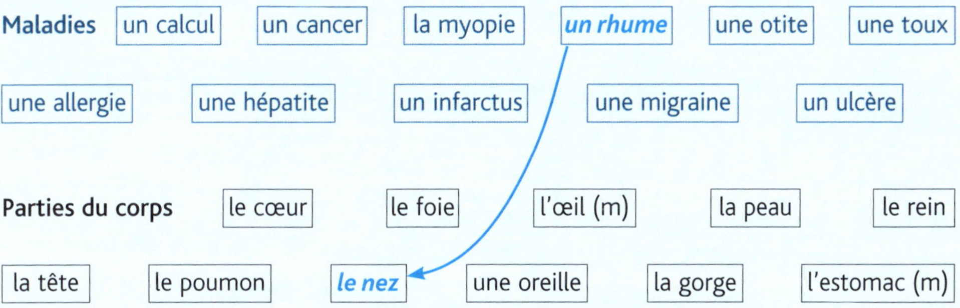

TEXTE 9

En 1863, Paul **VERLAINE** (1844-1896) commence à fréquenter les cercles littéraires et publie son premier recueil inspiré par le Parnasse*, *Poèmes saturniens* (1866). Verlaine y révèle son style: sensuel, tendre et mélancolique qui suggère ses états d'âme. Très sensible aussi à l'harmonie, Verlaine possède par ailleurs un sens inné du rythme. « Chanson d'automne » en est un exemple parfait.

Chanson d'automne

Les sanglots longs
Des violons
        De l'automne
Blessent mon cœur
D'une langueur
        Monotone.

Tout suffocant
Et blême, quand
        Sonne l'heure,
Je me souviens
Des jours anciens
        Et je pleure;

Et je m'en vais
Au vent mauvais
        Qui m'emporte
Deçà, delà,
Pareil à la
        Feuille morte.

« Chanson d'automne », *Poèmes saturniens*,
Paul Verlaine, 1866.

ACTIVITÉ 17 Les saisons

Que se passe-t-il pendant les saisons ?

	• Les chapeaux s'envolent.
	• Le feu crépite dans la cheminée.
	• Les feuilles des arbres tombent.
le printemps •	• Les fruits mûrissent.
l'été •	• Les journées sont longues et ensoleillées.
l'automne •	• La nature renaît.
l'hiver •	• La neige couvre les toits.
	• La neige fond.
	• La nuit tombe de bonne heure.
	• Les oiseaux font leur nid.
	• Les paysans cueillent le raisin.
	• Les stations balnéaires se remplissent.

ACTIVITÉ 18 *Mener/Porter*

Regardez les exemples.

Tu peux ***amener*** des amis si tu veux. Tu peux ***apporter*** une bouteille de vin, s'il te plaît ?

Vous pouvez m'***emmener*** avec vous ? Pour aller à la piscine, j'***emporte*** mon maillot de bain.

J'ai acheté beaucoup de choses. Maintenant, je dois ***porter*** beaucoup de paquets.

À vous ! Barrez la mauvaise réponse.

1. J'**emmène/emporte** les enfants à l'école en voiture.
2. On **apporte/amène** ses affaires de classe en cours de français.
3. J'ai **apporté/amené** mon chien chez le vétérinaire pour faire un vaccin.
4. Mon fils est tombé, je l'**emmène/emporte** à l'hôpital.
5. Maman **porte/apporte** le gâteau sur la table.
6. Pour le pique-nique, nous **amènerons/apporterons** les sandwichs.
7. Tu **apportes/amènes** quoi à la fête ?
8. Quand les enfants sont petits, on les **porte/emporte** dans nos bras.
9. Qu'est-ce que j'**emporte/emmène** dans ma valise ?
10. Ma mère nous **emporte/emmène** chez ma grand-mère.

ACTIVITÉ 19 Ma saison préférée

Quelle est votre saison préférée ? Pourquoi ?

TEXTE 10

Charles Trénet (1913-2001) est un auteur-compositeur, sans doute le plus célèbre et le plus influent de sa génération. En 1930, il monte à Paris et fréquente les artistes du quartier de Montparnasse. Son premier succès est la chanson *Vous qui passez sans me voir* (1937). Puis, Charles Trénet voyage aux États-Unis et au Canada. Rentré en France, il compose notamment *Douce France* (1943) puis *La Mer* (1945), chanson qui lui vaut d'être célèbre dans le monde entier. D'autres chansons à succès suivent et, au total, Charles Trénet a écrit et composé plus de 1000 chansons ! Son univers est poétique, il joue avec la langue et crée des associations originales et drôles. D'un point de vue musical, c'est lui qui a introduit le swing et le jazz dans la variété française. « Le Fou chantant », son surnom, traduit son univers littéraire aussi bien que son univers musical. À Narbonne, sa maison natale est devenue un musée en son honneur, et la rue dans laquelle il est né s'appelle désormais rue Charles Trénet.

Dans Boum, *Charles Trénet joue avec les onomatopées… pour parler d'amour !*

Boum

La pendule fait tic tac tic tic
Les oiseaux du lac pic pac pic pic
Glou glou glou font tous les dindons
Et la jolie cloche ding ding dong
Mais…

Boum
Quand notre cœur fait boum
Tout avec lui dit boum
Et c'est l'amour qui s'éveille.

Boum
Il chante « love in bloom »
Au rythme de ce boum
Qui redit boum à l'oreille.

Tout a changé depuis hier
Et la rue a des yeux qui regardent aux fenêtres
Y a du lilas et y a des mains tendues
Sur la mer le soleil va paraître

Boum
L'astre du jour fait boum
Tout avec lui dit boum
Quand notre cœur fait boum boum

Le vent dans les bois fait hou hou
La biche aux abois fait mê mê mê
La vaisselle cassée fait cric cric crac
Et les pieds mouillés font flic flic flac
Mais…

Boum
Quand notre cœur fait boum
Tout avec lui dit boum
L'oiseau dit boum, c'est l'orage.

Boum
L'éclair qui, lui, fait boum
Et le bon Dieu dit boum
Dans son fauteuil de nuages.

Car mon amour est plus vif que l'éclair
Plus léger qu'un oiseau, qu'une abeille
Et s'il fait boum, s'il se met en colère
Il entraîne avec lui des merveilles.

Boum
Le monde entier fait boum
Tout avec lui dit boum
Quand notre cœur fait boum boum

Boum
Je n'entends que boum boum
Ça fait toujours boum boum
Boum boum boum

« Boum », paroles et musique de Charles Trenet, Éditions Raoul Breton, 1938.

ACTIVITÉ 20 Les onomatopées

Onomatopées Aïe ! | Beurk ! | Chut ! | Coucou ! | Dring ! | Hein ? | Miam, miam ! | Mon œil ! | Ouf ! | Pin-pon ! | Plouf ! | *Tic-tac !* | Vlan ! | Zut !

Explications C'est dégoûtant ! | C'est délicieux ! | C'est moi ! | J'ai mal ! | Je n'ai pas compris ! | Je ne te crois pas ! | Je suis déçu ! | Je suis soulagé ! | *La pendule* | La porte qui claque | La sonnette | Les pompiers | Taisez-vous ! | Un objet qui tombe dans l'eau

ACTIVITÉ 21 L'expression du temps

Regardez les exemples.

Quand notre cœur fait boum [...]/ C'est l'amour qui s'éveille.

Lorsque notre cœur dit boum, c'est l'amour qui s'éveille.

Ma vie a changé ***depuis que*** je suis amoureux.

Tu me souriais ***pendant que*** je te parlais.

À vous ! Terminez les phrases suivantes.

1. Quand je vais à l'école, ______
2. Lorsqu'il fait beau, ______
3. Depuis que tu es partie, ______
4. Pendant que tu dormais, ______
5. Je prends le métro quand ______
6. Il est allé se promener lorsque ______
7. Elle est heureuse depuis que ______
8. Je préparerai le repas pendant que ______

TEXTE 11

Marguerite DURAS naît en 1914 à Gia Dinh, près de Saigon en Indochine (aujourd'hui le Viêt-Nam). Elle revient en France pour ses études. En 1940, elle s'installe avec son mari dans le quartier de Saint-Germain-des-Prés. L'appartement devient vite un lieu de rencontres d'intellectuels où l'on discute littérature et politique. Son œuvre se distingue par la diversité de ses activités (romans et récits, pièces de théâtre, scénarios et dialogues de films). En 1984, elle obtient le prix Goncourt pour *L'Amant*. Elle meurt en 1996.

Dans ce roman, Marguerite Duras nous raconte son adolescence en Indochine et en particulier, sa rencontre avec un riche Chinois qui deviendra son amant.

L'homme élégant est descendu de la limousine, il fume une cigarette anglaise. Il regarde la jeune fille au feutre d'homme et aux chaussures d'or. Il vient vers elle lentement. C'est visible, il est intimidé. Il ne sourit pas tout d'abord. Tout d'abord il lui offre une cigarette. Sa main tremble. Il y a cette différence de race, il n'est pas blanc, il doit la surmonter, c'est pourquoi il tremble. Elle lui dit qu'elle ne fume pas, non merci. Elle ne dit rien d'autre, elle ne lui dit pas laissez-moi tranquille. Alors il a moins peur. Alors il lui dit qu'il croit rêver. Elle ne répond pas. Ce n'est pas la peine qu'elle réponde, que répondrait-elle. Elle attend. Alors il le lui demande : mais d'où venez-vous ? Elle dit qu'elle est la fille de l'institutrice de l'école de filles de Sadec. Il réfléchit et puis il dit qu'il a entendu parler de cette dame, sa mère, de son manque de chance avec cette concession qu'elle aurait achetée au Cambodge, c'est bien ça n'est-ce pas ? Oui c'est ça.

Il répète que c'est tout à fait extraordinaire de la voir sur ce bac. Si tôt le matin, une jeune fille belle comme elle l'est, vous ne vous rendez pas compte, c'est très inattendu, une jeune fille blanche dans un car indigène.

Il lui dit que le chapeau lui va bien, très bien même, que c'est… original… un chapeau d'homme, pourquoi pas ? elle est si jolie, elle peut tout se permettre.

Elle le regarde. Elle lui demande qui il est. Il dit qu'il revient de Paris où il a fait ses études, qu'il habite Sadec lui aussi, justement sur le fleuve, la grande maison avec les grandes terrasses aux balustrades de céramique bleue. Elle lui demande ce qu'il est. Il dit qu'il est chinois, que sa famille vient de la Chine du Nord, de Fou-Chouen. Voulez-vous me permettre de vous ramener chez vous à Saigon ? Elle est d'accord. Il dit au chauffeur de prendre les bagages de la jeune fille dans le car et de les mettre dans l'auto noire.

L'Amant, Marguerite Duras, Éditions de Minuit, 1984.

ACTIVITÉ 22 Le rendez-vous

Complétez les phrases avec des mots du corpus suivant :

a – a fait faux bond – affaires – à l'heure – amoureux – annuler – avec – ~~se donneront~~ – en avance – en retard – lieu – prendre – sans rendez-vous

1. La jeune fille et l'homme élégant ***se donneront*** rendez-vous pour se revoir.
2. Je peux aller chez le coiffeur à n'importe quelle heure parce que c'est ______________.
3. Hier, Hélène a téléphoné à son médecin pour ______________ rendez-vous. Elle ______________ rendez-vous jeudi à 14 heures.
4. Jeudi dernier, j'avais rendez-vous ______________ Paul mais il n'est pas venu : il m'______________.
5. Je ne peux pas aller chez le dentiste parce que ma fille est malade. Je dois téléphoner pour ______________ et demander un autre rendez-vous.
6. Mon ami est ponctuel, il est toujours ______________ à ses rendez-vous. Moi, je suis systématiquement ______________ : j'arrive dix minutes plus tard.
7. Quand ils prennent le train, ils sont angoissés. Ils ont peur de le rater alors ils arrivent ______________.
8. Mercredi prochain, je suis prise toute la matinée au bureau. J'ai des rendez-vous d'______________ de 9 heures à 12 heures.
9. Cela fait deux heures que Sophie se prépare. Son petit ami l'emmène au restaurant ce soir : c'est un rendez-vous ______________.
10. Si tu veux te joindre à nous, nous nous retrouvons à 21 heures et le ______________ de rendez-vous est la fontaine Saint-Michel.

ACTIVITÉ 23 Le discours rapporté au présent

Mettez les phrases au discours indirect

1. Elle lui dit : « Je ne fume pas. » → ***Elle lui dit qu'elle ne fume pas.***
2. Rémi écrit sur une carte : « Le voyage s'est très bien passé. Le temps est magnifique. Nous allons bientôt nous baigner. » → ______________
3. Le serveur nous demande : « Vous avez choisi ? » → ______________
4. Le client répond : « Nous ne savons pas quoi prendre. » → ______________
5. Mes amis me demandent : « Quels monuments as-tu visités ? Comment les habitants t'ont accueilli ? Pourquoi ne rentres-tu pas bronzé ? » → ______________
6. Le professeur dit toujours aux étudiants : « Ne soyez pas en retard ! Éteignez votre portable ! Ne mangez pas dans la salle ! » → ______________
7. Les enfants annoncent : « Nous prêterons nos jouets à nos amis. » → ______________
8. Ma grand-mère raconte : « Quand j'étais enfant, j'adorais préparer des gâteaux avec ma mère. » → ______________

TEXTE 12

Jacques PRÉVERT (1900-1977) quitte l'école à quinze ans et commence à travailler. En 1925, il rejoint le groupe des Surréalistes* puis écrit des scénarios pour le réalisateur Marcel Carné. Mais il est surtout connu pour ses poèmes, devenus des classiques et, de ce fait, appris par les petits Français à l'école.

Dans le recueil de poèmes Paroles, *Prévert parle de la guerre, de Paris, mais aussi de l'amour et de la vie quotidienne.*

Chanson des escargots qui vont à l'enterrement

À l'enterrement d'une feuille morte
Deux escargots s'en vont
Ils ont la coquille noire
Du crêpe autour des cornes
Ils s'en vont dans le soir
Un très beau soir d'automne
Hélas quand ils arrivent
C'est déjà le printemps
Les feuilles qui étaient mortes
Sont toutes ressuscitées
Et les deux escargots
Sont très désappointés
Mais voilà le soleil
Le soleil qui leur dit
Prenez prenez la peine
La peine de vous asseoir
Prenez un verre de bière
Si le cœur vous en dit[1]
Prenez si ça vous plaît
L'autocar pour Paris
Il partira ce soir
Vous verrez du pays
Mais ne prenez pas le deuil
C'est moi qui vous le dis
Ça noircit le blanc de l'œil
Et puis ça enlaidit
Les histoires de cercueils
C'est triste et pas joli
Reprenez vos couleurs
Les couleurs de la vie
Alors toutes les bêtes
Les arbres et les plantes
Se mettent à chanter
À chanter à tue-tête
La vraie chanson vivante
La chanson de l'été
Et tout le monde de boire
Tout le monde de trinquer
C'est un très joli soir
Un joli soir d'été
Et les deux escargots
S'en retournent chez eux
Ils s'en vont très émus
Ils s'en vont très heureux
Comme ils ont beaucoup bu
Ils titubent un **p'tit**[2] peu
Mais là-haut dans le ciel
La lune veille sur eux.

«Chanson des escargots qui vont à l'enterrement», *Paroles*, Jacques Prévert, Éditions Gallimard, 1946,

1. Si vous en avez envie.

2. Petit.

ACTIVITÉ 24 Les verbes de déplacement

Complétez les phrases suivantes avec les verbes ci-dessous.

irai – est arrivé – m'en vais – partiras – va passer – rentrés – retournerons – reviendrez – vient – ~~s'en vont~~

1. À l'enterrement d'une feuille morte/Deux escargots ***s'en vont***
2. Demain, à quelle heure ______________-tu ?
3. L'hiver dernier, nous avons loué un chalet en montagne et nous y ______________ cet hiver.
4. Je ______________ vite, je suis pressé.
5. Mon fils ______________ souvent nous voir.
6. Quand sont-ils ______________ de vacances ?
7. Il est parti à huit heures et il ______________ à dix heures.
8. Madame, le taxi ______________ vous prendre chez vous dans cinq minutes.
9. L'été prochain, j'______________ passer mes vacances en Grèce.
10. Vous ______________ nous rendre visite ?

ACTIVITÉ 25 Les loisirs

Que fait-on quand on ne travaille pas ?
Complétez les phrases suivantes à l'aide des mots ci-dessous.

boire – bricoler – cartes – cinéma – coudre – danser – jouer – lèche-vitrine – musée – pratiquer – ~~prendre~~ – restaurant – se promener – société – tricoter

1. On peut ***prendre*** un verre, comme les deux escargots.
2. On peut jouer aux ______________ avec des amis : au poker, à la belote, au whist, etc.
3. On peut faire des travaux manuels, comme ______________, ______________, ______________, etc.
4. On peut aller au ______________ voir un film ou dans un ______________ voir une exposition.
5. On peut faire du ______________ et peut-être acheter quelque chose de joli.
6. On peut aller ______________ en discothèque et ______________ un verre avec des amis.
7. On peut ______________ dans la ville ou à la campagne.
8. On peut jouer à un jeu de ______________ : au monopoly, au scrabble, au mah-jong, etc.
9. On peut ______________ un sport : jouer au football, courir, nager, etc.
10. On peut ______________ d'un instrument de musique : le violon, le piano, la flûte, etc.
11. On peut aller manger au ______________ avec des amis.

TEXTE 13

Yasmina Reza naît à Paris en 1959. C'est un auteur contemporain dont la production est très variée (théâtre, récits, romans). Ses pièces mettent souvent en scène des personnages de notre époque, qui en reflètent les défauts et le ridicule. En 1987, elle a reçu un prix pour sa pièce *Conversations après un enterrement*, et à nouveau en 1994, pour *Art*. Cette pièce a connu un succès immédiat en France et aux États-Unis.

Marc est invité par son ami Serge à venir voir sa nouvelle acquisition : un tableau blanc avec de fins liserés blancs transversaux. Une toile d'environ un mètre soixante sur un mètre vingt peinte en blanc que Serge vient d'acheter 200 000 francs. Marc ne comprend pas cet achat… Serge regarde, réjoui, son tableau posé à même le sol. Marc regarde le tableau. Serge regarde Marc qui regarde le tableau. Un long temps où tous les sentiments se traduisent sans mot.

MARC. – Cher ?
SERGE. – Deux cent mille.
MARC. – Deux cent mille ?…
SERGE. – Handtington me le reprend à vingt-deux.
MARC. – Qui est-ce ?
SERGE. – Handtington ? !
MARC. – Connais pas.
SERGE. – Handtington ! La galerie Handtington !
MARC. – La galerie Handtington te le reprend à vingt-deux ?…
SERGE. – Non pas la galerie. Lui. Handtington lui-même. Pour lui.
MARC. – Et pourquoi ce n'est pas Handtington qui l'a acheté ?
SERGE. – Parce que tous ces gens ont intérêt à vendre à des particuliers. Il faut que le marché circule.
MARC. – Ouais…
SERGE. – Alors ?
MARC. – ...
SERGE. – Tu n'es pas bien là. Regarde-le d'ici. Tu aperçois les lignes ?
MARC. – Comment s'appelle le…
SERGE. – Peintre : Antrios.
MARC. – Connu ?
SERGE. – Très. Très !
Un temps.
MARC. – Serge, tu n'as pas acheté ce tableau deux cent mille francs ?
SERGE. – Mais mon vieux, c'est le prix. C'est un ANTRIOS !
MARC. – Tu n'as pas acheté ce tableau deux cent mille francs !
SERGE. – J'étais sûr que tu passerais à côté.
MARC. – Tu as acheté cette merde deux cent mille francs ? !
Serge, *comme seul* – Mon ami Marc, qui est un garçon intelligent, garçon que j'estime depuis longtemps, belle situation, ingénieur dans l'aéronautique, fait partie

de ces intellectuels nouveaux qui, non contents d'être ennemis de la modernité, en tirent une vanité incompréhensible. Il y a depuis peu, chez l'adepte du bon vieux temps, une arrogance vraiment stupéfiante.

Art, Yasmina Reza, Actes Sud Papiers, 1994, tous droits réservés.

ACTIVITÉ 26 L'expression de l'opinion

Regardez les exemples.

Serge demande à Marc : « ***Que penses-tu de*** ce tableau ? Moi, je l'***adore*** ! »

Marc répond : « ***Je trouve que*** ce tableau est nul ! »

Le tableau que Serge vient d'acheter ***ne plaît pas à*** Marc.

Marc ***n'aime pas du tout*** le tableau que Serge a acheté.

À vous ! Utilisez ces expressions pour exprimer votre opinion sur :

1. La publicité à la télévision. ____________________
2. La restauration rapide. ____________________
3. La mondialisation. ____________________
4. La mode. ____________________
5. Les robots. ____________________

ACTIVITÉ 27 L'exclamation

Regardez les exemples.

« ***Quel*** beau tableau ! », pense Serge.

« ***Que*** ce tableau est intéressant ! », pense Serge.

« Antrios a ***tant de*** talent ! », pense Serge.

« ***Comme*** ce tableau est mauvais ! », pense Marc.

« Ce tableau est ***si*** mauvais ! », pense Marc.

À vous ! Complétez les phrases suivantes avec les expressions ci-dessus. Faites attention à l'accord de *quel*.

1. « ____________ jolies chaussures ! »
2. « ____________ tu es gentille ! »
3. « Il y a ____________ choses intéressantes à faire dans la vie ! »
4. « Je suis ____________ contente de te voir ! »
5. « ____________ somptueux châteaux ! »
6. « ____________ j'ai envie de partir en vacances ! »
7. « ____________ la vie est belle ! »
8. « Pendant mon voyage en Chine, j'ai vu ____________ beaux paysages ! »

TEXTE 14

Né en 1947 à Paris, Erik ORSENNA, pseudonyme d'Erik Arnoult, devient professeur d'économie après des études de philosophie et de sciences politiques. Parallèlement, il écrit des romans. Il est membre de l'Académie française.

Dans La Grammaire est une chanson douce*, l'écrivain raconte un voyage fantastique au pays des mots…*

Par exemple, la toute petite tribu des *articles*. Son rôle est assez simple et assez inutile, avouons-le. Les articles marchent devant les noms, en agitant une clochette : attention, le nom qui me suit est un masculin, attention, c'est un féminin ! Le tigre, la vache.

Les nomset les articles qui se promènent ensemble, du matin jusqu'au soir. Et du matin jusqu'au soir, leur occupation favorite est de trouver des habits ou des déguisements. À croire qu'ils se sentent tout nus, à marcher comme ça dans les rues. Peut-être qu'ils ont froid, même sous le soleil. Alors ils passent leur temps dans les magasins.

Les magasins sont tenus par la tribu des *adjectifs*.

Observons la scène […]. Le nom féminin « maison » pousse la porte, précédé de « la », son article à clochette.

– Bonjour, je me trouve un peu simple, j'aimerais m'étoffer.

– Nous avons tout ce qu'il vous faut dans nos rayons, dit le directeur en se frottant déjà les mains à l'idée de la bonne affaire.

Le nom « maison » commence ses essayages. Que de perplexité ! Comme la décision est difficile ! Cet adjectif-là plutôt que celui-ci ? La maison se tâte. Le choix est si vaste. Maison « bleue », maison « haute », maison « fortifiée », maison « alsacienne », maison « familiale », maison « fleurie » ? Les adjectifs tournent autour de la maison cliente avec des mines de séducteur, pour se faire adopter.

Après deux heures de cette drôle de danse, la maison ressortit avec le qualificatif qui lui plaisait le mieux : « hanté ». Ravie de son achat, elle répétait à son valet article :

– « Hanté », tu imagines, moi qui aime tant les fantômes, je ne serai plus jamais seule. « Maison », c'est banal. « Maison » et « hanté », tu te rends compte ? Je suis désormais le bâtiment le plus intéressant de la ville, je vais faire peur aux enfants, oh comme je suis heureuse !

– Attends, l'interrompit l'adjectif, tu vas trop vite en besogne. Nous ne sommes pas encore accordés.

– Accordés ? Que veux-tu dire ?

La grammaire est une chanson douce,
Erik Orsenna, Éditions Stock, 2002.

ACTIVITÉ 28 Les types de logement

Complétez les phrases suivantes avec les adjectifs ci-dessous.

fixe – ~~hantées~~ – inoccupés – meublé – mobile – principale – royale – rurale – secondaire – sociaux – traditionnelle

1. Les fantômes habitent dans des maisons ***hantées***.
2. Un mas est une maison ______________ provençale.
3. Il loue un studio ______________.
4. Nous avons une résidence ______________ à la campagne.
5. Les squatteurs occupent des logements ______________.
6. Ma résidence ______________ est à Paris.
7. Les HLM [1] sont des logements ______________.
8. Le Palais de Versailles est une demeure ______________.
9. Beaucoup de personnes démunies sont sans domicile ______________.
10. Une ferme est une habitation ______________.
11. Une caravane est une habitation ______________.

ACTIVITÉ 29 L'accord de l'adjectif qualificatif

Accordez les adjectifs entre parenthèses.

1. Attends, dit l'adjectif, nous ne sommes pas encore accord**és**.
2. (beau) Nous possédons un ______________ appartement en banlieue.
3. (somptueux) Nicolas Fouquet s'est fait construire une résidence ______________ à Vaux-le-Vicomte.
4. (bourgeois) Les Cormiau habitent dans une maison ______________ à Neuilly.
5. (dernier) Quand cet acteur est mort, une foule immense l'a accompagné jusqu'à sa ______________ demeure.
6. (universitaire) Beaucoup d'étudiants logent à la cité ______________.
7. (urbain) J'habite dans une petite agglomération ______________ de 50 000 habitants.
8. (joli) Nous avons un ______________ pavillon dans notre jardin.
9. (rural) Les gîtes ______________ sont des logements aménagés à la campagne qui reçoivent des hôtes payants.
10. (montagnard) Pendant leur excursion, les alpinistes ont passé la nuit dans des refuges ______________.
11. (politique) Ces exilés ont demandé l'asile ______________.

1. Habitation à Loyer Modéré.

TEXTE 15

Arthur Rimbaud naît en 1854 dans les Ardennes. Il est éduqué sévèrement par sa mère et est un élève brillant. Mais il montre un caractère difficile et se révolte ouvertement contre le milieu familial, les convenances, la morale et la religion. Il meurt jeune, en 1891.

Le renouvellement qu'il apporte à la poésie est d'une extrême importance. Rimbaud a seize ans quand, en mars 1870, il écrit le poème Sensation, *prévu pour un recueil de poésies. La forme est classique, mais l'état d'esprit de liberté, de vagabondage, de bohème est déjà présent.*

Sensation

Par les soirs bleus d'été, j'irai dans les sentiers,
Picoté par les blés, fouler l'herbe menue :
Rêveur, j'en sentirai la fraîcheur à mes pieds.
Je laisserai le vent baigner ma tête nue.

Je ne parlerai pas, je ne penserai rien :
Mais l'amour infini me montera dans l'âme,
Et j'irai loin, bien loin, comme un bohémien,
Par la Nature, – heureux comme avec une femme.

« Sensation », *Poésies*, Arthur Rimbaud, 1870.

ACTIVITÉ 30 Les cinq sens

Associez les cinq sens aux organes et aux verbes qui les concernent. Vous les choisirez dans les listes ci-dessous.

Parties du corps : *la bouche – le nez – les oreilles – la peau – les yeux*

Verbes : *apercevoir – caresser – déguster – écouter – entendre – goûter – observer – regarder – respirer – sentir – toucher – voir*

Parties du corps	Sens	Verbes
	La vue	
	L'odorat (m)	
	L'ouïe (f)	
	Le goût	
	Le toucher	

ACTIVITÉ 31 Les articles définis et indéfinis

Complétez les phrases suivantes avec l'article défini ou indéfini, au genre et au nombre qui conviennent.

1. Mais *l'*amour infini me montera dans *l'*âme,/ Et j'irai loin, bien loin, comme *un* bohémien.
2. ______ matin de printemps, nous sommes partis faire une excursion. ______ soleil brillait.
3. Voici ______ amis que j'ai rencontrés à ______ soirée d'Olivier.
4. Achète ______ bouteille de vin à ______ magasin qui est au coin de ______ rue.
5. Certaines personnes pensent que ______ vie est ______ lutte de tous les jours.
6. Prends ______ ligne 9 puis descends à ______ station Porte de Montreuil.
7. ______ niche est ______ maison pour ______ chiens.
8. Avez-vous ______ heure, s'il vous plaît ?
9. Vous aimez ______ beurre salé ?
10. Attendez ______ instant, s'il vous plaît. Je suis à vous tout de suite !
11. Va voir ______ médecin si tu ne te sens pas bien. Il te donnera ______ médicaments.

TEXTE 16

Marcel MOULOUDJI naît en 1922 à Paris. Grâce à différentes rencontres dont celles de Jacques Prévert et de Marcel Carné, il devient acteur. Il découvre Saint-Germain-des-Prés. Acteur, comédien, peintre, il se met au chant et sort son premier disque. En 1954, il rencontre le succès avec la chanson *Un jour tu verras*. Pendant vingt ans, il chante sur les plus grandes scènes parisiennes. Il meurt en 1994. Il est enterré au cimetière du Père-Lachaise.

Un jour, tu verras

Un jour tu verras
On se rencontrera
Quelque part, n'importe où
Guidés par le hasard

Nous nous regarderons
Et nous nous sourirons
Et la main dans la main
Par les rues nous irons

Le temps passe si vite
Le soir cachera bien
Nos cœurs, ces deux voleurs
Qui gardent leur bonheur

Puis nous arriverons
Sur une place grise
Où les pavés seront doux
À nos âmes grises

Il y aura un bal
Très pauvre et très banal
Sous un ciel plein de brume
Et de mélancolie

Un aveugle jouera
D'l'orgue de Barbarie
Cet air pour nous sera
Le plus beau, le plus joli

Puis je t'inviterai
Ta taille je prendrai
Nous danserons tranquilles
Loin des bruits de la ville

Nous danserons l'amour
Les yeux au fond des yeux
Vers une fin du monde
Vers une nuit profonde

Un jour tu verras
On se rencontrera
Quelque part, n'importe où
Guidés par le hasard

Nous nous regarderons
Et nous nous sourirons
Et la main dans la main
Par les rues nous irons

« Un jour tu verras », paroles de Mouloudji, musique de Georges Van Parys, publié avec l'autorisation des Nouvelles Éditions Meridian, Paris, France, 1954.

ACTIVITÉ 32 Le futur simple de l'indicatif

Conjuguez les verbes entre parenthèses au futur simple de l'indicatif.

1. (se promener) Mouloudji espère qu'ils ***se promèneront*** la main dans la main.
2. (faire) J'espère que tu ______________ un gâteau au chocolat pour mon anniversaire !
3. (pouvoir) J'espère que vous ______________ venir dîner chez nous demain soir.
4. (voir) Tu espères qu'il ______________ bientôt la fin de ses problèmes.
5. (avoir) Ils espèrent que je ______________ de la chance à mon examen.
6. (vouloir) Elle espère qu'ils ______________ bien l'aider.
7. (ne pas s'ennuyer) J'espère que je ______________ à cette soirée.
8. (venir) Nous espérons que tu ______________ nous revoir très vite !
9. (appeler) On espère qu'elles nous ______________ bientôt.
10. (être) Vous espérez qu'elle ______________ libre le week-end prochain.
11. (aller) Elles espèrent que nous ______________ avec elles au cinéma ce soir.

ACTIVITÉ 33 Les prépositions de lieu

Complétez les phrases suivantes avec la préposition de lieu qui convient.

1. Puis nous arriverons ***sur*** une place grise.
2. Nous danserons joue ______ joue.
3. Nous habiterons ______ France.
4. Nous aurons un bel appartement ______ Paris.
5. Nous irons ______ la tour Eiffel.
6. Nous nous promènerons ______ la Seine.
7. Nous habiterons ______ le Jardin du Luxembourg.
8. Nous irons ______ le cinéma.
9. Le week-end, nous partirons ______ la mer.
10. Nous marcherons ______ le sable.
11. Et nous voyagerons ______ le monde entier !

TEXTE 17

Jean-Jacques Sempé est un illustrateur né à Bordeaux en 1932. Il commence une carrière de dessinateur humoristique et connaît le succès à partir de 1957. Il est célèbre pour avoir créé le personnage du Petit Nicolas en 1959.

Le Petit Nicolas *raconte, avec tendresse et humour, les aventures d'un garçon de 9 ans dans un environnement urbain des années 1950.*

Aujourd'hui, j'ai été invité à l'anniversaire de Marie-Edwige.

Le petit Nicolas et les copains, Jean-Jacques Sempé et René Gosciny, Éditions Denoël, 1963.

ACTIVITÉ 34 Conjugaison du présent du conditionnel

Conjuguez les verbes entre parenthèses au présent du conditionnel.

Le Petit Nicolas rêve : « Ah ! si j'étais en vacances avec mes copains…

1. (jouer) je ***jouerais*** au ballon avec eux ;
2. (grimper) on ______________ dans les arbres
3. (cueillir) et on ______________ les pommes du voisin ;
4. (se baigner) nous ______________ tous les jours dans le lac
5. (faire) et nous ______________ du bateau ;
6. (se coucher) nous ______________ tard ;
7. (courir) on ______________ comme des fous dans les champs ;
8. (regarder) le soir, on ______________ les étoiles
9. (s'imaginer) et on ______________ qu'on est des cosmonautes ;
10. (ne pas s'ennuyer) nous ______________ jamais ;
11. (s'amuser) ah ! qu'est-ce que je ______________ ! »

ACTIVITÉ 35 Les jeux

À quel type de jeux correspondent les jeux suivants ? Reliez-les avec une flèche.

Jeux	Types de jeux
Le ballon •	
Les dames •	• Jeux d'argent
Les échecs •	
Le jeu de l'oie •	• Jeux de cartes
Le loto •	
Le memory •	• Jeux éducatifs
Le Monopoly •	
Les mots-croisés •	• Jeux de plein air
Une réussite •	
La pétanque •	• Jeux de société
Pokémon •	
Le poker •	• Jeux solitaires
Le puzzle •	
La belote •	• Jeux de stratégie
La roulette •	
Le sudoku •	• Jeux vidéo

TEXTE 18

Daniel PENNAC, né en 1944, est le pseudonyme de Daniel Pennacchioni. Il raconte qu'enfant, il était un mauvais élève et qu'il a mis très longtemps à apprendre à lire. Cependant, cela ne l'empêche pas de devenir professeur de français ! Ensuite, il écrit des essais ainsi que des romans, certains même pour les enfants, comme par exemple *L'Œil du loup*.

Dans L'Œil du loup, *Pennac raconte l'histoire d'une rencontre très émouvante : celle d'un loup bleu d'Alaska, vendu à un zoo français, et d'un enfant. Le loup n'aime pas les êtres humains qu'il trouve violents et cruels, mais aussi stupides et ridicules. Alors, il se méfie de l'enfant et ne fait pas attention à lui. Mais l'enfant insiste : il revient le lendemain et l'observe. Agacé, le loup décide de le défier.*

Ça y est. Ils sont face à face, maintenant.

Et ça dure.

Pas un visiteur, dans le jardin zoologique. Les vétérinaires ne sont pas encore arrivés. Les lions ne sont pas sortis de leur tanière. Les oiseaux dorment encore dans leurs plumes. Jour de relâche pour tout le monde. Même les singes ont renoncé à faire les guignols. Ils pendent aux branches comme des chauves-souris endormies.

Il n'y a que ce garçon.

Et ce loup au pelage bleu.

« Tu veux me regarder ? D'accord ! Moi aussi, je vais te regarder ! On verra bien... »

Mais quelque chose gêne le loup. Un détail stupide. Il n'a qu'un œil et le garçon en a deux. Du coup, le loup ne sait pas dans quel œil du garçon planter son propre regard. Il hésite. Son œil unique saute : droite-gauche, gauche-droite. Les yeux du garçon, eux, ne bronchent pas. Pas un battement de cils. Le loup est affreusement mal à l'aise. Pour rien au monde, il ne détournerait la tête. Pas question de se remettre à marcher. Résultat, son œil s'affole de plus en plus. Et bientôt, à travers la cicatrice de son œil mort, apparaît une larme. Ce n'est pas du chagrin, c'est de l'impuissance, et de la colère.

Alors le garçon fait une chose bizarre. Qui calme le loup, qui le met en confiance. Le garçon ferme un œil.

Et les voilà maintenant qui se regardent, œil dans l'œil, dans le jardin zoologique désert et silencieux, avec tout le temps devant eux.

Un œil jaune, tout rond, avec, bien au centre, une pupille noire. Un œil qui ne cligne jamais. C'est tout à fait comme si le garçon regardait une bougie allumée dans la nuit ; il ne voit plus que cet œil : les arbres, le zoo, l'enclos, tout a disparu. Il ne reste qu'une seule chose : *l'œil du loup*.

L'œil du loup, Daniel Pennac, Nathan Jeunesse, 1984.

ACTIVITÉ 36 Une visite

Regardez les exemples suivants.

Le petit garçon vient voir le loup tous les jours.

Le petit garçon va voir le loup tous les jours.

Cet après-midi, ***j'ai rendu visite à*** une amie qui est malade.

Hier, ***j'ai reçu la visite de*** mes grands-parents.

Les touristes visitent le Musée de Louvre.

Samedi, ***nous avons vu*** l'exposition consacrée à Salvador Dali.

À vous ! Utilisez ces expressions en créant des phrases avec les éléments ci-dessous.

1. Le château de Versailles. ______________________________
2. Les parents de ma femme. ______________________________
3. Mon meilleur ami. ______________________________
4. La tour Eiffel. ______________________________
5. L'Opéra Garnier. ______________________________
6. Mes vieux amis de lycée. ______________________________

ACTIVITÉ 37 Les animaux sauvages

Dans un zoo, on peut voir un certain nombre d'animaux sauvages. Retrouvez-les à l'aide des définitions suivantes.

1. Il a de grandes oreilles et de grandes dents. Il ressemble au chien mais il vit dans la forêt. C'est ***le loup***.
2. Quand il est brun, il vit dans la forêt et adore le miel. Quand il est blanc, il vit au pôle nord et adore le poisson. C'est _______________.
3. Il n'a pas de pattes et il rampe sur le sol. C'est _______________.
4. Il a d'immenses oreilles et une longue trompe. On dit qu'il n'oublie jamais rien. C'est _______________.
5. C'est une sorte de cheval avec des rayures blanches et noires. Il vit en Afrique. C'est _______________.
6. C'est un reptile qui vit dans l'eau. Avec sa peau, on fabrique des sacs et des chaussures qui coûtent très cher. C'est _______________.
7. Il a une belle crinière et c'est le roi des animaux. C'est _______________.
8. Elle a un très long cou et elle vit en Afrique. Elle est aussi très gracieuse. C'est _______________.
9. C'est le compagnon indispensable des nomades du désert. Il peut avoir une ou deux bosses. C'est _______________ ou _______________.
10. Il ressemble à l'être humain mais il vit dans les arbres. C'est _______________.
11. Ce félin a un beau pelage rayé noir et roux, mais il est très dangereux ! Il vit en Asie. C'est _______________.

TEXTE 19

Jean Dréjac (1921-2003) est parolier. Avec le compositeur Hubert Giraud, il écrit la chanson-thème du film *Sous le ciel de Paris*, réalisé par Julien Duvivier en 1951.

Cette chanson mythique s'inscrit dans le patrimoine français et fait le tour du monde, grâce à des interprètes prestigieux tels que Edith Piaf, Juliette Gréco et Yves Montand.

Sous le ciel de Paris

Sous le ciel de Paris
S'envole une chanson
Elle est née d'aujourd'hui
Dans le cœur d'un garçon
Sous le ciel de Paris
Marchent des amoureux
Leur bonheur se construit
Sur un air fait pour eux

Sous le pont de Bercy
Un philosophe assis
Deux musiciens quelques badauds
Puis les gens par milliers
Sous le ciel de Paris
Jusqu'au soir vont chanter
L'hymne d'un peuple épris
De sa vieille cité

Près de Notre-Dame
Parfois couve un drame
Oui mais à Paname[1]
Tout peut s'arranger
Quelques rayons
Du ciel d'été
L'accordéon
D'un marinier
L'espoir fleurit
Au ciel de Paris

Sous le ciel de Paris
Coule un fleuve joyeux
Il endort dans la nuit
Les clochards et les gueux
Sous le ciel de Paris
Les oiseaux du Bon Dieu
Viennent du monde entier
Pour bavarder entre eux

Et le ciel de Paris
A son secret pour lui
Depuis vingt siècles, il est épris
De notre île Saint-Louis
Quand elle lui sourit
Il met son habit bleu
Quand il pleut sur Paris
C'est qu'il est malheureux
Quand il est trop jaloux
De ses millions d'amants
Il fait gronder sur eux
Son tonnerre éclatant
Mais le ciel de Paris
N'est pas longtemps cruel
Pour se faire pardonner
Il offre un arc-en-ciel

«Sous le ciel de Paris», musique de Hubert Giraud, paroles de Jean Dréjac, Éditions Choudens (droits transférés à Première Music Group), 1951.

1. Surnom de Paris.

ACTIVITÉ 38 Les lieux de Paris

Devinez quels lieux se cachent sous les explications suivantes !

En 1831, Victor Hugo écrit un roman qui porte son nom : dans le Paris du XVe SIÈCLE, une jeune et superbe gitane appelée Esméralda danse devant cet édifice qui est un des lieux principaux de ce roman. Frollo, Phoebus et Quasimodo seront séduits par cette figure féminine.

Quel est ce monument ? ______________________

En 1889, L'Exposition universelle commémore le premier centenaire de la Révolution française. C'est aussi l'occasion pour la France de présenter sa puissance industrielle. Le « clou » de l'exposition doit être un monument spectaculaire. On surnommera cette construction « La dame de fer ».

Quel est ce monument ? ______________________

Lors de la campagne d'Égypte, Bonaparte reste subjugué par la beauté des monuments érigés par les pharaons et rêve de transporter l'un d'entre eux en France pour témoigner de la grandeur de cette civilisation. Les Français en choisissent un mais pour le transporter, tout est à inventer. Il faut un voilier qui peut supporter 230 tonnes, capable de voguer sur le Nil et d'affronter les tempêtes en mer. Une fois en France, il est tiré par trente-deux chevaux et il arrive le 23 décembre 1833 sur la place de la Concorde.

Quel est ce monument ? ______________________

Cette place doit son nom à une célèbre prison détruite pendant la Révolution française. Pour l'anecdote, l'entrepreneur Palloy recycle au maximum les matériaux de la forteresse, en revend une bonne partie pour la construction d'immeubles parisiens. Pour le bicentenaire de la révolution (1989), le président François Mitterand inaugure un opéra sur cette place.

Quelle est cette place ? ______________________

Ce centre, inauguré en 1977, est un monument emblématique de l'architecture du XXe SIÈCLE. C'est l'un des sites les plus visités de Paris avec en moyenne 17 000 personnes par jour. Ce lieu unique réunit une bibliothèque, un musée d'art moderne, un institut de recherches musicales, des salles de cinéma et de spectacles, un restaurant et des librairies. À côté, il y a une fontaine avec des sculptures noires ou colorées qui évoquent l'œuvre musicale du compositeur russe Igor Stravinsky.

Quel est ce centre ? ______________________

Louis XIV ordonne la construction d'un bâtiment pour accueillir les soldats blessés à la guerre. De nos jours, cet édifice comprend un hospice, une église et le Musée de l'Armée. Napoléon y est inhumé en 1840 et plusieurs grands personnages militaires ont leur cœur inhumé à cet endroit.

Comment s'appelle ce bâtiment ? ______________________

ACTIVITÉ 39 Mon endroit préféré à Paris

Décrivez votre endroit préféré à Paris et expliquez pourquoi vous l'aimez.

____

____

____

TEXTE 20

Théodore MONOD (1902-2000) est un naturaliste mais aussi un érudit humaniste. Il travaille longtemps en Afrique où il dirige de nombreuses expéditions scientifiques. C'est un homme engagé pour ce que l'on peut appeler le salut de l'humanité (contre l'apartheid et l'arme nucléaire par exemple) mais aussi celui de notre planète (écologie, droit des animaux). La grande aventure de Théodore Monod est toutefois la découverte du désert, paysage qui le fascine. Il consacre au Sahara une grande partie de sa vie et au moins six livres, dont *Pèlerin du désert*.

La nature nous apprend la sagesse.

Le Sahara nous enseigne à ne pas gémir, à ne pas parler inutilement. Les mots inutiles nous intoxiquent. Le Sahara est solennel, c'est un monde à part où la flore, la faune demeurent en vie par des grâces d'adaptation étonnantes. Le désert, ***a priori***[1], c'est le globe sans terre végétale, sans humus et sans trace d'activité humaine. Il ressemble, pourrait-on dire, à la Terre avant l'homme ou à son devenir si l'homme décide son suicide universel. Il nous donne la notion de l'immensité du temps, de l'éternité. L'être humain ne ressent plus son existence comme un éclair sur la Terre.

Le désert est un éducateur sévère qui ne laisse passer aucune faiblesse.

Le désert, c'est aussi l'apprentissage de la soustraction. Deux litres et demi d'eau par personne et par jour, une nourriture frugale, quelques livres, peu de paroles.

Au désert, on apprend l'existence simple. On retrouve l'origine de cette vie venue il y a trois milliards d'années sous une forme très modeste…

J'ai eu la chance de rencontrer le désert, ce filtre, ce révélateur. Il m'a façonné, appris l'existence. Il est beau, ne ment pas, il est propre. C'est pourquoi il faut l'aborder avec respect. Il est le sel de la Terre et la démonstration de ce qu'ont pu être la naissance et la pureté de l'homme lorsque celui-ci fit ses premiers pas d'***Homo erectus***[2].

Le chercheur d'absolu, Théodore Monod, Le Cherche Midi Éditeur, 1999.

1. Expression latine : au premier abord.
2. Expression latine qui veut dire « homme debout » et qui désigne les restes d'un être humain trouvé en 1891, et qui a vécu il y a plus de 300 000 ans.

ACTIVITÉ 40 Construction et sens du verbe *apprendre*

Regardez les exemples.

La nature nous apprend la sagesse.

Le désert nous apprend *à* ne pas parler inutilement.

Théodore Monod a appris *que* le désert est solennel.

À vous ! Complétez les phrases suivantes, si nécessaire.

1. Un enfant apprend ______ marcher vers deux ans.
2. Après sa mort, J'ai appris ______ mon oncle avait travaillé pour les Services secrets !
3. Vous apprenez ______ le français.
4. À l'école primaire, on apprend ______ lire.
5. L'enfant apprend ______ sa leçon par cœur.
6. J'ai appris ______ la nouvelle dans les journaux.
7. Nous avons appris ______ tu avais eu des problèmes de santé. Ça va mieux ?
8. Vous apprendrez ______ il ne faut jamais se fier aux apparences !
9. Les épreuves de la vie nous apprennent ______ être plus forts.
10. À quel âge as-tu appris ______ le piano ?

ACTIVITÉ 41 Les paysages

D'après les descriptions suivantes, devinez de quel paysage il s'agit.

1. C'est un endroit où il n'y a pas d'arbres mais beaucoup de sable ou de pierres.
   C'est *le désert*.
2. C'est un endroit très élevé où il y a beaucoup de neige.
   C'est ______________.
3. Dans cet endroit, il y a beaucoup d'arbres et parfois aussi des animaux.
   C'est ______________.
4. C'est une grande étendue de terres cultivées ou non.
   C'est ______________.
5. C'est une immense étendue d'eau qui couvre une grande partie de la Terre.
   C'est ______________.

ACTIVITÉ 42 Mon paysage préféré

Décrivez votre paysage préféré puis expliquez vos sentiments quand vous êtes dans cet endroit.

____

____

____

TEXTE 21

Raymond Devos est un humoriste français né en Belgique en 1922. À 13 ans, il doit arrêter ses études à cause de graves problèmes financiers que connaît sa famille. C'est par lui-même qu'il perfectionne sa culture et sa maîtrise de la langue française et de la musique. Il exerce d'abord différents métiers, puis va à l'école du mime où il rencontre Marcel Marceau, et suit des cours de théâtre. Il découvre l'absurde et le comique de situation sur lesquels il construira sa carrière et son succès. Il meurt en 2006.

Le visage en feu

J'arrive à un carrefour, le feu était au rouge.
Il n'y avait pas de voitures, je passe !
Seulement, il y avait un agent qui faisait le guet. Il me siffle. Il me dit :
– Vous êtes passé au rouge !
– Oui ! Il n'y avait pas de voitures !
– Ce n'est pas une raison !
Je dis :
– Ah si ! Quelquefois, le feu est au vert…
Il y a des voitures et…
je ne peux pas passer !
Stupeur de l'agent ! Il est devenu tout rouge. Je lui dis :
– Vous avez le visage en feu !
II est devenu tout vert !
Alors, je suis passé !

« Le visage en feu », *Sens dessus dessous*, Raymond Devos, Éditions Stock, 1976.

ACTIVITÉ 43 Les couleurs

Complétez les phrases suivantes avec des adjectifs de couleur que vous n'oublierez pas d'accorder.

1. Stupeur de l'agent !/ Il est devenu tout ***rouge***.
2. Cette année, elle voit la vie en ____________. Tout lui sourit.
3. Ton jardin est magnifique, les plantes poussent sans problème. Tu as vraiment la main ____________.
4. Nous avons failli avoir un accident. J'ai eu une peur ____________ !
5. À mon avis, il n'est pas honnête. Il n'est pas ____________ comme neige.
6. Le maître d'école s'est fâché tout ____________ car les enfants avaient fait de grosses bêtises.
7. Pendant la coupe du monde de football, J'ai vu des personnes vendre des billets au marché ____________.
8. Elle vient de lire un roman à l'eau de ____________, un peu trop sentimental à son goût.
9. Je te dis que sur l'affiche, c'est écrit ____________ sur ____________. Le message est très clair.
10. Au cours de son expédition, il a vécu des moments difficiles. Il en a vu des ____________ et des pas mûres.
11. Tu viens de passer deux nuits ____________ et pourtant tu n'as pas l'air fatigué.

ACTIVITÉ 44 La rue

Complétez les phrases suivantes à l'aide des mots choisis dans la liste ci-dessous.

abribus – affluence – amende – carrefour – chaussée – embouteillages – feu – garer – parking – passage – place – rond-point - trottoir

1. J'arrive à un ***carrefour***,/ le ***feu*** était au rouge.
2. Pour attendre l'autobus, vous vous placez sous un ____________.
3. Vous pouvez vous ____________ dans la rue ou dans un ____________ souterrain.
4. J'en ai assez ! Cela fait une demi-heure que je tourne pour trouver une ____________ !
5. Vous pouvez traverser la rue au ____________ piéton.
6. Attention ! Ne prenez pas ce sens interdit, vous risquez d'avoir une ____________ et cela coûte très cher !
7. Les piétons se promènent sur le ____________ et les voitures roulent sur la ____________.
8. Dans les grandes villes, il y a beaucoup de voitures et les ____________ sont fréquents.
9. Aux heures ____________, dans le métro, on est serrés comme des sardines !
10. Pour aller à la gare, continuez jusqu'au ____________, puis vous prenez la troisième rue à droite.

TEXTE 22

Driss Chraïbi (1926-2007) est un écrivain marocain d'expression française. Il aborde de nombreux thèmes : le colonialisme, le racisme, la condition féminine, la société de consommation, les problèmes du Tiers-Monde, l'Islam et son histoire. Il se fait connaître en 1954 par un roman très polémique, *Le Passé simple*, dans lequel il critique l'éducation traditionnelle qu'il a reçue. En 1955, il publie *Les Boucs* dans lequel il analyse les relations ambiguës que la France entretient avec ses immigrés maghrébins. Dans *La Civilisation, ma Mère !*, Chraïbi aborde pour la première fois dans la littérature maghrébine la condition des femmes du Maghreb.

L'action du roman a lieu dans les années 1930 au Maroc. Deux fils racontent l'histoire de leur mère qu'ils aiment d'un profond amour. Mais ils racontent aussi des anecdotes de leur enfance, par exemple l'histoire du coq de leur voisin boulanger.

Il ne réveillait pas seulement son propriétaire, à trois heures très exactement, été comme hiver. **Il n'avait de cesse qu'il n'eût réveillé** [1] tous les autres coqs de la ville – et les poules, mères de famille comprises, les canards, les moutons, les chiens, les chevaux – les humains. Ensuite, jusqu'à la nuit suivante, il se rendormait d'un bon sommeil de gallinacé. Bien des gens **voulaient sa peau** [2], en particulier **Nagib** [3]. C'est ainsi qu'il prit goût aux cigarettes. Il en fumait tout un paquet, au milieu de la nuit.

Le **muezzin** [4] du quartier, homme pieux et colérique, allait par rues et ruelles, lançant des imprécations contre ce siècle impie et contre ses compatriotes qui se détournaient de la religion. Parce qu'aux premières lueurs de l'aurore, quand il montait au **minaret** [5] pour lancer son appel à la prière aux quatre coins du ciel, tout le monde était déjà debout, réveillé depuis longtemps par ce coq fou furieux qui n'avait appelé qu'à la joie de vivre. Hommes, femmes et enfants **étaient d'une** telle **humeur de chien** [6] que personne ne faisait sa prière, excepté les dévots professionnels et les sourds. À quoi servait donc la mosquée ? « *Bande de choses !* clamait le muezzin. *Quand vous serez dans l'autre monde,* **vous boufferez** [7] *des cailloux. Bande de choses !* »

Toute mon enfance, j'ai vécu avec le chant de ce coq. J'enfonçais des boules Quiès dans mes oreilles, mais son aubade triomphale et les vagues cacophoniques qu'il déclenchait de poule en cheval et de quartier en faubourg traversaient les boules de cire. L'âge tendre aidant, je me rendormais presque aussitôt, soulevé et bercé par les hennissements, les bêlements, les aboiements – et les vociférations des êtres humains réveillés en sursaut.

La civilisation, ma mère !, Driss Chraïbi, Éditions Denoël, 1972.

1. Il s'arrêtait seulement quand il avait réveillé tous les autres coqs de la ville.
2. Voulaient le tuer.
3. Frère du narrateur.
4. Dans la religion musulmane, religieux chargé d'appeler les fidèles à la prière cinq fois par jour.
5. Tour d'une mosquée. Le muezzin monte en haut de cette tour pour appeler les fidèles à la prière.
6. Être de très mauvaise humeur.
7. Langue familière : vous mangerez.

ACTIVITÉ 45 Les cris des animaux

Choisissez, dans la liste ci-dessous, le verbe qui correspond au bruit de l'animal présenté dans les phrases suivantes, puis conjuguez-le au présent de l'indicatif.

aboyer – bêler – bourdonner – caqueter – chanter – coasser – couiner – hennir – miauler – rugir – roucouler – siffler

1. L'abeille ______________.
2. La brebis ______________.
3. Le chat ______________.
4. Le cheval ______________.
5. Le chien ______________.
6. La grenouille ______________.
7. Le lion ______________.
8. Le pigeon ______________.
9. La poule ______________.
10. L'oiseau ______________.
11. Le serpent ______________.
12. La souris ______________.

ACTIVITÉ 46 L'imparfait de l'indicatif

Conjuguez les verbes entre parenthèses à l'imparfait de l'indicatif.

1. (réveiller) Il ne ***réveillait*** pas seulement son propriétaire.
2. (voyager) Quand j'étais en Suède, je ______________ en stop.
3. (éteindre) En entrant dans la classe, les étudiants ______________ leur portable.
4. (réfléchir) Plus il ______________, moins la solution lui semblait claire !
5. (se promener) Vous ______________ main dans la main.
6. (voir) De notre appartement, nous ______________ le Sacré-Cœur.
7. (conduire) Il ______________ trop vite et il a eu un accident.
8. (avancer) Les escargots ______________ comme des tortues !
9. (se connaître) Elles ______________ depuis leur enfance.
10. (écrire) Pendant les vacances, on ______________ à nos grands-parents.
11. (oublier) Vous ______________ toujours d'éteindre la lumière.

ACTIVITÉ 47 Mon animal préféré

Présentez votre animal préféré dans un texte d'une dizaine de lignes.

____

____

____

____

____

____

____

TEXTE 23

Alexandre Guitry, dit Sacha **GUITRY** (1885-1957), est le fils d'un grand comédien, Lucien Guitry. C'est donc tout naturellement qu'il commence une carrière de comédien et de dramaturge. Il laisse une œuvre très féconde (pièces de théâtre, mais aussi romans et films) marquée par un cynisme mordant et un humour caustique. Mais ses bons mots [1] sont encore très fréquemment cités. On retrouve cette richesse dans *Mémoires d'un tricheur*.

Nous étions douze à table.

Du jour au lendemain, un plat de champignons me laissa seul au monde.

Seul, car j'avais volé huit sous dans le tiroir-caisse pour m'acheter des billes – et mon père en courroux s'était écrié :

– Puisque tu as volé, tu seras privé de champignons !

Ces végétaux mortels, c'était le sourd-muet qui les avait cueillis – et ce soir-là, il y avait onze cadavres à la maison.

Qui n'a pas vu onze cadavres à la fois ne peut pas se faire une idée du nombre de cadavres que cela fait.

Il y en avait partout.

Parlerai-je de mon chagrin ?

Disons plutôt la vérité. Je n'avais que douze ans, et l'on conviendra que c'était un malheur excessif pour mon âge. Oui, j'étais véritablement dépassé par cette catastrophe – et n'ayant pas assez d'expérience pour en apprécier l'horreur, je m'en sentais, pour ainsi dire, indigne.

On peut pleurer sa mère ou son père, ou son frère – mais comment voulez-vous pleurer onze personnes ! **On ne sait plus où donner de la peine** [2]. Je n'ose pas parler de l'embarras du choix – et c'est un peu pourtant cela qui se passait. Ma douleur sollicitée à droite, à gauche, avait des sujets de distraction trop nombreux.

Le docteur Lavignac, appelé dans le courant de l'après-midi, ne cessa de prodiguer, pendant des heures et des heures, des soins **éclairés** [3], mais, hélas ! inutiles. Ma famille s'éteignait inexorablement.

M. le curé, qui déjeunait ce jour-là chez le marquis de Beauvoir, est arrivé à bicyclette vers quatre heures. On allait avoir bien besoin de lui !

Dès cinq heures du soir, tout le village était chez nous. Le père Rousseau, paralysé depuis vingt ans, s'était fait porter jusque-là – et l'aveugle répétait en poussant les autres :

– Laissez-moi voir ! Laissez-moi voir !

Mémoires d'un tricheur, Sacha Guitry, Éditions Gallimard, 1935.

---

1. Parole drôle et spirituelle.
2. Ici, Sacha Guitry fait un jeu de mots : il joue avec l'expression « ne pas savoir où donner de la tête » qui veut dire « être très occupé, avoir beaucoup de choses à faire ».
3. Adaptés.

ACTIVITÉ 48 Les contenants

Reliez les éléments de la colonne de gauche à ceux de la colonne de droite.

un plat •	• de citron
un morceau •	• de fraises
une pincée •	• d'orange
une cuillerée •	• de chocolat
une tablette •	• de vinaigre
une barquette •	• de sel
un zeste •	• de coca
un nuage •	• de lait
un quartier •	• de pâtes
une tranche •	• de pain
une canette •	• de saucisson
une assiette •	• *de champignons*
un verre •	• de café
une tasse •	• d'eau

ACTIVITÉ 49 À table !

Complétez le texte suivant avec les éléments ci-dessous.

~~à table~~ – débarrassé – entrée – mis – passer – passés – plat principal – plateau de fromages – préparait – resservi – servi

Dimanche, mes grands-parents sont venus manger chez nous avec mon oncle et sa famille. Nous avons ______________ le couvert puis, après l'apéritif, nous sommes ______________ à table. Nous étions douze *à table*, six adultes et six enfants. Maman a apporté l' ______________, des carottes râpées. Puis nous avons fait honneur au ______________, un gigot d'agneau. Ma mère nous a ______________ des parts vraiment généreuses ! C'était bon mais les légumes étaient fades alors j'ai demandé à mon cousin Gaston de me ______________ le sel. Ensuite, Papa est allé chercher le ______________ et nous avons dévoré le camembert qui était vraiment coulant ! Quant au dessert, une charlotte aux framboises, je me suis ______________ trois fois. Enfin, pendant que Maman ______________ le café avec ma tante, tous les enfants ont ______________ la table.

TEXTE 24

Jean-Marie Gustave **Le Clézio** naît en 1940. Il commence à écrire très tôt et *Le Procès-Verbal* (1963), son premier roman, lui apporte la reconnaissance littéraire. Les romans et les essais qu'il publie par la suite explorent l'âme humaine, mais posent aussi la question de l'écriture et de la langue. Il a alors la réputation d'un écrivain novateur. Toutefois, à la fin des années 1970, il semble vouloir apaiser son style qui devient plus sobre et aborde des thèmes comme l'enfance et le voyage. Parallèlement, il est de plus en plus fasciné par les cultures précolombiennes, notamment la culture maya, en apprend la langue, et tente une traduction en français de certains de ses textes sacrés.

Mondo est un enfant-poète et bohème qui n'a aucune attache. Dans la ville sans nom où il habite, illuminée de soleil et située au bord de la mer, il va rencontrer des gens aussi étranges mais aussi attachants que lui. Comme les autres personnages du recueil de nouvelles Mondo et autres histoires, *Mondo cherche à atteindre la liberté vraie.*

«Je voudrais que vous m'appreniez à lire et à écrire, s'il vous plaît», dit Mondo.

Le vieil homme restait immobile, mais il n'avait pas l'air étonné.

«Tu ne vas pas à l'école ?»

«Non monsieur», dit Mondo.

Le vieil homme s'asseyait sur la plage, le dos contre le mur, le visage tourné vers le soleil. Il regardait devant lui, et son expression était très calme et douce, malgré son nez busqué et les rides qui coupaient ses joues. Quand il regardait Mondo, c'était comme s'il voyait à travers lui, parce que ses iris étaient si clairs. Puis il y avait une lueur d'amusement dans son regard, et il dit :

«Je veux bien t'apprendre à lire et à écrire, si c'est ça que tu veux.» Sa voix était comme ses yeux, très calme et lointaine, comme s'il avait peur de faire trop de bruit en parlant.

«Tu ne sais vraiment rien du tout ?»

«Non monsieur», dit Mondo.

L'homme avait pris dans son sac de plage un vieux canif à manche rouge et il avait commencé à graver les signes des lettres sur des galets bien plats. En même temps, il parlait à Mondo de tout ce qu'il y a dans les lettres, de tout ce qu'on peut y voir quand on les regarde et quand on les écoute. Il parlait de A qui est comme une grande mouche avec ses ailes repliées en arrière ; de B qui est drôle, avec ses deux ventres, de C et D qui sont comme la lune, **en croissant** et **à moitié pleine**, et O qui est la lune **tout entière**[1] dans le ciel noir. Le H est haut, c'est une échelle pour monter aux arbres et sur le toit des maisons ; E et F, qui ressemblent à un râteau et à une pelle, et G, un gros homme assis dans un fauteuil ; I danse sur la pointe de ses pieds, avec sa petite tête qui se détache à chaque bond, pendant que J se balance ; mais K est cassé comme un vieillard, R marche à grandes enjambées comme un soldat, et Y est debout, les bras en l'air et crie : au secours ! L est un arbre au bord de la rivière, M est une montagne ; N est pour les noms, et les gens saluent de la main, P dort sur une patte et

1. Le vieil homme évoque des phases de la lune : le croissant et la pleine lune.

Q est assis sur la queue ; S, c'est toujours un serpent, Z toujours un éclair ; T est beau, c'est comme le mât d'un bateau, U est comme un vase. V, W, ce sont des oiseaux, des vols d'oiseaux ; X est une croix pour se souvenir.

Avec la pointe de son canif, le vieil homme traçait les signes sur les galets et les disposait devant Mondo.

« Mondo », *Mondo et autres histoires*, J.-M. G. Le Clézio, Éditions Gallimard, 1978.

ACTIVITÉ 50 Les études en France

Complétez le tableau suivant.

L'âge	La personne	Le lieu
Entre 3 et 6 ans	*Un écolier*	*L'école maternelle*
Entre 6 et 11 ans		
Entre 11 et 15 ans		
Entre 15 et 18 ans		
Après 18 ans		

ACTIVITÉ 51 Le ciel

Complétez les phrases suivantes à l'aide des mots ci-dessous.

astre – ciel – étoile – lune – nuages – soleil

1. Un danseur ______________ est une personne qui a atteint le plus haut degré dans la hiérarchie du corps de ballet de l'Opéra.
2. Il lui demande l'impossible en l'invitant à venir vivre dans son pays. Il lui demande la ______________.
3. Elle est toujours en train de rêver, de penser à autre chose. Elle est dans les ______________.
4. Mon amour, tu es mon rayon de ______________ !
5. Il est né sous une bonne ______________ parce que la chance lui sourit.
6. Elle est vraiment tombée du ______________ parce qu'elle est arrivée juste au moment où on avait besoin d'elle.
7. Une femme surprise dans les bras de son amant quand son mari arrive s'écrie : « ______________ ! Mon mari ! »
8. La ______________ de miel est la période au début du mariage pendant laquelle on profite de son bonheur.
9. Louis XIV était un roi puissant. C'est pour cela qu'on l'appelle le Roi-______________.
10. Cet homme est beau comme un ______________ !

TEXTE 25

Maurice CARÊME naît en Belgique en 1899. En 1918, il devient instituteur et écrit des comptines et des poésies. En 1943, il quitte l'enseignement, se consacre à la littérature et écrit des romans et des poèmes. Il meurt en 1978.

Le chat et le soleil

Le chat ouvrit les yeux,
Le soleil y entra.
Le chat ferma les yeux,
Le soleil y resta.

Voilà pourquoi, le soir,
Quand le chat se réveille,
J'aperçois dans le noir
Deux morceaux de soleil.

«Le chat et le soleil», *L'arlequin*, Maurice Carême,

Ponctuation

– Ce n'est pas pour me vanter
    Disait la virgule,
Mais, sans mon jeu de pendule,
Les mots, tels des somnambules,
Ne feraient que se heurter.

– C'est possible, dit le point,
    Mais je règne, moi,
Et les grandes majuscules
Se moquent toutes de toi
Et de ta queue minuscule.

– Ne soyez pas ridicules,
    Dit le point virgule,
On vous voit moins que la trace
De fourmis sur une glace.
Cessez vos conciliabules,

Ou, tous deux, je vous remplace !

«Ponctuation», *Au clair de la lune*, Maurice Carême

ACTIVITÉ 52 Les moments de la journée

Barrez la mauvaise réponse.

1. **L'aube/La nuit** est le moment où les premières lueurs du soleil levant commencent à blanchir l'horizon.
2. En vacances, on se levait **de bon soir/de bon matin** pour aller se promener dans les bois.
3. Il fait beau **cette matinée/ce matin.**
4. Elle est fatiguée, elle a travaillé **tout le matin/toute la matinée** de 8 heures à 12 heures.
5. J'ai rendez-vous **en début de soirée/en début d'après-midi** à 14 heures.
6. **Tous les ans/Toutes les années**, il passe les fêtes de Noël à la montagne.
7. **Chaque journée/Chaque jour,** il court dans le parc.
8. Tu as rendez-vous **cette soirée/ce soir** avec tes amis.
9. Merci encore pour **cette soirée/ce soir** qui était merveilleuse.
10. **Cette nuit/Ce soir**, nous sommes invités à dîner.
11. Vous prendrez ce médicament trois fois **par journée/par jour** pendant une semaine.
12. Le ciel est rempli d'étoiles : il fait **jour/nuit.**
13. La nuit **tombe/se couche** vers 17 heures en hiver.
14. Le soleil **se réveille/se lève** en même temps que le coq.

ACTIVITÉ 53 La ponctuation

Dans le texte ci-dessous, la ponctuation a disparu. Remettez les majuscules, les points et les virgules.

c'est une belle journée d'automne le soleil brille quelques feuilles tombent encore des arbres dans le jardin un chat fait une sieste tout à coup il y a un bruit le chat ouvre les yeux et court après un oiseau heureusement il ne l'attrape pas l'oiseau a eu de la chance

TEXTE 26

Marcel Aymé naît en 1902 à Joigny, en région parisienne. On le qualifie d'humoriste et de satirique mais c'est avec ses contes qu'il révèle ses dons les plus précieux et les plus originaux. *Le Passe-muraille* contient des nouvelles mais il écrit aussi des contes : *Les Contes du Chat perché* (1934). Le style de Marcel Aymé est très élaboré. Il analyse avec humour les défauts de l'homme et de la société mais sa vision du monde peut aussi être noire. Il décrit les structures sociales de façon très réaliste et accorde une place importante au fantastique. Il meurt en 1967. Dans le quartier de Montmartre, on trouve un monument en hommage au héros du *Passe-muraille* sur la place Marcel Aymé.

Il y avait à Montmartre, au troisième étage du 75 bis de la rue d'Orchampt, un excellent homme nommé Dutilleul qui possédait le don singulier de passer à travers les murs sans en être incommodé. Il portait un binocle, une petite barbiche noire et il était employé de troisième classe au ministère de l'Enregistrement. En hiver, il se rendait à son bureau par l'autobus et, à la belle saison, il faisait le trajet à pied, sous son chapeau melon.

Dutilleul venait d'entrer dans sa quarante-troisième année lorsqu'il eut la révélation de son pouvoir. Un soir, une courte panne d'électricité l'ayant surpris dans le vestibule de son petit appartement de célibataire, il tâtonna un moment dans les ténèbres et, le courant revenu, se trouva sur le palier du troisième étage. Comme sa porte d'entrée était fermée à clé de l'intérieur, l'incident lui donna à réfléchir et, malgré les remontrances de sa raison, il se décida à rentrer chez lui comme il en était sorti, en passant à travers la muraille.

Le passe-muraille, Marcel Aymé, Éditions Gallimard, 1943.

ACTIVITÉ 54 Les prépositions de lieu et de moyen

Complétez les phrases suivantes avec la préposition qui convient.

1. À la belle saison, il faisait le trajet *à* pied, *sous* son chapeau melon.
2. J'irai à Florence ______ train et non pas ______ voiture.
3. Firmin et les autres se promenaient avec Paulette ______ vélo.
4. Dans le jardin du Luxembourg, on voit parfois des policiers ______ cheval.
5. Ils ont un chalet ______ la montagne et une maison ______ la mer.
6. Nous habitons ______ le quartier latin qui se trouve ______ le cinquième arrondissement.
7. J'aime me promener ______ la rue ou ______ les quais de la Seine.
8. Tu vas ______ vacances ______ Espagne, ______ Séville, ______ le sud du pays.
9. Vous préférez habiter ______ ville ou ______ la campagne ?
10. Il est tard. Nous, nous rentrons ______ la maison et eux, ils rentrent ______ eux.
11. Pour aller au théâtre de l'Odéon, nous sommes passées ______ le boulevard Saint-Germain.

ACTIVITÉ 55 Le passé récent, le présent progressif et le futur proche

Complétez les phrases ci-dessous avec les constructions verbales suivantes : *venir de, être en train de, aller.*

1. Dutilleul *venait d'*entrer dans sa quarante-troisième année.
2. Qu'est-ce que tu ______________ faire ? – Je prépare le dîner.
3. Est-ce que vous avez acheté le dernier livre de Laurent Gaudé ? Il ______________ paraître.
4. Tu es prête ? On ______________ bientôt partir.
5. Quand elle est arrivée, nous ______________ manger.
6. Vous ______________ écouter un extrait de « La flûte enchantée » de Mozart. Ainsi s'achève notre programme musical.
7. Il est 19 heures. Dépêchons-nous, les magasins ______________ fermer.
8. Le téléphone sonne. – Allô, Bonjour... Non, je suis désolée, je ne peux pas vous passer Marie, elle ______________ sortir.
9. Ne parlez pas trop fort, le bébé ______________ dormir.
10. Demain, une manifestation est prévue. Il ______________ y avoir des embouteillages.
11. Vous allez au théâtre ce soir. Vous ______________ vous coucher tard ?

TEXTE 27

Albert Cossery est un écrivain égyptien d'expression française, né au Caire en 1913. Même s'il vit à Paris depuis 1945, l'action de ses romans se déroule toujours dans son pays natal. Il y dénonce l'injustice sociale et critique les puissants. En effet, les personnages qu'il aime sont des marginaux, pauvres en argent mais riches en humanité. Il meurt en 2008.

Dans Les couleurs de l'infamie, *le personnage principal est Ossama, un voleur à la tire. Un jour, il trouve dans le portefeuille d'un promoteur corrompu une lettre qui prouve la culpabilité de ce dernier dans l'effondrement d'un immeuble qui a provoqué la mort de nombreuses personnes. Avec Nimr, son ancien maître en vol à la tire, et Karamallah, un journaliste interdit de publication pour avoir critiqué le gouvernement, il décide d'une stratégie et invite Suleyman, le promoteur, au café, qui pense qu'il va pouvoir récupérer sa lettre contre de l'argent.*

– Alors, **prince** [1], si on parlait de la lettre, dit-il d'un ton aimable mais résolu. Je présume que tu la portes sur toi.

– Pour ça, oui, répondit Ossama, on peut dire que je la porte sur moi. Et même d'une façon que tu ne devineras jamais.

– Eh bien, montre-la moi, dit Suleyman avec une certaine nervosité. Il semblait se douter que quelque chose d'insolite se préparait contre lui et que cette chose allait irrémédiablement briser sa sérénité de citoyen intouchable.

– Ce n'est pas aussi simple, dit Ossama de manière évasive comme s'il parlait à un enfant qui l'ennuyait avec ses questions. Pourquoi es-tu si pressé ? Notre compagnie ne te plaît pas ?

Suleyman fit un effort sur lui-même et parut réfléchir. La conversation avec le prince devenait de plus en plus opaque et il sentait ses facultés mentales vaciller devant tant de dérobades et d'énigmes répétées.

– Il faut quand même que nous finissions par nous entendre. Je ne vais pas rester ici toute la nuit, malgré tout le plaisir que j'éprouve en votre compagnie. Je suis un homme d'affaires et mon temps est compté. Je te prie de me dire enfin ce que tu exiges pour me rendre cette lettre.

– Je te l'ai dit, je ne veux rien. Cette lettre, je la porte sur moi et elle ne me quittera jamais. Elle me sert comme amulette. Depuis que je l'ai trouvée, je ne crains plus rien. Je te laisse en juger. Le jour même où je l'ai ramassée sur le trottoir, un taxi qui roulait comme à son habitude avec l'espoir de supprimer quelques passants a failli m'écraser. J'ai compris alors que j'avais été sauvé d'une mort atroce par la magie que dégageait cette lettre.

– Quelle impudence ! Je te défends de faire l'extravagant avec ma lettre.

Ossama ouvrit sa chemise et exhiba un étui en cuir attaché à son cou par une mince chaîne d'argent.

1. Au début de la rencontre, l'élégance vestimentaire d'Ossama a induit Suleyman en erreur : il est persuadé que le jeune homme appartient à la haute société. D'où l'appellation de « prince ».

– Elle est là, ta lettre. Je suis encore trop jeune pour avoir un honneur crédible. Aussi je compte sur toi qui possèdes un honneur légalisé et reconnu par toutes les autorités pour me servir d'alibi en cas de malheur.

La colère s'empara de Suleyman dont le visage se boursoufla et prit une teinte verdâtre ; **on eût dit** [1] un ballon gonflé par un souffle venu de l'enfer. Il se pencha sur la table et dit sur un ton qui menaçait au-delà d'Ossama tous les révoltés de la planète :

– Dis-moi, prince, tu ne serais pas un voleur ?

Ossama se mit debout, s'inclina cérémonieusement et dit d'une voix humble et pleine de contrition :

– Un tout petit voleur devant toi, excellence !

Les couleurs de l'infamie, Albert Cossery, Éditions Joëlle Losfeld, 1999.

ACTIVITÉ 56 L'argent

Reliez les phrases qui ont le même sens.

Ossama et ses amis font chanter Suleyman. •

Ils ont assez d'argent pour partir en vacances. •

Ils ne veulent jamais rien dépenser et ils passent leur temps à compter leurs sous. •

Oh là là ! J'ai dépensé plus d'argent que je n'avais. Maintenant, mon compte est débiteur. •

Il est content parce que ce mois-ci, il a mis 500 euros de côté. •

Aujourd'hui, j'ai dépensé beaucoup d'argent. •

Il achète des choses inutiles, il dépense en gaspillant. •

La banque me prête de l'argent pour acheter une maison. •

Dans ce magasin, on ne peut payer ni par carte ni par chèque. •

Ils veulent que l'on paie en espèces. •

Nous avons beaucoup d'argent pour vivre, nous sommes très riches. •

Mes parents me donnent 20 euros par mois parce que je suis trop jeune pour gagner de l'argent. •

• J'emprunte de l'argent à la banque pour acheter une maison.

• Il jette l'argent par les fenêtres.

• Mes parents me donnent de l'argent de poche.

• Ils ont les moyens de partir en vacances.

• Ce mois-ci, il a pu économiser de l'argent.

• Je suis à découvert.

• Nous roulons sur l'or.

• *Sous la pression du chantage d'Ossama et de ses amis, Suleyman pense leur donner de l'argent.*

• Ici, on ne peut payer qu'en argent liquide.

• Ils sont près de leurs sous.

• Je suis dépensière.

1. On aurait dit.

TEXTE 28

ALAIN-FOURNIER (1886-1914) est le pseudonyme d'Henri Alban Fournier. Il est le fils d'un couple d'instituteurs, comme François Seurel, le narrateur du *Grand Meaulnes*. Ce roman est le seul achevé par Alain-Fournier car l'écrivain est mort à la guerre [1].

À l'approche de Noël, Augustin Meaulnes décide de partir chercher les grands-parents de son ami François à la gare. Mais il ne connaît pas le chemin et se perd. Il arrive alors près d'une demeure mystérieuse où il croise des gens qui préparent une fête. Tous sont déguisés.

Désœuvré, le promeneur erra un long moment sur la rive sablée comme **un chemin de halage** [2]. Il examinait curieusement les grandes portes aux vitres poussiéreuses qui donnaient sur des pièces délabrées ou abandonnées, sur des débarras encombrés de brouettes, d'outils rouillés et de pots de fleurs brisés, lorsque soudain, à l'autre bout des bâtiments, il entendit des pas grincer sur le sable.

C'étaient deux femmes, l'une très vieille et courbée; l'autre, une jeune fille, blonde, élancée, dont le charmant costume, après tous les déguisements de la veille, parut d'abord à Meaulnes extraordinaire.

Elles s'arrêtèrent un instant pour regarder le paysage, tandis que Meaulnes se disait, avec un étonnement qui lui parut plus tard bien grossier:

– Voilà sans doute ce qu'on appelle une jeune fille excentrique, – peut-être une actrice **qu'on a mandée** [3] pour la fête.

Cependant, les deux femmes passaient près de lui et Meaulnes, immobile, regarda la jeune fille. Souvent, plus tard, lorsqu'il s'endormait après avoir désespérément essayé de se rappeler le beau visage effacé, il voyait en rêve passer des rangées de jeunes femmes qui ressemblaient à celle-ci. L'une avait un chapeau comme elle et l'autre son air un peu penché; l'autre son regard si pur; l'autre encore sa taille fine, et l'autre avait aussi ses yeux bleus: mais aucune de ces femmes n'était jamais la grande jeune fille.

Meaulnes eut le temps d'apercevoir, sous une lourde chevelure blonde, un visage aux traits un peu courts, mais dessinés avec une finesse presque douloureuse. Et comme déjà elle était passée devant lui, il regarda sa toilette qui était bien la plus simple et la plus sage des toilettes…

Perplexe, il se demandait s'il allait les accompagner, lorsque la jeune fille, se tournant imperceptiblement vers lui, dit à sa compagne:

– Le bateau ne va pas tarder, maintenant, je pense? ...

Et Meaulnes les suivit. La vieille dame, cassée, tremblante, ne cessait de causer gaiement et de rire. La jeune fille répondait doucement. Et lorsqu'elles descendirent sur l'embarcadère, elle eut ce même regard innocent et grave, qui semblait dire:

– Qui êtes-vous? Que faites-vous ici? Je ne vous connais pas. Et pourtant il me semble que je vous connais.

Le Grand Meaulnes [1913], Alain-Fournier, Librairie A. Fayard, 1986.

1. La Première Guerre mondiale*.
2. À l'époque où les bateaux étaient tirés (halés) par des chevaux, le chemin de halage était le chemin où avançaient les chevaux.
3. À qui on a demandé de venir.

ACTIVITÉ 57 La description physique

Dans le texte d'Alain-Fournier, relevez les éléments qui caractérisent :

Le visage de la jeune fille

Il est ______________. Elle a les yeux ______________.

Ses traits sont ______________ mais dessinés avec ______________.

Ses cheveux — Elle est ______________.

Elle a une ______________ chevelure.

Son allure — Elle est ______________.

Elle a un air un peu ______________.

Elle a la taille ______________.

Elle est ______________.

Ses vêtements — Elle porte un ______________ costume.

Ce costume est aussi ______________.

Elle porte aussi un ______________ sur la tête.

Sa toilette est ______________ et ______________.

ACTIVITÉ 58 Les qualités et les défauts

A. Les qualités. Complétez avec l'adjectif approprié.

1. La jeune fille est *douce*.
2. Elle voit toujours le bon côté des choses. Elle est o______________.
3. Il s'est montré g______________ envers ses amis. Il leur a donné de nombreux cadeaux.
4. C'est un auteur i______________ car il écrit des livres dans lesquels on apprend beaucoup de choses.
5. Ses enfants n'ont pas peur du danger. Ils sont très c______________.
6. Cette famille nous a bien accueillis ; elle manifeste de la chaleur et de la vie. Elle est c______________.

B. Les défauts. Donnez le contraire des adjectifs que vous venez d'écrire.

1. La jeune fille est *dure*.
2. Elle est p______________
3. Il s'est montré é______________.
4. C'est un auteur e______________.
5. Ils sont très p______________.
6. Elle est f______________.

ACTIVITÉ 59 Le portrait d'une personne que j'aime

Faites le portrait physique et moral d'une personne que vous aimez.

____

TEXTE 29

Irène Némirovsky (1903-1942) est née en Ukraine. Cependant, élevée par une gouvernante française, elle maîtrise très vite cette langue. En 1918, sa famille fuit la Révolution russe* et se réfugie en Finlande puis en France. Elle commence très tôt à écrire et publie son premier roman en 1926. Elle connaît le succès en 1929 avec son deuxième roman, *David Golder*. En 1940, elle est victime avec son mari des lois antisémites promulguées par le gouvernement de Vichy* et n'a plus le droit de publier. Deux ans plus tard, elle est déportée à Auschwitz où elle mourra du typhus un mois après son arrivée. L'œuvre d'Irène Némirovsky a été sauvée par ses deux filles qui ont fait paraître en 2004 un roman inachevé, *Suite française*, qui a aussitôt connu un immense succès, en France comme à l'étranger.

Dans Le Bal, *le personnage principal est Antoinette Kampf, une adolescente de quatorze ans. Un jour, ses parents décident d'organiser un bal. Antoinette voudrait bien y assister mais sa mère refuse car elle la considère encore comme une enfant. Antoinette développe alors une forme de ressentiment contre sa mère. Inconsciente du malaise de sa fille, M*[me] *Kampf commence les préparatifs du bal, puis charge sa fille d'aller poster les cartons d'invitation en compagnie de sa gouvernante. Mais la gouvernante profite de cette sortie pour retrouver son amoureux et passer un moment avec lui.*

– Tenez, chérie, voilà les invitations de votre maman que je n'ai pas encore mises à la poste… Courez vite jusqu'à ce petit bureau de tabac, là, dans la petite rue à gauche… vous voyez la lumière ? Vous les jetterez à la boîte. Nous vous attendons ici…

Elle fourra le paquet préparé dans la main d'Antoinette ; puis elle s'éloigna précipitamment. Au milieu du pont, Antoinette la vit s'arrêter de nouveau, attendre le garçon en baissant la tête. Ils s'appuyèrent contre le parapet.

Antoinette n'avait pas bougé. À cause de l'obscurité, elle ne voyait que deux ombres confuses et tout autour la Seine noire et pleine de reflets. Même quand ils s'embrassèrent, elle devina plutôt qu'elle ne vit le fléchissement, l'espèce de chute molle de deux visages l'un contre l'autre ; mais elle tordit brusquement les mains comme une femme jalouse… Dans le mouvement qu'elle fit, une enveloppe s'échappa et tomba à terre. Elle eut peur et la ramassa à la hâte, et, au même instant, elle eut honte de cette peur : quoi ? toujours trembler comme une petite fille ? Elle n'était pas digne d'être une femme. Et ces deux-là qui s'embrassaient toujours ? Ils n'avaient pas dénoué les lèvres… Une espèce de vertige s'empara d'elle, un besoin sauvage de bravade et de mal. Les dents serrées, elle saisit toutes les enveloppes, les froissa dans ses mains, les déchira et les lança toutes ensemble dans la Seine. Un long moment, le cœur dilaté, elle les regarda qui flottaient contre l'arche du pont. Et puis, le vent finit par les emporter dans l'eau.

Le Bal, Irène Némirovsky, Éditions Grasset, 1930.

ACTIVITÉ 60 Accord du participe passé avec *avoir*

Accordez les participes passés, si nécessaire.

1. Voilà les invitations de votre maman que je n'ai pas encore mis*es* à la poste.
2. Avez-vous écrit___ à vos amis ? Oui, nous leur avons envoyé___ une lettre la semaine dernière.
3. Finalement, j'ai pris___ les chaussures noires.
4. Connaissez-vous les Dupont ? Oui, nous les avons rencontré___ chez les Durand.
5. Quand as-tu appelé___ Patricia ? Je l'ai appelé___ dimanche.
6. Il y a encore des gâteaux ? Non, nous les avons tous mangé___ !
7. Où est passée la bague que j'ai acheté___ hier ?
8. Je pense que tu as fait___ une faute à ce mot.
9. Quels romans de Marcel Pagnol avez-vous lu___ ?
10. Les papiers qu'il a présenté___ étaient faux.
11. Il nous a regardé___ d'un air furieux !

ACTIVITÉ 61 La poste

Complétez les phrases suivantes avec un mot choisi dans la liste ci-dessous.

adresse – affranchir – ~~boîte~~ – cachet – courrier – enveloppe – en recommandé – facteur – paquet – postée – timbre

1. Vous jetterez les lettres à la *boîte*.
2. Je voudrais envoyer cette lettre ______________ s'il vous plaît.
3. Pour l'UE, il faut acheter un ______________ à 0,65 euro.
4. Tu n'as pas reçu ma lettre ? Mais je l'ai ______________ il y a une semaine !
5. Est-ce que le ______________ est passé ?
6. Vous devez ______________ cette lettre avant de la poster.
7. Si vous voulez que votre lettre arrive, il faut écrire l'______________ lisiblement.
8. Les candidatures devront nous être envoyées avant le 1er septembre, le ______________ de la poste faisant foi.
9. Ce ______________ pèse 3 kg.
10. Il y a du ______________ pour moi aujourd'hui ?
11. Aurais-tu une ______________ rectangulaire ?

TEXTE 30

Max Jacob naît en 1876 en Bretagne puis va à Paris où il exerce de nombreux métiers avant de se lier avec les artistes de Montmartre. De confession juive, il se convertit au catholicisme en 1909: son parrain est Pablo Picasso. C'est une figure étrange, complexe et certainement torturée: c'est un peu ce qui ressort du portrait que le peintre Modigliani nous a laissé de lui. Entre 1921 et 1928, il se retire à l'abbaye bénédictine de Saint-Benoît-sur-Loire et s'y installe définitivement en 1936. Il écrit, mais dessine et peint aussi. C'est là que, en 1944, il est arrêté par la Gestapo*, puis il est interné au camp de Drancy où il meurt un mois après son arrivée.

Dans «Le départ», extrait du recueil Le Laboratoire central, *Max Jacob nous confie son amour pour sa région natale, la Bretagne.*

Le départ

Adieu l'étang et toutes mes colombes
Dans leur tour et qui mirent gentiment
Leur soyeux plumage au col blanc qui bombe
 Adieu l'étang.

Adieu maison et ses toitures bleues
Où tant d'amis, dans toutes les saisons,
Pour nous revoir avaient fait quelques lieues,
 Adieu maison.

Adieu le linge à la haie en piquants
Près du clocher ! oh ! que de fois le peins-je –
Que tu connais comme t'appartenant
 Adieu le linge !

Adieu lambris ! maintes portes vitrées.
Sur le parquet miroir si bien verni
Des barreaux blancs et des couleurs diaprées
 Adieu lambris !

Adieu vergers, les caveaux et les planches
Et sur l'étang notre bateau voilier
Notre servante avec sa coiffe blanche
 Adieu vergers.

Adieu aussi mon fleuve clair ovale,
Adieu montagne ! adieu arbres chéris !
C'est vous qui êtes tous ma capitale
 Et non Paris.

«Le départ», *Le laboratoire central*, Max Jacob, Éditions Gallimard, 1921.

ACTIVITÉ 62 L'adjectif possessif

Complétez les phrases suivantes avec des adjectifs possessifs.

1. Adieu l'étang et toutes ***mes*** colombes/Dans ***leur*** tour…
2. Puis-je prendre ____ veste mademoiselle ?
3. Regardons les photos de ____ enfants !
4. Je vous apporte tout de suite ____ cafés !
5. Ils ont invité ____ amis à dîner.
6. Tu peux me prêter ____ gomme et ____ stylo parce que j'ai oublié ____ trousse.
7. Regarde le lilas ! ____ feuilles sont d'un beau vert tendre.
8. Tous les passagers avaient accroché ____ ceinture.
9. ____ adresse n'a pas changé, je n'ai pas déménagé.
10. Cette madeleine lui rappelle ____ enfance.
11. Il a fait tomber ____ serviette.
12. C'est à nous! C'est ____ téléphone portable.

ACTIVITÉ 63 Le voyage

Complétez la lettre suivante à l'aide des mots ci-dessous.

billet – brochures – carte – guide – hôtel – passeport – plan – préparatifs – renouveler – rentrerai – Office du tourisme – simple – dos – stop

« Salut Benoît,

Ça y est, j'ai presque fini les ____________ pour mon grand voyage en Amérique latine ! Tu ne peux pas imaginer la quantité de choses que j'emporte dans mon sac à ____________ ! J'ai le plus important : pour passer la frontière, j'ai mon ____________ que j'ai fait ____________ à la dernière minute, une ____________ du Chili et un ____________ de Santiago, mon ____________ d'avion et un ____________ touristique de la Terre de Feu. Et je pars aussi avec plein de ____________ que l'____________ chilien m'a données. Dès mon arrivée, j'irai dans un ____________ bon marché en attendant de trouver un appartement. J'ai bien l'intention de profiter de mon année là-bas pour visiter le pays. Mais, comme tu le sais, je ne roule pas sur l'or, et je me déplacerai essentiellement en ____________. Je ne sais pas encore quand je ____________ parce que je n'ai pris qu'un aller ____________ !

À bientôt, Augustin »

ACTIVITÉ 64 Ma région natale

Décrivez votre région natale : où se situe-t-elle dans votre pays ? Quels paysages, quels monuments peut-on y voir ? Quel est son climat ? etc.

____

NIVEAU **B1**

GREG (1931-1999), pseudonyme de Michel Régnier, est un dessinateur belge de bande-dessinée. En 1963, il crée le personnage d'Achille Talon, quadragénaire ventripotent au nez énorme et chauve. Greg le décrit comme « généreux, mesquin, pacifiste, agressif, progressiste, bourgeois, désintéressé, jaloux, intrépide et quelque peu **capon**[1]. En somme, brave et honnête comme vous et moi. » Il est le héros de 47 albums ! On trouve l'histoire ci-dessous dans *Achille Talon méprise l'obstacle*.

Achille Talon, Achille méprise l'obstacle, Greg - Dargaud, 1973.

1. Lâche.

ACTIVITÉ 65 Conjugaison du présent du subjonctif

Conjuguez les verbes entre parenthèses au présent du subjonctif.

1. (expliquer) J'attends qu'on m'***explique***.
2. (interdire) Le chef de la sécurité voudrait qu'on ______________ l'accès à cette salle.
3. (prendre) Tu veux que je ______________ le métro pour te rejoindre ?
4. (étudier) Je voudrais que vous ______________ au moins deux heures par jour.
5. (déteindre) J'ai peur que ma nouvelle jupe ______________ au lavage.
6. (lire) Il faut absolument qu'elle ______________ ce livre ! Il est génial !
7. (être) Il ne faut pas que je ______________ en retard à cette réunion.
8. (disparaître) Les écologistes ont peur que la faune de cette région ______________.
9. (permettre) Je voudrais que vous me ______________ d'ajouter un mot à ce sujet.
10. (avoir) Je voudrais que tu ______________ plus de patience avec elle.
11. (abattre) Le jardinier voudrait que nous ______________ cet arbre malade.
12. (attendre) Il veut qu'elles le ______________ dehors.
13. (réduire) Il faudrait que nous ______________ nos dépenses.
14. (aller) Il faudrait que je ______________ à la mairie pour déclarer la perte de ma carte d'identité.
15. (rire) Je voudrais que vous ______________ moins fort, s'il vous plaît.
16. (révéler) Il ne faut pas que tu ______________ ce secret !
17. (s'inscrire) Il faut que vous ______________ avant le 1er septembre.
18. (refroidir) J'attends que mon café ______________ avant de le boire.
19. (suivre) Le guide aimerait qu'on ______________ ses instructions à la lettre.
20. (faire) Il faudrait qu'il ______________ plus attention à ne pas blesser les gens.
21. (croire) Non, il est impossible que vous me ______________. Cette histoire est trop incroyable !

ACTIVITÉ 66 Raconter au passé

Rédigez au passé l'histoire racontée dans cette bande dessinée.

____

____

____

____

____

____

____

TEXTE 32

Daniel PENNAC, né en 1944, est le pseudonyme de Daniel Pennacchioni. Il raconte qu'il était un mauvais élève et qu'il a mis très longtemps à apprendre à lire. Cependant, cela ne l'a pas empêché de devenir professeur de français !

Comme un roman *est un essai inspiré de son expérience en tant qu'enseignant et parent d'élève. Il y explique sa conception de l'apprentissage de la lecture et de la littérature. Il défend notamment l'idée du « plaisir » de la lecture.*

Passons au lecteur.

Parce que, plus instructives encore que nos façons de traiter nos livres, il y a *nos façons de les lire.*

En matière de lecture, nous autres « lecteurs », nous nous accordons tous les droits, à commencer par ceux que nous refusons aux jeunes gens que nous prétendons initier à la lecture.

1. Le droit de ne pas lire.
2. Le droit de sauter des pages.
3. Le droit de ne pas finir un livre.
4. Le droit de relire.
5. Le droit de lire n'importe quoi.
6. Le droit au bovarysme.
7. Le droit de lire n'importe où.
8. Le droit de grappiller.
9. Le droit de lire à voix haute.
10. Le droit de nous taire.

Je m'en tiendrai[1] arbitrairement au chiffre 10, d'abord parce que c'est un compte rond, ensuite parce que c'est le nombre sacré des **fameux Commandements**[2] et qu'il est **plaisant**[3] de le voir pour une fois servir à une liste d'autorisations.

Car si nous voulons que mon fils, que ma fille, que la jeunesse lisent, il est urgent de leur octroyer les droits que nous nous accordons.

Comme un roman, Daniel Pennac, Éditions Gallimard, 1992.

1. Je m'arrêterai.
2. Les Dix Commandements donnés par Dieu à Moïse sur le mont Sinaï (*Bible*, Ancien Testament).
3. Amusant.

ACTIVITÉ 67 Les genres littéraires

Auteurs	Titres	Genres
xviie **siècle** Molière Charles Perrault xviiie **siècle** Jean-Jacques Rousseau xixe **siècle** Charles Baudelaire Alexandre Dumas Prosper Mérimée Jules Verne xxe **siècle** Pierre Boulle Anne et Serge Golon Maurice Leblanc ***Daniel Pennac***	*Angélique, marquise des anges* *Arsène Lupin, gentleman cambrioleur* *Carmen* *Cendrillon* **Comme un roman** *Les Confessions* *Les Fleurs du mal* *Le Malade imaginaire* *La Planète des singes* *Le Tour du monde en quatre-vingts jours* *Les trois mousquetaires*	L'autobiographie Le conte ***L'essai*** La nouvelle La poésie Le roman d'amour Le roman d'aventures Le roman de cape et d'épée Le roman policier Le roman de science-fiction Le théâtre

ACTIVITÉ 68 Les droits

Complétez les phrases suivantes à l'aide d'un des mots de la liste ci-dessous.

asile – auteur – entrée – grève – homme – inscription – privé – public – sang – succession – vote

1. Quand on écrit un livre, on touche des droits d'____________.
2. Les impôts appartiennent au droit ____________.
3. En 1789, la Révolution française a proclamé la Déclaration des droits de l'____________ et du citoyen.
4. En France, en 1945, les femmes ont obtenu le droit de ____________.
5. Le divorce appartient au droit ____________.
6. Pour aller à un spectacle, il faut s'acquitter de droits d'____________.
7. Quand on hérite de quelqu'un, on doit payer des droits de ____________.
8. Pour s'inscrire à l'université, les étudiants payent des droits d'____________.
9. Quand un étranger est poursuivi dans son pays, il peut demander le droit d'____________ dans un autre pays.
10. En Suisse, en Allemagne et au Japon, l'obtention de la nationalité est régie par le droit du ____________.
11. Depuis 1946, les salariés peuvent exercer le droit de ____________ pour exprimer leurs revendications.

TEXTE 33

Serge Gainsbourg, pseudonyme de Lucien Ginsburg, naît en 1928 à Paris. Sa rencontre, à trente ans, avec Boris Vian [1] est décisive : à partir de ce moment, tout en jouant avec les mots, il choisit la provocation et le cynisme. Il meurt en 1991.

En 1968, il écrit Comment te dire adieu? *pour la chanteuse Françoise Hardy. Cette chanson est une adaptation d'une chanson de Arnold Goland et Jack Gold, intitulée* It Hurts To Say Goodbye, *interprétée pour la première fois par Vera Lynn en 1954. La version de Gainsbourg, que ce soit le texte ou la musique, est radicalement différente de l'originale qui correspond plus au style des chansons de l'immédiat après-guerre : le rythme choisi est enlevé et le texte de Gainsbourg est plein d'humour. Remarquez par exemple la volonté de mettre en valeur le son « ex ».*

Sous aucun prétexte, je ne veux
Avoir de réflexes malheureux
Il faut que tu m'expliques un peu mieux
Comment te dire adieu…

Mon cœur de silex vite prend feu
Ton cœur de pyrex résiste au feu
Je suis bien perplexe, je ne veux
Me résoudre aux adieux

Je sais bien qu'un ex
Amour n'a pas de chance… ou si peu
Mais pour moi une ex-
Plication vaudrait mieux

Sous aucun prétexte, je ne veux
Devant toi surexposer mes yeux
Derrière un kleenex je saurais mieux
Comment te dire adieu

Tu as mis à l'index
Nos nuits blanches, nos matins gris bleus
Mais pour moi une ex-
Plication vaudrait mieux

Sous aucun prétexte, je ne veux
Devant toi surexposer mes yeux
Derrière un kleenex je saurais mieux
Comment te dire adieu

Comment te dire adieu

« Comment te dire adieu », paroles Serge Gainsbourg, EMI France, 1968.

---

1. Écrivain et parolier français (1920-1959) qui a composé, entre autres, la célèbre chanson *Le Déserteur* (1954), censurée jusqu'en 1960.

ACTIVITÉ 69 Les préfixes négatifs *a-, anti-, dés-, mal-, mé-*

Complétez les phrases suivantes en utilisant le contraire de l'un des adjectifs de la liste ci-dessous.

adroit – agréable – allergique – conformiste – connu – content – équilibré – heureux – honnête – normal – symétrique

1. Sous aucun prétexte, je ne veux/Avoir de réflexes ***malheureux***.
2. Il a une attitude ______________. Il ne se conforme pas aux règles.
3. Certains portraits de Picasso représentent des visages ______________.
4. Elle est ______________ de mon travail. Je dois le refaire.
5. Valentine est vraiment ______________ ! Elle ne sourit jamais.
6. Il a été agressé par un homme ______________.
7. Il fait une température ______________ pour la saison.
8. Le médecin lui a prescrit des médicaments ______________.
9. Cet artiste n'a pas la reconnaissance qu'il devrait avoir. Il est malheureusement ______________.
10. Qu'elles sont ______________ ! Elles ont cassé deux assiettes.
11. Cet employé a recouru à des procédés ______________ pour s'enrichir.

ACTIVITÉ 70 Les relations amoureuses

Donnez le contraire de l'idée exprimée dans la première phrase en utilisant les mots ci-dessous.

amoureuse – brise – se détestent – se disputent – divorcent – ex – haine – rupture – scènes – se séparent – passionnée

1. Je sais bien qu'un nouvel amour a une chance de s'épanouir. ≠ Je sais bien qu'un **ex**/Amour n'a pas de chance.
2. Ils s'installent ensemble. ≠ Ils ______________.
3. Ils se marient. ≠ Ils ______________.
4. Il vient d'écrire une lettre de déclaration. ≠ Il vient d'écrire une lettre de ______________.
5. Ils s'aiment. ≠ Ils ______________.
6. Ils s'entendent bien. ≠ Ils ______________ sans arrêt.
7. Il est plein d'attentions pour sa petite amie. ≠ Il lui fait sans arrêt des ______________.
8. Entre eux, il y a beaucoup d'amour. ≠ Entre eux, il y a une grande ______________.
9. Elle se sent bien avec lui. ≠ En la quittant, il lui ______________ le cœur.
10. Il est froid avec elle. ≠ Mais elle est très ______________ de lui.
11. Ils vivent un amour platonique. ≠ Ils vivent un amour ______________.

TEXTE 34

BÉNABAR, de son vrai nom Bruno Nicolini, est né en Île-de-France en 1969. Il est auteur-compositeur-interprète. C'est un auteur de chansons populaires écrites pour la plupart avec le souci d'être amusantes et décrivant des faits de la vie quotidienne ou des traits de société. En 2007, il remporte le prix d'interprétation masculine aux Victoires de la musique.

La chanson suivante est extraite de l'album Reprise des négociations.

Les épices du souk du Caire

Un bébé encadré sur une étagère
Un souvenir de vacances, un anniversaire.
Une fille qui sourit coincée dans un sous-verre
Un cadre fantaisie, un bord de mer
Et personne ne bouge
Dans la tribu des yeux rouges
Tous différents
Les mêmes photos pourtant.

Les grands derrière, les p'tits devant.

Quelques photos de couple
Exposées comme des preuves
Des photos de groupe
Des amis qu'on punaise.
On vérifie d'ailleurs
L'air de rien chez les autres
Qu'on fait partie des leurs
Qu'à côté de leurs têtes
Y'a la nôtre.
Sur la cheminée du salon des grands-parents
Le casting tout entier de tous les p'tits enfants

Les grands derrière, les p'tits devant.

Les albums familiaux sont les manuels d'histoire
Qu'on regarde jamais, qu'on réserve au placard.
Quand il était jeune, quand t'étais petit
Quand elle était enceinte, quand ils étaient en vie.
Portraits de fin d'année des gosses trop bien peignés
On dirait vraiment qu'ils ont mangé du ciment.

Les grands derrière, les p'tits devant. […]

ACTIVITÉ 71 La photo

Complétez les phrases suivantes avec une expression choisie dans la liste ci-dessous.

agrandir – album – brillant – cadres – couleurs – encadré – floue – mat – nette – noir et blanc – numérique – photographe – photographiés – prennent – ratée

1. Un bébé (est) ***encadré*** sur une étagère.
2. Ils aiment avoir leurs photos de famille dans des ______________ accrochés au mur.
3. Le soir, ils regardent les photos rangées dans un ______________.
4. Pour leur mariage, ils ont fait venir un ______________ professionnel.
5. Les touristes ______________ souvent la tour Eiffel en photo.
6. Au début du XXe siècle, les photos étaient en ______________ mais aujourd'hui, elles sont en ______________.
7. Quand on aime une photo, on peut la faire ______________.
8. Parfois la photo est réussie et elle est ______________. D'autres fois, elle est ______________ car on ne voit pas très bien les contours.
9. Si les photos sont sur papier, le tirage peut être ______________ ou ______________.
10. Pour faire sourire ceux qui sont ______________, on leur fait dire « ouistiti ».
11. Maintenant, on peut utiliser un appareil photo ______________ avec lequel on peut retoucher la photo ou l'effacer si elle est ______________.

ACTIVITÉ 72 Les pronoms possessifs

Complétez chacune des phrases suivantes avec un pronom possessif à la personne, au genre et au nombre qui conviennent.

1. On vérifie qu'à côté de leur tête/Y'a ***la nôtre***.
2. Quand les Français trinquent à l'apéritif, ils disent : « À ______________ ! »
3. On prend ta voiture pour aller au bureau parce que ______________ est en panne.
4. Ils ont leurs soucis et nous, ______________.
5. Nous avons envoyé nos cartes postales mais nos amis n'ont pas encore envoyé ______________.
6. J'ai pensé à son anniversaire, et tu vois, lui, il n'a même pas pensé à ______________ !
7. J'ai garé mon vélo à côté de ______________. Tu crois que ça le gênera pour partir ?
8. J'ai une mémoire d'éléphant. En revanche ______________ est très limitée ; elle oublie tout.
9. C'est ta chienne ou celle des voisins ? Il me semblait que ______________ était noire ?
10. Je remplis mon dossier et vous, occupez-vous de ______________.
11. Montre-moi tes résultats. Je voudrais comparer mes notes à ______________.

TEXTE 35

Jean-Pierre Bacri (né en 1951) et Agnès Jaoui (née en 1964) sont tous deux comédiens et acteurs, mais ils sont aussi scénaristes. Ils ont obtenu le César du meilleur scénario à deux reprises, pour *Un air de famille* (Cédric Klapisch, 1996) et *Le Goût des autres* (Agnès Jaoui, 2000). *On connaît la chanson*, film musical d'Alain Resnais (1997) dont ils avaient écrit le scénario, a obtenu le César du meilleur film.

La famille Ménard se compose de la mère, de trois enfants (Henri, Philippe et Betty), puis d'Arlette et de Yolande, les femmes respectives d'Henri et Philippe. Elle se réunit tous les vendredi soir dans le bar tenu par Henri, qui a repris le commerce de son père. Est aussi présent Denis, l'employé d'Henri. Ce soir-là, il ne manque plus qu'Arlette, et Henri montre une certaine inquiétude.

Denis : Ça va Henri ?
Henri : Ben… oui, ça va, pourquoi, qu'est-ce qu'il y a ?
Denis : Il n'y a rien. Je te demande si ça va, c'est tout.
Henri : Tu me dis « ça va Henri ? » avec un air, là, on dirait un docteur !
Denis : Mais enfin, c'est incroyable. Je te demande gentiment si ça va. Je ne t'ai rien fait !

Le téléphone sonne. Henri répond.

Henri : Oui, Le Père Tranquille [1], j'écoute. Ah ! alors, tu es où ? Mais tu sais quelle heure il est ? Ah bon ? Mouais. Et tu as besoin de partir chez ta copine pour réfléchir. Tu ne peux pas réfléchir à la maison ? Mais à quoi ? À quoi tu veux réfléchir ? Qui c'est qui t'a foutu ces idées dans la tête d'abord ? Et tu choisis le vendredi soir pour me faire ça ? Bon. Écoute, Arlette, écoute, je vais te proposer quelque chose : tu viens ce soir, et tu commences à réfléchir à partir de demain, par exemple. Bon, eh ben, prends-la ta semaine, prends quinze jours, prends toute la vie, si tu veux, je n'en ai rien à foutre ! Je te parle comme je te parle ! (*Il raccroche.*) « Ce n'est pas la peine d'en faire un drame ». Il faudrait que je rigole, que je prenne ça calmement. Tu vas voir si je vais prendre ça calmement, je vais aller là-bas, je vais lui foutre mon poing dans la gueule à celle-là !
Denis : Ah oui, ça peut la toucher, ça.
Henri : C'est nouveau, ça, d'aller réfléchir une semaine, réfléchir à quoi ? Voilà ! Qu'est-ce que je vais leur raconter maintenant. Ils vont me dire « elle est où, Arlette ? », je vais leur répondre quoi, moi ? Elle est avec quelqu'un, c'est ça ?
Denis : Non.
Henri : C'est quoi alors ? Je n'ai pas de considération, moi ?
Denis : C'est-à-dire ?
Henri : De la considération, je ne sais pas, je ne comprends même pas ce que ça veut dire. Il paraît que je n'ai pas de considération pour elle. Qu'est-ce que tu comprends, toi ?
Denis : Je ne sais pas, que vous la traitez mal, non ?
Henri : Moi ? Moi, je la traite mal ?
Denis : C'est ce qu'elle dit.

1. Nom du bar d'Henri.

HENRI : Je la traite très bien ! De toute façon, on ne se voit jamais. Je voudrais la traiter mal que je n'aurais pas le temps. Je travaille treize heures, je mange, je dors, et voilà. C'est tout ce que je fais ! Je suis dégoûté, dégoûté.

Un air de famille, scénario de Jean-Pierre Bacri et Agnès Jaoui,
Avant-scène théâtre n° 956, 1994.

ACTIVITÉ 73 *Proposer, accepter, hésiter, refuser*

Est-ce que la personne propose, accepte, hésite ou refuse ?

1. Arlette, écoute, je vais te proposer quelque chose. → La personne ***propose***.
2. Ce n'est pas de refus ! → La personne ____________.
3. Pourquoi pas ? → La personne ____________.
4. Je ne peux pas vous le promettre. → La personne ____________.
5. Ça te va ? → La personne ____________.
6. Ça vous dirait d'aller vous promener dans le jardin ? → La personne ____________.
7. Il faut voir. → La personne ____________.
8. Ça ne me dit rien. → La personne ____________.
9. Avec grand plaisir ! → La personne ____________.
10. Merci. → La personne ____________ ou ____________.
11. Jamais de la vie ! → La personne ____________.
12. D'accord ! → La personne ____________.

ACTIVITÉ 74 L'expression de la colère

Complétez les phrases avec les mots ci-dessous.

bornes – colère – exaspérante – faire – furieux – indignés – moi – nerfs – scandaleux – tête – vase

1. Henri est ***furieux*** parce qu'Arlette a décidé de le quitter.
2. Il en a par-dessus la ____________ de son travail.
3. C'est la goutte d'eau qui fait déborder le ____________ !
4. Cette nouvelle a provoqué la ____________ de tous ses collègues.
5. Ce client a vraiment une attitude ____________.
6. Le voisin fait du bruit. Je ne peux pas dormir. Je suis à bout de ____________.
7. C'est ____________ ce que tu viens de faire. C'est du vol !
8. Nous sommes tous ____________ par cette augmentation des prix.
9. Je suis hors de ____________ ! Je vais hurler.
10. Là, franchement, tu dépasses les ____________ !
11. Ça commence à bien ____________ !

TEXTE 36

Dominique **MAINARD** est née à Paris en 1967. C'est là qu'elle vit aujourd'hui, après avoir grandi dans la région lyonnaise et séjourné cinq ans aux États-Unis. Elle est traductrice de romans anglais, nouvelliste et romancière. *Leur histoire* a connu un grand succès et a été adapté au cinéma en 2005 sous le titre *Les mots bleus*.

Anna a six ans. Elle n'a jamais parlé. Une crainte étrange court tel un fil dans sa famille depuis trois générations, la crainte que les mots ne soient « des traîtres, des voleurs », une menace insidieuse capable de vous ôter la vie et l'amour des êtres qui vous sont chers. Nadèjda, sa mère, et la narratrice, a refusé d'apprendre à lire et à écrire. À l'âge d'Anna, elle a assisté impuissante à la mort de sa grand-mère, provoquée, s'est-elle imaginée, par l'un des mots du conte que la vieille femme lui lisait alors.

Anna n'a pas encore le nez un peu trop fort et la grande bouche charnue de notre famille, mais elle a nos yeux sombres et mouillés, bordés de longs cils épais et surtout les grains de beauté au-dessus de la lèvre supérieure et au-dessous de la lèvre inférieure. Anna ne parle pas. Anna n'a jamais parlé. Dans ses dessins, les fleurs ont deux yeux et un nez mais pas de bouche, de même que les maisons ou les soleils, les enfants et les grandes personnes. Longtemps j'ai pris un crayon et j'ai dessiné moi-même ce demi-cercle, ce quartier d'orange, cette ouverture souriante d'où je faisais parfois s'échapper une bulle, lui désignant ma propre bouche ouverte et prononçant son nom, Anna, Anna, en riant, comme si c'était quelque chose de gai et de naturel ; mais alors elle prenait une autre feuille et commençait un nouveau dessin sans m'adresser un regard.

Anna, mon enfant fleur, mon enfant muette. Depuis toujours me semble-t-il, depuis avant même sa naissance, j'observe sa bouche silencieuse, ses gencives pâles et nues qu'ont peu à peu percées les dents de lait – les minuscules tourelles blanches de ses dents de lait, défendant sa bouche, des armes dérisoires, mais elle est restée muette.

Leur histoire, Dominique Mainard, Éditions Joëlle Losfeld, 2002.

ACTIVITÉ 75 Place de deux adjectifs

Placez les deux adjectifs dans les phrases suivantes en les accordant.

1. (a, elle, et, mouillés, nos, sombres, yeux) → *Elle a nos yeux sombres et mouillés*.
2. (de, ils, jolis, ont, petits, pieds) → ____________
3. (ancienne, belle, dans, habitent, ils, maison, une) → ____________
4. (avare, est, homme, mon, un, vieil, voisin) → ____________
5. (ma, nouvelle, robe, verte, voici) → ____________
6. (ce, corrompus, des, hommes, politiques, sont) → ____________
7. (asseoir, cassée, cette, chaise, sur, je, longue, m', ne, pas, peux) → ____________
8. (arbres, au, du, sont, fond, grands, jardin, les, malades) → ____________
9. (c', cochons, des, est, histoire, l', petits, trois) → ____________
10. (années, cela, dans, les, passera, prochaines, se, vingt) → ____________
11. (c', est, établissement, réputé, scolaire, un) → ____________

ACTIVITÉ 76 Le participe présent

Regardez les exemples.

J'observe [...] les minuscules tourelles blanches de ses dents de lait, *défendant sa bouche*.
J'observe les minuscules tourelles blanches de ses dents de lait *qui défendent sa bouche*.

Étant malade, l'enfant reste couché.
Comme il est malade, l'enfant reste couché.
L'enfant reste couché *parce qu'il est malade*.

À vous ! Transformez les phrases suivantes en vous aidant des exemples ci-dessus.

A. De la proposition subordonnée au participe présent.

1. Comme il marche lentement, nous lui disons de se dépêcher.
   → *Marchant lentement, nous lui disons de se dépêcher.*
2. Marie, qui est encore une enfant, va se coucher tôt.
3. Comme elle agit à la légère, elle est surprise par les conséquences.
4. Un chasseur qui sait chasser sans son chien est un bon chasseur.

B. Du participe présent à la proposition subordonnée.

1. Ne regardant pas la route, j'ai eu un accident.
   → *J'ai eu un accident parce que je ne regardais pas la route.*
2. Prenant une mauvaise direction, les touristes se perdent.
3. Les étudiants comprenant le français sont cordialement invités à cette conférence.
4. Voyant arriver une foule de personnes, Martine a eu peur.
5. Camille, débordant d'énergie, sautait de joie.
6. Faisant du tennis l'année prochaine, il ne sera plus libre le samedi matin.

TEXTE 37

Boileau-Narcejac est la signature commune de Pierre Boileau (1906-1989) et de Pierre Ayraud, dit Thomas Narcejac (1908-1998). Ils ont ensemble écrit de nombreux romans policiers, très souvent portés à l'écran.

Sueurs froides (D'entre les morts) *raconte comment Flavières se retrouve pris dans une machination infernale. Alfred Hitchcock en a tiré le scénario de son film* Vertigo.

– Madeleine !… Pas si vite !

Sa voix bourdonna, reprise en échos brefs par les murs resserrés. Madeleine ne répondit pas, mais le bruit de ses petits souliers claquait sur les marches. Flavières traversa un court palier, aperçut par une ouverture le toit de la Simca et, au-delà d'un rideau de peupliers, un champ où travaillaient des femmes, un mouchoir serré sur la tête. Une rapide nausée lui contracta la gorge. Il s'écarta de la meurtrière, continua plus lentement l'ascension.

– Madeleine !… Attendez-moi !

Il respirait vite. Ses tempes battaient. Ses jambes obéissaient mal. Un second palier. Il mit sa main devant ses yeux pour ne pas voir le vide, mais il le sentait à sa gauche, dans le puits où pendaient les cordes des cloches. Des corneilles s'envolèrent, croassèrent autour des pierres chaudes. Jamais il ne serait capable de redescendre.

– Madeleine !

Sa voix s'enroua. Allait-il crier, comme un enfant dans le noir ? Les marches devenaient plus hautes, creusées en leur centre. Un peu de jour tombait d'une troisième ouverture, au-dessus de sa tête. Le vertige le guettait, à ce nouveau palier. Il ne pourrait pas s'empêcher de jeter un coup d'œil et, cette fois, il dominerait la cime des arbres ; la Simca ne serait plus qu'une tache. L'air, de toute part, affluerait autour de lui, le soulèverait comme une vague. Il fit encore un pas, deux pas. Il se heurta à une porte. L'escalier continuait de l'autre côté.

– Madeleine !… Ouvrez !

Il secouait la poignée, frappait sur le bois du plat de la main. Pourquoi avait-elle fermé cette porte ?

– Non, cria-t-il. Non… Madeleine… Ne faites pas ça… Écoutez-moi !

Les cloches résonnaient dans les hauteurs du puits. Elles donnaient à sa voix une sonorité de métal, répétaient MOI avec une gravité inhumaine. Affolé, il glissa un regard vers l'ouverture. La porte la divisait en deux. Pouvait-on essayer de contourner cette porte par l'extérieur ? Oui. Il y avait une étroite corniche qui ceinturait le clocher. Il haletait, fasciné par cette corniche d'où la vue plongeait vers le bleu du paysage. Un autre aurait pu passer… Lui… c'était impossible… Il tomberait… il s'écraserait.

Sueurs froides (D'entre les morts), Boileau-Narcejac, Éditions Denoël, 1958.

ACTIVITÉ 77 L'expression de la peur et de l'inquiétude

Regardez les exemples :

Flavières *a peur*. *Peur du* vide. *Peur de* tomber.

*J'ai peur qu'*il (ne[1]) fasse une bêtise.

Ça m'angoisse de devoir conduire la nuit.

*Ça m'angoisse qu'*il doive partir si tard.

Elles sont inquiètes de partir seules dans ce pays.

*Ça ne t'inquiète pas qu'*il parte tout seul aussi loin ?

Je crains que nous (n')arrivions trop tard pour nous opposer à ce projet.

Je crains le pire !

Ça m'effraie que tu sois si irresponsable !

À vous ! Créez 10 phrases en utilisant les expressions données en exemple.

____

____

____

____

____

____

____

____

____

____

ACTIVITÉ 78 Les phobies

Le mot *phobie* vient du grec et veut dire *peur*. Il sert de suffixe pour désigner différentes peurs. Associez les phobies ci-dessous avec son équivalent en français.

La peur du vide • ———	• *L'acrophobie*
La peur des araignées •	• L'agoraphobie
La peur des lieux publics •	• L'arachnophobie
La peur des lieux fermés •	• La claustrophobie
La peur des animaux •	• La xénophobie
La peur des étrangers •	• La zoophobie

1. *Ne* explétif, qui est usité sans nécessité pour le sens ou la syntaxe de la phrase. C'est pourquoi nous le mettons entre parenthèses.

TEXTE 38

Après le lycée et des études supérieures d'allemand, Jean GIRAUDOUX (1882-1944) obtient la reconnaissance littéraire avec son roman *Siegfried et le Limousin* en 1922, puis au théâtre avec *Siegfried* en 1928. Après *Intermezzo* (1933), *La Guerre de Troie n'aura pas lieu* est son premier grand succès au théâtre.

La Guerre de Troie est un événement que les historiens situent au XII*e siècle av. J.-C. et qui a opposé les Grecs et les Troyens*[1]*. Dans la littérature antique, le point de vue est toujours grec. Mais Giraudoux change cette perspective car il analyse ce conflit du point de vue des Troyens. En 1935, certains Français, dont Giraudoux, sont inquiets. Mussolini gouverne en dictateur en Italie, la guerre d'Espagne*[2] *est proche et en Allemagne, Hitler est chancelier depuis 1933. Mais ces Français se souviennent aussi de la Première Guerre mondiale (1914-1918), une guerre très meurtrière. Alors, ils comparent leur situation à celle des Troyens, qui redoutaient l'agressivité montante des Grecs, et ils pensent que la guerre est inévitable.*

PREMIER ACTE

Terrasse d'un rempart dominé par une terrasse et dominant d'autres remparts.

Scène première. ANDROMAQUE, CASSANDRE, UNE JEUNE SERVANTE

ANDROMAQUE. – La guerre de Troie n'aura pas lieu, Cassandre !

CASSANDRE. – Je te tiens un pari, Andromaque.

ANDROMAQUE. – Cet envoyé des Grecs a raison. On va bien le recevoir. On va bien lui envelopper sa petite Hélène, et on la lui rendra.

CASSANDRE. – On va le recevoir grossièrement. On ne lui rendra pas Hélène. Et la guerre de Troie aura lieu.

ANDROMAQUE. – Oui, si **Hector**[3] n'était pas là !... Mais il arrive, Cassandre, il arrive ! Tu entends assez ses trompettes... En cette minute, il entre dans la ville, victorieux. Je pense qu'il aura son mot à dire. Quand il est parti, voilà trois mois, il m'a juré que cette guerre était la dernière.

CASSANDRE. – C'était la dernière. La suivante l'attend.

ANDROMAQUE. – Cela ne te fatigue pas de ne voir et de ne prévoir que l'effroyable ?

CASSANDRE. – Je ne vois rien, Andromaque. Je ne prévois rien. Je tiens seulement compte de deux bêtises, celle des hommes et celle des éléments.

ANDROMAQUE. – Pourquoi la guerre aurait-elle lieu ? Pâris ne tient plus à Hélène. Hélène ne tient plus à Pâris.

CASSANDRE. – Il s'agit bien d'eux !

ANDROMAQUE. – Il s'agit de quoi ?

---

1. La légende raconte que les Grecs ont attaqué les Troyens parce que Pâris, l'un des fils du roi de Troie, avait enlevé Hélène, la femme du roi grec Ménélas. Ce conflit a inspiré beaucoup d'écrivains depuis l'Antiquité, le premier étant le poète Homère.

2. Le pays connaîtra une terrible Guerre civile entre 1936 et 1939.

3. Mari d'Andromaque et frère de Cassandre. Hector est le fils aîné du roi de Troie (Priam) et il est le chef de l'armée troyenne.

CASSANDRE. – Pâris ne tient plus à Hélène ! Hélène ne tient plus à Pâris ! Tu as vu le destin s'intéresser à des phrases négatives ?

La Guerre de Troie n'aura pas lieu, Jean Giraudoux, Éditions Grasset, 1935.

ACTIVITÉ 79 La négation

Complétez chacune des phrases suivantes à l'aide d'une expression négative choisie dans la liste ci-dessous.

ne... aucun/ne... jamais/ne... nulle part/ne... pas/ne... pas encore/ne... personne/ne... plus/ne... rien

1. « La Guerre de Troie ***n'***aura ***pas*** lieu, Cassandre ! »
2. Non, je ___ fais __________ de piano. J'ai arrêté.
3. Non, je ___ suis __________ allé en Asie. Mais j'aimerais beaucoup !
4. Non, je ___ vais __________. Je reste chez moi.
5. Non, je ___ ai __________ ma voiture. Je l'ai vendue.
6. Non merci, je ___ prendrai __________. J'ai déjà mangé.
7. Non, je ___ ai __________ fait les courses. Je vais les faire tout à l'heure.
8. Non, ça va. Je ___ ai __________ souci.
9. Non merci, je ___ bois __________ d'alcool.
10. Non, je ___ connais __________ dans cette assemblée.
11. Non, je ___ ai __________ entendu. Vous pouvez répéter ?

ACTIVITÉ 80 La guerre

Complétez le texte suivant à l'aide des mots ci-dessous.

armistice – attaque – battent – bataille – bombardent – capitule – défaite – ~~éclate~~ – ennemi – entrent – envahit – militaire – occupe – offensive – rejoint – relâche – soldats – vaincue – victoire

Jean Giraudoux avait raison. Moins de quatre ans après la première représentation de *La Guerre de Troie n'aura pas lieu*, la Seconde guerre mondiale ***éclate***, le 1er septembre 1939. L'armée allemande lance une ____________ sur la Belgique puis ____________ la France. Les ____________ français ____________ en retraite devant la poussée allemande. Après cette ____________, le gouvernement français ____________ et l'armée allemande ____________ une partie du territoire français. Le général de Gaulle s'exile à Londres et organise la résistance face à ____________. Le 18 juin 1940, il lance un appel aux Français : « La France a perdu une ____________ mais n'a pas perdu la guerre ! » La Grande-Bretagne est alors la seule force ____________ à pouvoir agir, et les avions allemands ____________ Londres sans ____________. En 1942, l'armée allemande ____________ le territoire français non occupé. Mais, à partir du moment où l'Union Soviétique ____________ les Alliés (1941) et où les États-Unis ____________ en guerre (1944), la ____________ est pratiquement assurée. L'____________ est finalement signé en mai 1945. L'Allemagne nazie est ____________.

TEXTE 39

DEBOUT SUR LE ZINC est un groupe musical composé de sept hommes. Ils empruntent leurs mélodies aux rythmes tziganes, yiddish et irlandais, mais ils reprennent aussi certaines mélodies du vieux Paris et flirtent parfois avec le rock. Avec une énergie souvent imprégnée de mélancolie, ils parlent de la vie comme d'un voyage, riche en impressions et en sensations. C'est pourquoi, certains critiques musicaux voient en eux les troubadours* du XXIe siècle.

L'album Les promesses *contient des textes qui saisissent l'humeur d'une génération qui se situe entre peur de l'avenir, joies et peines, et enfance retrouvée. Dans cet album, c'est la vie qui défile, avec ses promesses et ses déceptions, ses attentes et ses craintes.*

La déclaration

C'est un peu une déclaration
Que je te fais car il est temps je crois
Quand certains rêvent de nations
De football ou de vrais combats
Moi, c'est vers toi que je tends
Les bras quand ça ne va pas
Ma cervelle et mes sentiments
Je te les donne, ils sont pour toi
Le reste on en reparlera

Refrain
Pour vivre avec toi
Tu es mon chez moi
Mon premier et mon second choix
Mon rêve d'absolu qui ne tarit pas

Je te dois mes premiers frissons
Et mes premiers coups sur les doigts
Mais pour un mot, une chanson
J'aurais donné n'importe quoi
Malgré tous mes démons
Les menottes que j'ai aux bras
Si je te quitte pour de bon
Le lendemain je cours vers toi
Le reste on en reparlera

Refrain

C'est un peu une déclaration
Même si je sais que tu n'es pas
Le remède ni la solution
Tu n'es qu'une attelle à mon bras
Ce petit rien qui nous lie
Aux autres quand ça ne va pas

Un ultime langage de survie
Qui remet le monde à l'endroit
Le reste on en reparlera

Refrain

«La déclaration», Gloria Éditions MUST, auteur S. Mimoun, compositeurs F. Trisson, O. Sulpice, R. Sassigneux, S. Mimoun, C. Ermolieff, C. Bastien, W. Thierry, 2006.

ACTIVITÉ 81 L'expression de l'opposition

Regardez les exemples.

Quand certains rêvent de nations/De football ou de vrais combats/Moi, c'est vers toi que je tends/Les bras quand ça ne va pas (Quand = ***Alors que***)

Je te dois mes premiers frissons/Et mes premiers coups sur les doigts/***Mais*** pour un mot, une chanson/J'aurais donné n'importe quoi

Malgré tous mes démons/Les menottes que j'ai aux bras/Si je te quitte pour de bon/Le lendemain je cours vers toi

C'est un peu une déclaration/***Même si*** je sais que tu n'es pas/Le remède ni la solution

Je viendrai avec toi ***bien que*** je sois un peu fatigué.

À vous ! Terminez les phrases suivantes.

1. Il habite en ville alors que je ______________________________
2. Il viendra bien que ______________________________
3. Je voudrais bien venir avec vous mais ______________________________
4. Nous nous amusons beaucoup même si ______________________________
5. Elle est toujours de bonne humeur, malgré ______________________________

ACTIVITÉ 82 Les verbes de parole

Complétez les phrases suivantes avec un verbe de parole choisi dans la liste ci-dessous.

chuchote – claironne – clamait – criait – déclame – ~~déclare~~ – a hurlé – a murmuré – a proclamé

1. Le chanteur ***déclare*** son amour à la musique.
2. Le poète ____________ ses vers avec beaucoup de force.
3. L'élève ____________ un commentaire à l'oreille de son voisin.
4. L'accusé ____________ son innocence.
5. Grondé par son professeur, l'élève ____________ des excuses.
6. Ce supporter de l'Olympique-Marseille ____________ partout la victoire de leur club.
7. Au moment où la balle l'a atteint, le soldat ____________ de douleur.
8. Accroché à une branche, l'enfant ____________ au secours.
9. Récemment, le Kosovo ____________ son indépendance.

TEXTE 40

Jean Cocteau est né en Ile-de-France en 1889 (« J'ai l'âge de la tour Eiffel » dira-t-il). Dès l'âge de quinze ans, il quitte le milieu familial et, montrant peu d'intérêt pour les études, il n'obtient pas son baccalauréat. Mais il publie ses premiers poèmes dès 1909 et devient une des figures à la mode du Tout-Paris. Il fréquente la plupart des artistes qui animent la vie artistique de son époque (Marcel Proust, André Gide, Apollinaire, Diaghilev...). C'est un artiste aux multiples talents : poète, auteur de pièces de théâtre, romancier, graphiste, dessinateur, cinéaste. Il obtient la reconnaissance littéraire et est élu à l'Académie française en 1955. Il meurt en 1963.

Dans La Voix humaine, *une femme seule chez elle téléphone à son amant qui vient de la quitter pour une autre. L'originalité de cette pièce en un acte réside dans le fait que l'on entend seulement les répliques de la femme, ce qui intensifie le tragique de la situation. Le fil du téléphone prend alors une signification particulière.*

.... Il faut être juste. Notre situation est inexplicable pour les gens.......... Pour les gens.......... Pour les gens, on s'aime ou on se déteste. Les ruptures sont des ruptures. Ils regardent vite. Tu ne leur feras jamais comprendre.......... Tu.......... Tu ne leur feras jamais comprendre certaines choses.......... .... Le mieux est de faire comme moi et de s'en moquer.......... Complètement *(Elle pousse un cri de douleur sourde.)* Oh !.................... Rien. Je parle, je parle ; je crois que nous parlons comme d'habitude et puis tout à coup la vérité me revient.......... *(Larmes.)*.......... Pourquoi se faire des illusions ?.......... Oui.......... Oui.......... Non ! Dans le temps, on se voyait. On pouvait perdre la tête, oublier ses promesses, risquer l'impossible, convaincre ceux qu'on adorait en les embrassant, en s'accrochant à eux. Un regard pouvait changer tout. Mais avec cet appareil, ce qui est fini est fini.................... Sois tranquille. On ne se suicide pas deux fois.................... Peut-être, pour essayer de dormir.................... Je ne saurais pas acheter un revolver. Tu ne me vois pas achetant un revolver !.................... Où trouverai-je la force de combiner un mensonge, mon pauvre adoré ?.......... Aucune........... J'aurais dû avoir de la force. Il y a des circonstances où le mensonge est utile. Toi, si tu me mentais pour rendre la séparation moins pénible.................... Je ne dis pas que tu mentes. Je dis : si tu mentais et que je le sache. Si, par exemple, tu n'étais pas chez toi et que tu me dises.................... Non, non mon chéri ! Écoute.................... Je te crois.......... Je n'ai pas voulu dire que je ne te croyais pas.......... Pourquoi te fâches-tu ?.......... Si, tu prends une voix méchante. Je disais simplement que si tu me trompais par bonté d'âme et que je m'en aperçoive, je n'en aurais que plus de tendresse pour toi.......... Allô ! allô !.......... Allô !.......... *(Elle raccroche en disant bas et très vite.)* Mon Dieu, faites qu'il redemande. Mon Dieu, faites qu'il redemande. Mon Dieu, faites qu'il redemande. Mon Dieu, faites qu'il redemande. Mon Dieu, faites *(On sonne. Elle décroche.)* On avait coupé. J'étais en train de te dire que si tu me mentais par bonté et que je m'en aperçoive, je n'en aurais que plus de tendresse pour toi.................... Bien sûr.................... Tu es fou !.......... Mon amour.......... Mon cher amour..........

(Elle enroule le fil autour de son cou.).................... Je sais bien qu'il le faut, mais c'est atroce..........Jamais je n'aurai le courage.......... Oui. On a l'illusion d'être l'un contre l'autre et brusquement on met des caves, des égouts, toute une ville entre soi.......... Tu te souviens d'Yvonne qui se demandait comment la voix peut passer à travers les tortillons du fil. J'ai le fil autour de mon cou. J'ai ta voix autour de mon cou.

La voix humaine, Jean Cocteau, Éditions Stock, 1930.

ACTIVITÉ 83 Au téléphone

Associez les phrases qui ont le même sens.

Ne quittez pas.	Il n'y a personne.
Je te passe Edmée.	Il t'a téléphoné.
Je suis tombée sur Paulette.	Je ne peux pas appeler, ça ne marche pas.
Tu as reçu un coup de fil d'Antoine.	Attendez un petit instant.
Ça ne répond pas.	*Un instant, je vais la chercher.*
Il a laissé un message.	Qui la demande ?
On se rappelle plus tard.	C'est elle qui a répondu.
Le réseau est momentanément interrompu.	Il a eu le répondeur.
Ça sonne occupé.	On se téléphone bientôt.
Il s'est trompé de numéro de téléphone.	Comment s'écrit votre nom ?
C'est de la part de qui ?	Elle est déjà en ligne.
Pouvez-vous m'épeler votre nom ?	Il a fait un faux numéro.

ACTIVITÉ 84 Les expressions avec le mot *fil*

Complétez les phrases suivantes à l'aide d'un mot choisi dans la liste ci-dessous.

beurre – blanc – ~~bout~~ – eau – épée – mince – perdu – retordre – suivre – temps – tient

1. La femme a son ancien amant au ***bout*** du fil.
2. Il faut toujours ______________ le fil rouge pour ne pas se perdre.
3. Elle ne sait plus ce qu'elle voulait dire : elle a ______________ le fil de la conversation.
4. On n'oublie beaucoup de choses au fil du ______________.
5. Elle fait attention à sa ligne et elle est ______________ comme un fil.
6. Regarde la rivière : les feuilles sont emportées au fil de l'______________.
7. Sa vie ne ______________ plus qu'à un fil.
8. Il est vraiment bête : il n'a pas inventé le fil à couper le ______________.
9. J'étais sûr que ce film allait se terminer de cette manière. C'était cousu de fil ______________.
10. Cet enfant est terrible : il me donne du fil à ______________.
11. D'Artagnan a passé les ennemis du roi au fil de ______________.

TEXTE 41

Paul Morand (1888-1976) est un mauvais élève jusqu'à sa rencontre avec Jean Giraudoux qui devient son précepteur. À partir de ce moment, il devient un élève travailleur et fait une carrière de diplomate. Parallèlement, il écrit des romans et fréquente les milieux littéraires. Il fait notamment la connaissance de Marcel Proust auquel il dédie un poème. Mais il est aussi très lié au monde de la mode, et plus particulièrement à Gabrielle Chanel (1883-1971), dite Coco Chanel, qui devient son amie. En 1976, il publie un livre d'entretiens qu'il a eus avec la grande couturière sous le titre *L'Allure de Chanel*.

Coco Chanel donne sa définition de la mode et de la création artistique. Ce faisant, elle explique aussi les raisons de son succès.

Il faut parler de la mode avec enthousiasme, mais sans démence ; et surtout sans poésie, sans littérature. Une robe n'est ni une tragédie, ni un tableau ; c'est une charmante et éphémère création, non pas une œuvre d'art éternelle. La mode doit mourir et mourir vite, afin que le commerce puisse vivre. [...]

La création est un don artistique, une collaboration de la couturière et de son temps. Ce n'est pas en apprenant à faire des robes qu'on les réussit (faire la mode et créer la mode, c'est différent) ; la mode n'existe pas seulement dans les robes ; la mode est dans l'air, c'est le vent qui l'apporte, on la pressent, on la respire, elle est au ciel et sur le macadam, elle est partout, elle tient aux idées, aux mœurs, aux événements.

S'il n'existe pas, par exemple, en ce moment-ci, de robes d'intérieur, [...] c'est sans doute parce que nous vivons à une époque où il n'y a plus d'intérieur.

J'ai créé la mode pendant un quart de siècle. Pourquoi ? Parce que j'ai su exprimer mon temps. J'ai inventé le costume de sport pour moi ; non parce que les autres femmes faisaient du sport, mais parce que j'en faisais. Je ne suis pas sortie parce que j'avais besoin de faire la mode, j'ai fait la mode justement parce que je sortais, parce que j'ai, la première, vécu de la vie du siècle.

Pourquoi les paquebots, les salons, les grands restaurants, ne sont-ils jamais adaptés à leur vraie fin ? Parce qu'ils sont conçus par des dessinateurs qui n'ont jamais vu une tempête, par des architectes qui n'ont jamais été dans le monde, par des décorateurs qui se couchent à neuf heures du soir et dînent en famille. De même, avant moi, les couturières se cachaient, comme des tailleurs, dans leur arrière-boutique, alors que moi je menais la vie moderne, j'avais les façons, de celles que j'habillais.

L'Allure de Chanel, Paul Morand, Éditions Hermann, 1976.

ACTIVITÉ 85 La mode

Complétez les phrases suivantes à l'aide de mots choisis dans la liste ci-dessous.

~~à la mode~~ – couturier – défileront – démodé – dos – enfile – enlève – fait – habillée – haute-couture – mannequins – mets – mise – porte – prêt-à-porter – vogue

1. Cette année, ça se ____________ de mettre une robe sur un pantalon. C'est ***à la mode*** !
2. Tu t'es ____________ en pantalon pour aller dans les bois.
3. Attends-moi une minute ! J'____________ une veste et j'arrive !
4. Je préfère qu'on ____________ ses chaussures à la maison.
5. Christian Lacroix est un grand ____________. Cette année, ses collections de ____________ et de ____________ sont sur le thème de la fête.
6. La collection printemps-été sera présentée par des ____________ qui ____________ sur un podium.
7. Ce chapeau se faisait dans les années 1950 mais plus du tout maintenant ! Il est complètement ____________.
8. Comment est-elle ____________ ? Elle ____________ une robe longue.
9. Qu'est-ce que tu ____________ pour la soirée de Claudine ?
10. Il faut que j'aille faire du shopping, je n'ai plus rien à me mettre sur le ____________ !
11. C'est une tradition qui se perd. Elle n'est plus en ____________.

ACTIVITÉ 86 Le but

Regardez les exemples.

La mode doit mourir et mourir vite, ***afin que*** le commerce puisse vivre.

Il est parti à 7 heures ***afin d'***éviter les embouteillages.

Le chanteur Christophe ferait tout ***pour qu'***Aline revienne !

La chanteuse Sylvie Vartan veut être la plus belle ***pour*** aller danser !

À vous ! Terminez les phrases suivantes.

1. Prends ton porte-monnaie pour que ____________________________
2. Il va se coucher tôt afin de ____________________________
3. Qu'est-ce qu'on attend pour ____________________________
4. Elles étaient arrivées en avance afin de ____________________________
5. Je m'occupe bien du jardin afin que ____________________________
6. Jacques a un potager pour ____________________________
7. Martine accueille ses petits-enfants pour que ____________________________
8. Nous téléphonons à nos amis afin que ____________________________
9. Mets de la crème solaire pour ____________________________
10. Je te laisse mon parapluie afin que ____________________________

TEXTE 42

Tonino BENACQUISTA est né en Ile-de-France en 1961 de parents italiens. Il suit des études de littérature et de cinéma qu'il interrompt pour des « petits boulots » dont il se sert comme source d'inspiration pour ses premiers romans, résolument noirs : accompagnateur de nuit aux wagons-lits dans la *Maldonne des sleeping* par exemple. En 1991, il obtient plusieurs prix littéraires et, profitant de sa nouvelle notoriété, il se diversifie et multiplie les projets : il écrit des scénarios, des bandes dessinées, entre dans le monde du cinéma et écrit avec Jacques Audiard le scénario de *Sur mes lèvres* qui obtient le César du meilleur scénario (2002).

En 2001, il écrit un recueil de nouvelles intitulé Tout à l'ego[1]. *La nouvelle qui ouvre le livre,* La boîte noire, *est adaptée au cinéma en 2004. Le texte ci-dessous est extrait de ce recueil.*

Le 17 juillet 1994 entre 22 et 23 heures

– Dis-nous où tu as trouvé le revolver ?

Un revolver ? Moi ? Je serais incapable de trouver un trombone dans une papeterie. Le 15 juillet 1994, entre 5 et 6 heures du matin, je n'étais pas dans un bar sordide dans le coin le plus louche de la ville à la recherche d'un type qui me vendrait un revolver. Jamais je n'aurais su comment m'y prendre. Pister un revolver doit être aussi pénible que de s'en servir. Je n'ai encore jamais réfléchi à la question mais, si j'avais à tuer quelqu'un, j'utiliserais un autre moyen. Quelque chose de plus *naturel*. Je suis un gosse de la campagne. Là où l'on tord les cous, où l'on saigne, où l'on assomme, où l'on noie. Pas un revolver, non, ces objets-là peuplent un autre monde que le mien.

– Puisque tu ne veux rien dire sur ton alibi, on va parler mobile. Pourquoi en voulais-tu à ce type ?

Je n'ai pas tué cet homme et c'est tant pis. Après tout, il le méritait peut-être puisque quelqu'un a pris la peine de le truffer de plomb. Si j'écope de vingt années incompressibles, je passerai mon temps à regretter d'être innocent, de ne pas l'avoir tué ce soir-là entre 22 et 23 heures. Et le reste de mon existence, je serai en retard d'un meurtre.

– Parle, nom de Dieu ! Tout te désigne.

Mais non, inspecteur. Ceux qui n'ont rien à avouer ont tous des têtes de conspirateurs. Si j'avais assassiné cet homme, je serais sûrement un autre aujourd'hui. Je serais passé du côté des parias et des têtes brûlées. Dans ce camp-là, on m'aurait sans doute laissé une place. J'aurais gagné mes galons dans l'infamie. L'horreur m'aurait peut-être grandi. Et là, oui, je comprendrais que vous vous acharniez sur moi.

Les premiers rayons du soleil viennent réveiller mes paupières. L'inspecteur quitte la pièce. Ma vue se brouille à nouveau. Le sommeil, sans doute.

Je ferme les yeux.

J'irai peut-être en prison pendant les vingt années à venir si *cette heure-là* ne me revient pas en mémoire.

Ça me laissera le temps d'y réfléchir.

Tout à l'égo, Tonino Benacquista, Éditions Gallimard, 2001.

1. Jeu de mots sur l'expression «tout-à-l'égout».

ACTIVITÉ 87 La police

Complétez les phrases suivantes à l'aide d'une expression choisie dans la liste ci-dessous.

~~alibi~~ – arrestation – assassiné – aveux – avouez – complice – condamné – coupable – crime – défend – ferme – garde à vue – homicide – inculper – indices – mains – ~~mobile~~ – preuve – sursis – suspect – témoin

1. Puisque tu ne veux rien dire sur ton ***alibi***, on va parler ***mobile***.
2. Haut les ____________ ! Vous êtes en état d'____________ !
3. Dites la vérité ! ____________ ce que vous avez fait et vous signerez vos ____________ !
4. J'ai tout vu, monsieur l'Agent : j'ai été ____________ de l'agression.
5. Cet homme a été ____________ à deux mois de prison ____________, et son ____________ à six mois de prison avec ____________.
6. L'avocat ____________ son client qui est soit ____________ soit innocent.
7. Il a ____________ sa femme avec préméditation. C'est un ____________ volontaire.
8. L'inspecteur de police pense que monsieur Dupont est coupable. C'est le ____________ numéro un. Ils l'ont gardé au commissariat : il est en ____________.
9. Les policiers n'ont aucune ____________ et ils ne peuvent pas ____________ cette personne.
10. Les enquêteurs n'ont pas trouvé d'____________ sur les lieux du ____________.

ACTIVITÉ 88 L'expression de la cause

Rayez la conjonction incorrecte.

1. ***~~Car~~ – Puisque*** tu ne veux rien dire sur ton alibi, on va parler mobile.
2. **Puisque – Parce que** tu connais bien les restaurants de la ville, lequel peux-tu me recommander ?
3. Je lui ai offert quelques cadeaux **comme – parce que** c'était son anniversaire.
4. **Étant donné que – Car** tu viens demain à la maison, je te donnerai la recette que tu m'as demandée l'autre jour.
5. **Car – Comme** sa voiture était en panne, elle a dû rentrer à pied.
6. Nous emportons un parapluie **étant donné que – parce que** j'ai l'impression qu'il va bientôt pleuvoir.
7. **Comme – Parce qu'**elle arrive demain, il faut préparer sa chambre.
8. **Étant donné que – Car** vous êtes resté toute la journée au soleil, vous avez attrapé un coup de soleil.
9. **Parce que – Puisque** nous avons trouvé une arme chez vous, nous vous arrêtons !
10. Léonie ne peut pas voter **comme – car** elle n'est pas encore majeure.
11. Je ne peux pas être coupable **puisque – comme** je n'étais pas en France ce jour-là !

TEXTE 43

Michel BUTOR naît dans le Nord-Pas-de-Calais en 1926. De formation philosophique, il a enseigné à l'etranger, puis en France et finalement à l'Université de Genève jusqu'à sa retraite. *La Modification* l'a imposé comme figure du Nouveau Roman*.

L'auteur décrit le voyage d'un homme qui va à Rome rejoindre sa maîtresse. Il a choisi de l'interpeller.

Quand vous l'avez vue pour la première fois, vous étiez déjà assis à la table près de la fenêtre pour le second service. Dijon était passé depuis longtemps, Beaune, Maçon, Chalon et même Bourg; ce n'était plus les vignobles mais les montagnes.

Elle avait une robe rouge orange décolletée sur sa poitrine brunie, ses cheveux noirs tressés, roulés autour de sa tête, fixés par des épingles à boule d'or, ses lèvres peintes presque en violet.

Le wagon se remplissait peu à peu, mais par chance vous êtes restés seuls tous les deux à votre table, et, comme il faisait chaud, votre première parole a été pour lui demander si vous pouviez ouvrir la série de petites lamelles de verre en haut de la fenêtre. [...]

« Le repas sera fini bien avant que vous y soyez.

Ce n'est pas là que je m'arrête. Je vais jusqu'à Rome, pas en touriste, hélas, pour mes affaires. »

D'abord il n'y avait que quelques mots de politesse, séparés par de longs silences, puis, peu à peu, c'est devenu une conversation continue où il était surtout question du repas, du vin que vous lui faisiez goûter, de ce que l'on mettait dans votre assiette, jusqu'au moment où, lisant sa note, elle s'est aperçue qu'elle n'avait pas gardé suffisamment d'argent français:

« Il acceptera bien des lires.

Oui, mais à un taux tout à fait désavantageux; je vais vous en acheter mille au cours de Paris. »

Alors, elle s'est mise à vous parler d'elle, vous apprenant qu'elle aussi allait jusqu'à Rome, qu'elle y travaillait elle aussi, au palais Farnèse, depuis des années, qu'elle aimait beaucoup cette ville, cette vie, cette situation, mais qu'elle s'y trouvait assez seule, et qu'elle quittait Paris où elle venait de passer un mois de vacances, avec évidemment un peu de nostalgie, que sa mère était italienne, qu'elle-même était née à Milan, mais qu'elle était de nationalité française et qu'elle avait terminé ses études pendant la guerre au collège Sévigné.

Une fois les frontières rouvertes, elle était revenue chez ses parents maternels, elle avait épousé un jeune ingénieur de chez Fiat qui était mort, à peine étaient-ils installés à Turin, dans un atroce accident sur l'autostrade, juste deux mois après leur mariage. Elle frissonnait encore d'émotion à ces souvenirs et c'est pour cela qu'elle avait voulu quitter tout ce qui les lui rappelait, qu'elle était descendue vers le Sud.

Presque tous les clients avaient déjà rejoint leur wagon; les garçons repliaient les nappes; vous êtes sortis; vous êtes passés devant votre compartiment de première, mais vous aviez une si grande envie de lui parler de vous à votre tour que vous l'avez accompagnée jusqu'au sien et vous vous y êtes assis en face d'elle. Le train longeait à ce moment le lac lamartinien.

La Modification, Michel Butor, Éditions de Minuit, 1957.

ACTIVITÉ 89 *ce qui/ce que/ce dont*

Complétez les phrases suivantes avec *ce qui*, *ce que* ou *ce dont*.

1. C'est devenu une conversation continue où il était surtout question du repas, [...] de ***ce que*** l'on mettait dans votre assiette.
2. Vous achetez ______ les enfants ont envie.
3. Voilà ______ s'est passé !
4. Elle a tout de suite vu ______ n'allait pas chez lui.
5. Je n'ai pas entendu ______ vous parliez.
6. ______ tu m'as dit n'intéresse que moi.
7. Occupez-vous de ______ vous regarde !
8. ______ les dérange, ce n'est pas l'heure du départ mais la durée du voyage.
9. Ne dis rien, je devine ______ tu as fait.
10. Je ne sais pas ______ tu as vu mais cela t'a fait peur.
11. As-tu imaginé ______ ta mère allait dire ?

ACTIVITÉ 90 Les pronoms personnels doubles

Répondez aux questions suivantes en utilisant les pronoms qui conviennent.

1. Combien de dollars allez-vous m'acheter ?

Je vais ***vous en*** acheter mille au cours de Paris.

2. Avez-vous offert ces fleurs à votre mère ? Oui, ______
3. Donniez-vous des os à votre chien ? Non, ______
4. Aimez-vous vous mettre du parfum ? Oui, ______
5. Prêterez-vous votre rivière de diamants à votre fille ? Non, ______
6. Écrirez-vous une carte postale à vos grands-parents pendant vos vacances ? Oui, ______
7. Allez-vous acheter vos billets à la gare ? Non, ______
8. A-t-il vendu cette magnifique voiture à ces clients ? Oui, ______
9. Le Directeur vous a-t-il donné toutes les informations ? Non, ______
10. Pouvez-vous me laisser un peu de gâteau ? Oui, ______
11. Sophie a-t-elle proposé des bonbons à sa nièce ? Non, ______

TEXTE 44

Alphonse DAUDET (1840-1897), originaire de Nîmes, a parcouru la Provence voisine en 1864 et s'en est inspiré pour écrire *Les Lettres de mon moulin*, recueil d'histoires et de légendes provençales.

Dans La Chèvre de Monsieur Seguin, *Blanquette rêve d'aller dans la montagne mais Monsieur Seguin a peur que le loup ne la mange. Alors il l'enferme dans l'étable. Un jour, elle réussit à s'échapper et s'enivre de sa liberté toute neuve dans la montagne. Elle ne sent pas le vent fraîchir et ne s'aperçoit pas que le silence et l'obscurité de la nuit envahissent la montagne.*

La chèvre entendit derrière elle un bruit de feuilles. Elle se retourna et vit dans l'ombre deux oreilles courtes, toutes droites, avec deux yeux qui reluisaient… C'était le loup.

Énorme, immobile, assis sur son train de derrière, il était là regardant la petite chèvre blanche et la dégustant par avance. Comme il savait bien qu'il la mangerait, le loup ne se pressait pas ; seulement, quand elle se retourna, il se mit à rire méchamment. […]

Blanquette se sentit perdue… Un moment, en se rappelant l'histoire de **la vieille Renaude**[1], qui s'était battue toute la nuit pour être mangée le matin, elle se dit qu'il vaudrait peut-être mieux se laisser manger tout de suite ; mais, **s'étant ravisée**[2], **elle tomba en garde**[3], la tête basse et la corne en avant, comme une brave chèvre de M. Seguin qu'elle était… Non pas qu'elle eût l'espoir de tuer le loup – les chèvres ne tuent pas le loup – mais seulement pour voir si elle pourrait tenir aussi longtemps que la Renaude.

Alors le monstre s'avança, et les petites cornes entrèrent en danse.

Ah ! la brave petite chevrette, comme elle y allait de bon cœur ! Plus de dix fois, […] elle força le loup à reculer pour reprendre haleine. Pendant ces trêves d'une minute, la gourmande cueillait en hâte encore un brin de sa chère herbe ; puis elle retournait au combat, la bouche pleine… Cela dura toute la nuit. De temps en temps la chèvre de M. Seguin regardait les étoiles danser dans le ciel clair, et elle se disait :

« Oh ! pourvu que je tienne jusqu'à l'aube… »

L'une après l'autre, les étoiles s'éteignirent. Blanquette redoubla de coups de cornes, le loup de coups de dents… Une lueur pâle parut dans l'horizon… Le chant du coq enroué monta d'**une métairie**[4].

« Enfin ! » dit la pauvre bête, qui n'attendait plus que le jour pour mourir ; et elle s'allongea par terre dans sa belle fourrure blanche toute tâchée de sang…

Alors le loup se jeta sur la petite chèvre et la mangea.

« La chèvre de Monsieur Seguin », *Les lettres de mon moulin,* Alphonse Daudet, 1869.

1. Une des chèvres de Monsieur Seguin.
2. Ayant changé d'avis.
3. Elle se mit en position de défense.
4. Une exploitation agricole.

ACTIVITÉ 91 L'expression du souhait

Regardez les exemples suivants.

« ***Pourvu que*** je tienne jusqu'à l'aube... », se disait la petite chèvre de Monsieur Seguin !

J'aimerais que tu viennes nous voir.

Je voudrais que tu sois là.

Je souhaite que vous réussissiez dans la vie.

Je désire qu'il fasse beau demain.

J'ai envie que tu prennes un verre avec nous.

Je préférerais que vous attendiez avant de partir.

J'espère que vous viendrez nous voir.

À vous ! Terminez les phrases suivantes.

1. Pourvu que ____________________
2. Il aimerait que ____________________
3. Il voudrait que ____________________
4. Il souhaite que ____________________
5. Il désire que ____________________
6. Il a envie que ____________________
7. Il préférerait que ____________________
8. Il espère que ____________________

ACTIVITÉ 92 Les pronoms indéfinis *l'un* et *l'autre*

Complétez les phrases suivantes avec une préposition choisie dans la liste ci-dessous.

aux – à côté des – ~~après~~ – chez – contre – dans – des – derrière – en face de – pour – sur

1. L'une ***après*** l'autre, les étoiles s'éteignirent.
2. J'ai placé les livres en pile, les uns __________ les autres.
3. En se retrouvant après une longue séparation, les amoureux se sont serrés l'un __________ l'autre.
4. Arrivées à la table qu'elles avaient réservée, elles se sont assises l'une __________ l'autre.
5. Dans une rangée, les étudiants sont placés les uns __________ autres.
6. Pendant les vacances, on est beaucoup sortis et on se retrouvait les uns __________ les autres.
7. Les enfants avancent à la queue leu leu, les uns __________ les autres.
8. Ces deux frères éprouvent une grande affection l'un __________ l'autre.
9. L'un __________ l'autre, je dois admettre que tu n'as pas tout à fait tort.
10. Ils se racontent les uns __________ autres leurs vacances d'été.
11. Les enfants se moquent parfois les uns __________ autres.

TEXTE 45

Françoise Sagan, pseudonyme de Françoise Quoirez, est née en 1935. Elle est projetée sur la scène littéraire par son premier roman, *Bonjour Tristesse* (1954), publié alors qu'elle a 18 ans. Son œuvre est empreinte d'une sorte d'ivresse qui la mène à privilégier un mode vie oisif, mêlant drogue, alcool et amour de la vitesse et du jeu. Toutefois, elle n'est pas dépourvue d'une certaine sensualité, associée à un cynisme qui démontre que l'écrivaine n'est pas dupe de ses propres faiblesses. Françoise Sagan meurt en 2004.

Avec mon meilleur souvenir *est le premier volet de ses mémoires. Dans l'extrait ci-dessous, elle tente d'expliquer son amour de la vitesse.*

Disons-le tout de suite comme Morand, comme Proust, comme Dumas, ce n'est pas un plaisir trouble, ni diffus, ni honteux. C'est un plaisir précis, exultant et presque serein d'aller trop vite, au-dessus de la sécurité d'une voiture et de la route qu'elle parcourt, au-dessus de sa tenue au sol, au-dessus de ses propres réflexes, peut-être. Et disons aussi que ce n'est pas, justement, une sorte de gageure avec soi-même dont il s'agit, ni d'un défi imbécile à son propre talent, ce n'est pas un championnat entre soi et soi, ce n'est pas une victoire sur un handicap personnel, c'est plutôt une sorte de pari allègre entre la chance pure et soi-même. Quand on va vite, il y a un moment où tout se met à flotter dans cette pirogue de fer où l'on atteint le haut de la lame, le haut de la vague, et où l'on espère retomber du bon côté grâce au courant plus que grâce à son adresse. Le goût de la vitesse n'a rien à voir avec le sport. De même qu'elle rejoint le jeu, le hasard, la vitesse rejoint le bonheur de vivre et, par conséquent, le confus espoir de mourir qui traîne toujours dans le dit bonheur de vivre. C'est là tout ce que je crois vrai, finalement : la vitesse n'est ni un signe, ni une preuve, ni une provocation, ni un défi, mais un élan de bonheur.

Avec mon meilleur souvenir, Françoise Sagan, Éditions Gallimard, 1984.

ACTIVITÉ 93 Les pronoms relatifs *qui, que, dont* et *où*

Regardez les exemples.

L'acteur ***qui*** joue dans L'Auberge espagnole est Romain Duris. (Qui est-ce qui joue dans L'Auberge espagnole ? C'est cet acteur = Romain Duris.)

C'est un plaisir précis, exultant et presque serein d'aller trop vite, au-dessus de la sécurité d'une voiture et de la route ***qu'***elle parcourt. (Elle parcourt quoi ? La route.)

Quand on va vite, il y a un moment ***où*** tout se met à flotter. (Tout se met à flotter quand ? Au moment de la vitesse.)

Ce château, ***dont*** la façade date du XVIIe siècle, a appartenu aux rois de France. (La façade de quel château ? De ce château.)

La chose ***dont*** elle est le plus fière, c'est d'avoir réussi à vaincre sa timidité. (Elle est fière de quoi ? De cette chose = d'avoir réussi à vaincre sa timidité.)

À vous ! Complétez les phrases suivantes par le pronom relatif qui convient.

1. J'aime les fleurs __________ sont blanches.
2. Cet enfant, __________ les parents viennent de divorcer, est élevé par ses grands-parents.
3. Je suis arrivé en France en 1981, l'année __________ Mitterrand a été élu Président.
4. Les fleurs __________ je préfère sont les pivoines.
5. La route __________ tu as prise t'a fait faire un détour.
6. À la seconde __________ je l'ai vue, je l'ai reconnue !
7. Non, c'est ma sœur __________ est médecin, pas moi.
8. La femme __________ il est amoureux est malgache.
9. J'aime les gens __________ savent ce qu'ils veulent.
10. J'apprécie beaucoup la jeune fille __________ tu m'as présentée l'autre jour.
11. Le quartier __________ il habite est assez central.
12. Le roman __________ j'ai traduit vient d'être publié.
13. La boutique __________ je t'ai parlé se situe dans le Quartier latin.
14. Ma cuisine, __________ les fenêtres sont toujours ouvertes, est très ensoleillée.
15. La seule chose __________ je souhaite, c'est qu'il soit heureux !
16. L'outil __________ vous utilisez n'est pas adapté. Prenez plutôt ce marteau-là !
17. Le chanteur __________ a repris un poème de Joachim Du Bellay s'appelle Ridan.
18. L'enfant ne révèle pas l'endroit __________ il a caché son nouveau jouet.
19. Le livre __________ j'ai besoin est celui de grammaire.

ACTIVITÉ 94 Ma passion

Françoise Sagan a la passion de la vitesse. Et vous, quelle est votre passion ?

____

TEXTE 46

Aurore Dupin, dite George Sand, naît à Paris en 1804. Elle adopte le pseudonyme masculin de George Sand pour mieux défendre la condition de la femme. Elle est l'une des premières Françaises à vivre de sa plume et elle fait partie du cercle des grands auteurs français. Son œuvre est abondante, elle comprend des romans, des pièces de théâtre, des ouvrages autobiographiques, un *Journal intime* et une importante *Correspondance*. Elle meurt dans sa propriété de Nohant (région Centre) en 1876.

À Eugène Delacroix[1]

Nohant, 23 (?) août 1841.

Maurice[2] me dit que vous viendrez peut-être, cher ami. Tâchez donc que ce ne soit pas *peut-être*. Je comprends que vous songiez à prendre des bains de mer ; mais d'abord vous n'êtes pas sûr que cela ne vous fasse pas du mal au lieu de bien, par une année aussi froide et aussi malsaine que celle-ci. Ensuite vous dépenserez de l'argent et en troisième lieu vous vous ennuierez peut-être. Ici vous ne vous ennuierez peut-être pas. Pauline y sera d'abord[3]. Elle s'est très bien trouvée de la quinzaine qu'elle vient d'y passer et elle pense sérieusement à revenir le mois prochain. Et puis nous serons bien gentils et nous ferons aimables tant que nous pourrons. Ensuite, vous vous y porterez bien ; notre pays est très sain et l'automne y est magnifique. Si vous aimez le billard, *on en a mis partout* ! Si vous voulez de la musique, il en pleuvra, et de la 1re qualité. Si vous aimez les chiens, il y en a de magnifiques, Pistolet, Léda, Jessie, etc... Si vous voulez apporter votre chat Cupidon, il y sera reçu comme vous-même. La garde nationale composée de 4 hommes ½ ira au-devant de lui. Enfin vous ne dépenserez pas d'argent, ce qui est une dernière considération à peser par le temps qui court, et les chiens de métiers que nous avons. Vous dépenserez 35 f. pour venir et autant pour vous en aller, ce qui n'est pas ruineux.

[...]

Décidez-vous donc pour nous, d'autant que je ne sais pas si je ne serai pas forcée par l'état critique de mes affaires, à passer l'hiver ici (n'en parlez point) et je serais si longtemps, si longtemps sans vous voir ! Chopin[4] me charge de vous dire *qu'il faut* que vous veniez, que vous avez été promis à Pauline, et qu'il vous jouera *tout* ce qu'il a composé dans sa vie. Bonsoir mon cher bon petit vieux, je vous espère un peu et vous désire *beaucoup fort*.

À vous.

G. S.

Correspondance, George Sand, 1841.

1. Peintre romantique français (1798-1863).
2. Fils de George Sand et élève de Delacroix
3. Pauline Viardot-García, cantatrice célèbre. En fait, ni elle ni Delacroix n'ont finalement rejoint George Sand.
4. Frédéric Chopin (1810-1849), compositeur et pianiste polonais qui vécut avec George Sand de 1837 à 1848.

ACTIVITÉ 95 Les pronoms personnels *en* et *y*

Regardez les exemples.

Notre pays est très sain et l'automne *y* est magnifique. (L'automne est magnifique où ? Dans notre pays.)

Cette vieille montre ? Il *y* est très attaché ! (Il est attaché à quoi ? À cette vieille montre.)

Ce crayon ? Oui, j'*en* ai besoin. (J'ai besoin de quoi ? J'ai besoin de ce crayon.)

Cet ordinateur ? Oui, il *en* est très satisfait. (Il est satisfait de quoi ? De cet ordinateur.)

À vous ! Complétez les phrases suivantes avec le pronom personnel qui convient.

1. En France ? Il ____ vit depuis vingt ans.
2. Travailler à l'étranger ? Non, il n'____ pense pas pour le moment.
3. Un IPod ? Non, il n'____ a pas.
4. De cette blague ? Oui, nous ____ avons bien ri !
5. De son attitude ? Non, je n'____ suis pas surpris.
6. À Lyon ? Il ____ arrivera dans trois heures.
7. De la maison ? Oui, il ____ est sorti il y a un quart d'heure.
8. De la glace ? Oui j'____ prendrai volontiers.
9. À cet examen ? Oui, il s'____ est bien préparé.

ACTIVITÉ 96 Recevoir la visite de quelqu'un

Complétez le texte suivant avec l'un des participes passés de la liste ci-dessous.

acheté – allée – enchanté – installé – ~~invité~~ – montré – passé – pris – raccompagné – rendu – resté – venu – visité – vu

Le mois dernier, j'ai ***invité*** mon ami Emilio à venir me voir à Paris. Il était __________. Il est __________ quatre jours. Je suis __________ le chercher à l'aéroport d'Orly. Une fois chez moi, il s'est __________ puis nous sommes sortis. Nous nous sommes promenés au bord de la Seine jusqu'à Notre-Dame. Là, je lui ai __________ le point zéro et il a __________ une photo. Puis nous avons traversé la Seine et avons __________ le Marais. Le lendemain, nous sommes allés à Blois : il avait déjà __________ Versailles la dernière fois qu'il m'avait __________ visite, et cela l'intéressait de comparer les deux châteaux puisque leur histoire est liée. Nous y avons __________ la journée. Le troisième jour, direction le Musée du Quai Branly ! Il n'existait pas encore la dernière fois qu'il est __________. C'était passionnant ! Le dernier jour, il a __________ quelques souvenirs puis je l'ai __________ à Orly. C'était court !

ACTIVITÉ 97 Lettre d'invitation

À votre tour, rédigez une lettre à l'un de vos amis pour le convaincre de visiter un endroit de votre choix.

TEXTE 47

Jean-Michel Maulpoix (né en 1952) est poète et critique littéraire. Il est aussi professeur à l'université de Paris X - Nanterre. Son œuvre poétique, essentiellement en prose, est centrée sur l'ouverture au monde mais aussi sur une lyrique du souvenir : le poète ne cesse ainsi d'aller de l'intérieur vers l'extérieur, et vice versa, et son effort tend vers le maintien d'un équilibre entre ces deux pôles.

Dans ce texte, extrait de L'instinct de ciel*, Maulpoix aborde deux cérémonies : le mariage et les funérailles.*

Blanche ou liserée de noir, une enveloppe large comme un livre fait tomber dans la boîte aux lettres de belles italiques rondes, imprimées sur papier épais : *la cérémonie sera célébrée dans la plus stricte intimité.*

Autour de l'amour comme de la disparition, ils se rassemblent. À l'église ou ailleurs, ceux qu'on appelle « les proches » et que l'on voit si peu, reviennent, endimanchés, quand l'une à l'autre deux vies s'accrochent, ou quand l'une, toute seule, ayant fait son temps, s'éloigne et se désunit. Encore sont-ils moins nombreux, pas tout à fait les mêmes, ni versant la même espèce de larmes, lorsqu'il s'agit d'accompagner qui s'en va. Ici des parents, là des enfants peut-être, au mieux quelques amis fidèles, présents du bonjour à l'adieu. Les affections, les solitudes, les photographies de famille, sont de natures diverses.

Ici comme là, beaucoup de fleurs, trop de fleurs, en bouquets ou en gerbes… Des retrouvailles, des bonjours, des mines. Dans l'église, les mêmes bruits de chaises, presque les mêmes toux. Près de l'autel, où tous deux se tenaient côte à côte, silencieux, elle de blanc vêtue, lui costumé de neuf, intimidés et attentifs, un peu transis, c'est une boîte à présent, couchée, recouverte de velours rouge. Quelqu'un n'y entend pas ce que l'on dit de lui, n'écoute aucun cantique ni ne voit couler aucune larme. Quelqu'un qui n'a rien à répondre. Quelqu'un qui s'en retourne d'où il est venu. Quelqu'un à peine ou déjà plus, ne pouvant serrer la main de personne, quelqu'un qui sortira de là sur des épaules, s'en ira dans un camion gris, sans klaxon ni ruban, pour passer sous la pierre sa première nuit de poussière.

L'instinct de ciel, Jean-Michel Maulpoix, Éditions du Mercure de France, 2000.

ACTIVITÉ 98 Les cérémonies de la vie

Complétez les phrases à l'aide des mots de la liste ci-dessous.

assister – ~~cérémonie~~ – civil – cimetière – condoléances – décès – déclare – enterrement – félicitations – inhumation – ~~intimité~~ – noces – part – riz – trente et un – vœux

1. La ***cérémonie*** sera célébrée dans la plus stricte ***intimité***.
2. Je suis désolé mais je ne pourrai pas ______________ à la cérémonie.
3. « Je vous ______________ mari et femme. » dit le maire lors du mariage ______________.
4. À la sortie de l'église, on jette du ______________ sur les mariés en signe de porte-bonheur.
5. Lors d'une cérémonie de mariage, nous sommes habillés sur notre ______________.
6. Une tenue vestimentaire sobre et sombre est de rigueur pour un ______________.
7. Après le mariage, les jeunes mariés partent en voyage de ______________.
8. « Toutes mes ______________ ! » dit-on à des gens qui viennent d'avoir un enfant.
9. « Toutes mes ______________. » dit-on à des gens qui viennent de perdre un être cher.
10. « Nous vous adressons tous nos ______________ de bonheur », dit-on à des gens qui viennent de se marier.
11. Nous avons la douleur de vous faire ______________ du ______________ de Madame Germaine Martin. L'______________ aura lieu au ______________ de Versailles.

ACTIVITÉ 99 Les pronoms indéfinis

Dans les phrases suivantes, barrez le mot qui ne convient pas.

1. ***Quelqu'un – ~~Personne~~*** n'y entend pas ce que l'on dit de lui...
2. J'ai vu **quelqu'un – d'autres** rentrer chez toi.
3. **Certains – Quelqu'un** rient et **plusieurs – d'autres** pleurent.
4. **Chacun – Personne** a ses occupations.
5. **Plusieurs – Personne** n'ose se regarder.
6. J'en ai acheté **plusieurs – rien.**
7. Le professeur a distribué des feuilles à **chacun – d'autres** de ses étudiants.
8. Vous êtes **quelqu'un – quelques-uns** d'intelligent.
9. Il m'en reste **quelques-uns – rien** dans ma poche.
10. **On – Quelqu'un** dirait que tu vas nous annoncer une bonne nouvelle.
11. J'en ai entendu **certains – personne** parler.
12. Il n'y a **rien – personne** au bout du fil.

TEXTE 48

Albert Londres naît à Vichy en 1884. Au début, il rêve de devenir poète et publie un premier recueil en 1904 alors qu'il réside à Paris. Deux ans plus tard, il est embauché comme journaliste au *Matin*. En 1914, l'armée allemande bombarde la cathédrale de Reims : le reportage d'Albert Londres lui vaut d'être remarqué. Mais il veut voyager et devient de la sorte le premier grand reporter français. Observateur attentif et incisif, Londres, dans ses reportages, mêle description et ironie. Il meurt en 1932 dans l'incendie du *Georges Philippar*, paquebot qui le ramenait de Chine.

En 1924, Albert Londres suit les cyclistes pendant toute la durée du Tour de France, nous livre ses observations mais aussi les confidences des sportifs qu'il rencontre. Il y dénonce notamment l'impitoyable et intolérable exigence physique réclamée aux cyclistes dans ce « tour de souffrance ».

Onzième étape.

Grenoble, 12 juillet 1924

Lorsque l'on fait le Tour de France en quinze étapes, il est naturel qu'on en arrive un jour, d'abord à la dixième, ensuite à la onzième. Ainsi va l'événement dans un ordre de choses établi.

Il s'agit cependant d'une bagatelle : de la traversée des Alpes.

C'eût été [1] tout à fait bien, si ces soixante hommes [2], en croix sur leur bicyclette, **n'eussent** aujourd'hui **manqué** [3] de conscience : ils ne sont pas allés se planter au sommet du mont Blanc !

Alors, à quoi sont-ils bons ?...

Voici, toutefois, ce que j'ai vu dans la montée et la descente de l'Isoard et du Galibier [4].

Quand ils les gravissaient, ils ne semblaient plus appuyer sur les pédales, mais déraciner de gros arbres. Ils tiraient de toute leur force quelque chose d'invisible, caché au fond du sol, mais la chose ne venait jamais. Ils faisaient : « Hein ! Hein ! » comme les boulangers la nuit devant leur pétrin.

Je ne leur parlais pas, je les connais tous, mais ils ne m'auraient pas répondu. Quand leur regard rencontrait le mien, cela me rappelait celui d'un chien que j'avais et qui, avant de mourir, en appelait à moi de sa peine profonde d'être obligé de quitter la terre. Puis ils baissaient de nouveau les yeux et s'en allaient, courbés sur leur guidon, fixant la route, comme pour savoir si les gouttes d'eau dont ils la semaient étaient de la sueur ou des larmes.

Ce spectacle se nomme une partie de plaisir. Ainsi en ont décidé les journaux de la région.

Les forçats de la route, Albert Londres, 1924.

1. Cela aurait été.
2. Au départ, ils étaient plus de 300 concurrents.
3. N'avaient manqué.
4. L'Izoard (2 361 m) et le Galibier (2 645 m) sont deux cols des Alpes.

ACTIVITÉ 100 Les sports

Reliez chaque sport à sa catégorie.

trampoline •	• gymnastique
course automobile •	• sport motorisé
badminton •	• sport de raquette
course de chameaux •	• sport avec des animaux
karaté •	• *cyclisme*
vélo •	• art martial
escrime •	• sport de combat
golf •	• sport de glace
canoë – kayak •	• sport de plein air et de nature
patinage artistique •	• sport de cible
ski acrobatique •	• sport nautique
cerf-volant •	• sport de glisse

ACTIVITÉ 101 Les régions françaises

Reliez chaque région à un élément qui la caractérise.

L'Alsace (f) •	• La cathédrale d'Orléans
L'Aquitaine (f) •	• La cathédrale de Reims
L'Auvergne (f) •	• Les chants polyphoniques
La Bourgogne •	• Le château de Chambord
La Bretagne •	• Les falaises d'Étretat
Le Centre •	• Le festival d'Avignon
La Champagne – Ardenne •	• La flamiche
La Corse •	• Le Futuroscope
L'Ile-de-France (f) •	• Les grottes de Lascaux
Le Limousin •	• Jeanne d'Arc
La Lorraine •	• Les menhirs de Carnac
La région Midi-Pyrénées •	• *Le Mont-Blanc*
La Normandie •	• La moutarde de Dijon
Les Pays de la Loire •	• La porcelaine de Limoges
La Picardie •	• Le Siège du conseil de l'Europe
La région Poitou-Charentes •	• Le peintre Toulouse-Lautrec
La région Provence-Alpes-Côte d'Azur •	• La tour Eiffel
La région Rhône-Alpes •	• Le volcan du Puy-de-Dôme

TEXTE 49

Blaise Cendrars (1887-1961), pseudonyme de Frédéric Sauser, est un écrivain d'origine suisse. Il place toute son œuvre sous le signe du voyage et de l'aventure. Le jeune Sauser est un adolescent instable et, à 17 ans, son père l'envoie à Moscou comme apprenti chez un horloger. Ces trois années passées en Russie sont décisives car le jeune homme y découvre la littérature et l'écriture, et y écrit son premier texte poétique, *La légende de Novgorode*. En 1911, il part pour New York. C'est une expérience douloureuse, et il connaît la misère et la faim. Une nuit, à Pâques, après avoir erré seul dans la ville, il écrit un long poème, *Les Pâques à New York*. Ce magnifique poème, présenté comme une prière, est empreint de souffrance mais aussi de compassion pour l'humanité. Publié en 1912, il est considéré comme fondateur de la poésie moderne française. C'est aussi au cours de cette nuit-là qu'il choisit son pseudonyme : Blaise comme « braise », Cendrars comme « cendres ». Comme le phénix, l'oiseau mythique, il veut devenir un homme nouveau. En 1913, à son retour de New-York, il s'installe à Paris et y publie un deuxième long poème, *Prose du Transsibérien et de la petite Jehanne de France*. Il reprend très vite ses voyages et il ira en Afrique et au Brésil.

En 1915, Cendrars s'engage comme volontaire étranger dans l'armée française mais, blessé à la main droite, il en est amputé. Il doit alors apprendre à écrire de la main gauche. Comme le montre le poème intitulé « Orion *» (*Feuilles de route, *1924), cette blessure, qui lui vaudra d'être naturalisé français en 1916, marque profondément son œuvre poétique.*

Orion

C'est mon étoile
Elle a la forme d'une main
C'est ma main montée au ciel
Durant toute la guerre[1] je voyais Orion par un créneau
Quand les Zeppelins[2] venaient bombarder Paris ils venaient
toujours d'Orion
Aujourd'hui je l'ai au-dessus de ma tête
Le grand mât perce la paume de cette main qui doit souffrir
Comme ma main coupée me fait souffrir percée qu'elle est par
un dard continuel

« Orion », *Feuilles de route*, Blaise Cendrars, Éditions Denoël, 1947.

1. La Première Guerre mondiale*.
2. Ballon dirigeable construit par les Allemands entre 1900 et 1930.

ACTIVITÉ 102 La main

Complétez les phrases suivantes à l'aide de mots choisis dans les listes ci-dessous.

A. Les cinq doigts de la main : *annulaire – auriculaire – index – majeur – pouce*

1. C'est le doigt que les enfants sucent. C'est le ______________.
2. Ce doigt sert à indiquer, à montrer. C'est le ______________.
3. C'est le doigt du milieu et il est aussi le plus long. C'est le ______________.
4. Les amoureux y passent un anneau ou une alliance. C'est le ______________.
5. C'est le plus petit et on peut le mettre dans l'oreille ! C'est le ______________.

B. Les mots de la famille de *main* : *manche – manette – manique – manipuler – manucure – manuelles – manuscrites*

1. C'est un levier, une poignée que l'on manœuvre pour commander un mécanisme, une Playstation par exemple. C'est une ______________.
2. La personne dans un institut de beauté qui s'occupe des ongles des mains est une ______________.
3. Ces pages sont écrites à la main : elles sont ______________.
4. Attention, il faut ______________ cet objet avec précaution !
5. La ______________ est la partie d'un vêtement qui peut couvrir le bras jusqu'au poignet.
6. À l'école maternelle, les enfants font des activités ______________ : ils dessinent, ils colorient, ils font du modelage, etc.
7. On utilise une ______________ pour ne pas se brûler quand on sort un plat du four.

C. Quelques expressions idiomatiques avec le mot *main* : *armée – cœur – coup – haut – première – tendu – vides*

1. Vous êtes en état d'arrestation. ______________ les mains !
2. Elle était dans une période difficile et il lui a ______________ la main.
3. Les voleurs portaient des armes. C'était une attaque à main ______________.
4. C'est une voiture qui a déjà eu un propriétaire : elle n'est pas de ______________ main.
5. Mon grand-père est très généreux : il a le ______________ sur la main.
6. Je suis désolé mais nous n'avons rien apporté : nous sommes venus les mains ______________.
7. Mes amis m'ont donné un ______________ de main pour transporter ce meuble.

TEXTE 50

Didier Decoin (né en 1945) est l'auteur de plusieurs romans. Dans *La Promeneuse d'oiseaux*, Sarah, née dans l'île anglo-normande d'Alderney, l'a quittée depuis plusieurs années et a connu une vie mouvementée. Aujourd'hui, elle revient enfin.

À cause de l'état de la mer, l'équipage du steamer avait renoncé à servir un repas. De toute façon, Sarah n'aurait pas eu de quoi le payer. Mais à présent la faim se rappelait à elle et lui tordait le ventre. Elle s'approcha des tavernes de Braye Road. Probablement pour les mêmes raisons que la carriole était descendue du bourg – chaque penny comptait, surtout au plus fort de l'hiver –, une des tavernes avait ouvert malgré l'heure matinale. C'était celle que les scaphandriers avaient dit qu'ils finiraient par acheter et, en voyant le casque de cuivre toujours scellé dans la façade, Sarah pensa que Jo Zemetchino ou Tom Walcott devaient être là, et qu'ils l'inviteraient à manger quelque chose.

Mais c'était une femme que la jeune fille ne connaissait pas qui se tenait derrière le comptoir. Elle était descendue en hâte en entendant la sirène du steamer, se contentant de jeter un châle noir sur sa chemise de nuit, et elle s'était aussitôt mise à faire bouillir de l'eau pour le thé et à essuyer une poêle en la frottant avec du papier journal. Sarah se demanda si c'était un vieux journal, comme ceux que Toby collectionnait. Elle avait envie de retrouver les paquets de journaux bien ficelés, de respirer en les dépliant leur odeur de papier humide, de relire, dans le désordre, l'histoire de Jane et de John qui avait inspiré sa propre histoire.

La femme dit à Sarah que les scaphandriers n'avaient pas réussi à rassembler assez d'argent pour acheter la taverne – c'est-à-dire que si, ils avaient bien fini par amasser assez d'argent, mais toute cette fortune les avait rendus comme fous, et ils l'avaient dépensée en une nuit. Alors, ils étaient repartis vers d'autres chantiers, Zemetchino en Australie, Walcott aux îles de la Madeleine, dans l'embouchure du Saint-Laurent. Ils étaient désormais trop loin pour jamais revenir, mais on avait reçu des lettres d'eux disant qu'ils allaient bien, et qu'ils se souvenaient avec plaisir de leur séjour à Alderney. Ces lettres étaient là, à disposition de qui voulait les lire, coincées sous un angle du miroir au-dessus du comptoir.

Tout ce que Sarah avait connu et aimé s'était donc transfiguré. Ici comme ailleurs, c'étaient toujours les mêmes théâtres, sans doute, mais la pièce et les acteurs avaient changé à son insu. Elle comprit que la prison ne l'avait pas seulement privée de liberté, mais lui avait pris des années de sa vie. Elle pensa qu'il n'était peut-être pas si juste de voler tellement d'années à une fille qui, elle, n'avait volé qu'une robe – et de surcroît une robe de percale, qui se froissait tout de suite –, mais c'était une pensée trop révoltante pour quelqu'un qui avait d'abord à résoudre un problème d'estomac tenaillé par la faim. Elle reprendrait cette question plus tard, quand elle irait se promener sur la lande, et qui sait si elle ne trouverait pas une réponse ?

La promeneuse d'oiseaux, Didier Decoin, Éditions du Seuil, 1996.

ACTIVITÉ 103 Les pronoms démonstratifs

Complétez les phrases suivantes avec un pronom démonstratif au genre et au nombre qui conviennent.

1. Une des tavernes avait ouvert malgré l'heure matinale. C'était ***celle*** que les scaphandriers avaient dit qu'ils finiraient par acheter.
2. Mais tu connais les frères Morin ! Ce sont _______________ que tu as rencontrés chez ma mère hier soir.
3. Ces boucles d'oreille ? Ce sont _______________ de Nathalie.
4. Le bus 91 ? C'est _______________ que je prends pour aller au travail.
5. La rue de l'Estrapade ? C'est _______________ qui croise la rue d'Ulm, près du Panthéon.
6. Ces livres ? Ce sont _______________ de Thierry.
7. Les chaussures à talons ? Ah oui, ce sont _______________ que je préfère !
8. Le Musée du Quai Branly ? C'est _______________ qui a un mur végétal.

ACTIVITÉ 104 Le temps qui passe

Regardez les exemples.

Sarah a mis du temps à revenir. (***mettre du temps à***)

Sarah a mis deux heures pour traverser la Manche en bateau. (***mettre du temps pour***)

Sarah a passé quelques années en prison. (***passer du temps***)

Sarah pense qu'elle a perdu son temps en prison. (***perdre son temps*** (***à***))

Sarah voudrait prendre le temps de manger. (***prendre le temps de***)

Sarah a le temps de manger. (***avoir le temps de***)

Sarah voudrait avoir du temps pour se promener sur la lande. (***avoir du temps pour***)

À vous ! Complétez les phrases suivantes avec l'un des verbes proposés en exemple, que vous conjuguerez au présent (conditionnel, impératif, indicatif, infinitif, subjonctif).

1. On _______________ trois heures pour aller de Paris à Marseille en TGV.
2. Au cas où on te solliciterait, combien de temps _______________-tu pour faire ce travail ?
3. Il voudrait que nous _______________ plus de temps avec eux.
4. Il faut vraiment que vous _______________ le temps de vous reposer. Vous avez l'air épuisé.
5. Allez, _______________ le temps de boire un verre avec nous !
6. Je suis furieuse ! Cela fait dix minutes que je l'attends, et je _______________ mon temps !
7. Nous n'_______________ absolument pas le temps de rester. Nous devons vraiment partir.
8. Je voudrais bien _______________ le temps de dîner avant d'aller au théâtre.
9. Quand je _______________ du temps avec mes amis d'enfance, je ne m'ennuie jamais.

TEXTE 51

Laurent Gaudé, né en 1972, publie des romans mais aussi des pièces de théâtre. Son œuvre a obtenu de nombreuses récompenses.

Le Soleil des Scorta *raconte l'histoire d'une famille, de 1870 à nos jours. L'action du roman se situe dans la région des Pouilles, en Italie. Un homme revient dans son village natal après une longue absence.*

Sur un chemin de poussière, un âne avançait lentement. Il suivait chaque courbe de la route, avec résignation. Rien ne venait à bout de son obstination. Ni l'air brûlant qu'il respirait. Ni les rocailles pointues sur lesquelles ses sabots s'abîmaient. Il avançait. Et son cavalier semblait une ombre condamnée à un châtiment antique. L'homme ne bougeait pas. Hébété de chaleur. Laissant à sa monture le soin de les porter tous deux au bout de cette route. La bête s'acquittait de sa tâche avec une volonté sourde qui défiait le jour. Lentement, mètre après mètre, sans avoir la force de presser jamais le pas, l'âne engloutissait les kilomètres. Et le cavalier murmurait entre ses dents des mots qui s'évaporaient dans la chaleur. « Rien ne viendra à bout de moi… Le soleil peut bien tuer tous les lézards des collines, je tiendrai. Il y a trop longtemps que j'attends… La terre peut siffler et mes cheveux s'enflammer, je suis en route et j'irai jusqu'au bout. »

Les heures passèrent ainsi, dans une fournaise qui abolissait les couleurs. Enfin, au détour d'un virage, la mer fut en vue. « Nous voilà au bout du monde, pensa l'homme. Je rêve depuis quinze ans à cet instant. »

La mer était là. Comme une flaque immobile qui ne servait qu'à réfléchir la puissance du soleil. Le chemin n'avait traversé aucun hameau, croisé aucune autre route, il s'enfonçait toujours plus avant dans les terres. L'apparition de cette mer immobile, brillante de chaleur, imposait la certitude que le chemin ne menait nulle part. Mais l'âne continuait. Il était prêt à s'enfoncer dans les eaux, de ce même pas lent et décidé si son maître le lui demandait. Le cavalier ne bougeait pas. Un vertige l'avait saisi. Il s'était peut-être trompé. À perte de vue, il n'y avait que collines et mer enchevêtrées. « J'ai pris la mauvaise route, pensa-t-il. Je devrais déjà apercevoir le village. À moins qu'il n'ait reculé. Oui. Il a dû sentir ma venue et a reculé jusque dans la mer pour que je ne l'atteigne pas. Je plongerai dans les flots mais je ne céderai pas. Jusqu'au bout. J'avance. Et je veux ma vengeance. »

Le soleil des Scorta, Laurent Gaudé, Éditions Actes Sud, 2004.

ACTIVITÉ 105 La négation

Regardez les exemples.

Rien ne venait à bout de son obstination.

Désolé, je ***n'***ai ***rien*** vu.

Non, ***personne ne*** m'a prévenu que vous ne viendriez pas.

Je ***n'***ai croisé ***personne*** en arrivant chez moi.

Le chemin ***n'***avait traversé ***aucun*** hameau, croisé ***aucune*** autre route.

À vous ! Répondez négativement aux questions suivantes.

1. As-tu vu quelque chose que tu voudrais acheter ?
2. Quelqu'un vous a-t-il demandé ce que vous souhaitiez ?
3. Est-ce qu'un traité a été signé entre ces deux pays ?
4. Est-ce que quelqu'un est absent ?
5. Voulez-vous encore quelque chose ?
6. As-tu mangé un de ces gâteaux ?
7. Avez-vous besoin de quelqu'un pour vous aider ?

ACTIVITÉ 106 Les préfixes négatifs *il-, im-, in-, ir-*

Regardez les exemples.

Cette écriture est ***illisible***.

La mer était là. Comme une flaque ***immobile***.

Cette décision est ***impartiale***.

Il est ***imbattable*** aux échecs !

Ces deux programmes sont ***incompatibles***.

Le verbe pouvoir est ***irrégulier***.

À vous ! Complétez les phrases suivantes en utilisant le contraire de l'un des adjectifs de la liste ci-dessous. N'oubliez pas d'accorder l'adjectif !

buvable – certain – limité – mangeable – patient – remplaçable – respirable

1. Il peut s'acheter ce qu'il veut : ses ressources sont ________________.
2. Dans cette équipe, Bertrand est indispensable. Je le trouve ________________.
3. Il cuisine très mal. Ses plats sont ________________.
4. Il se fait du souci. Il pense que son avenir est ________________.
5. Son plus grand défaut ? Il ne sait pas attendre. Il est ________________.
6. Ouvrez les fenêtres ! L'air est ________________.
7. Ce vin est ________________ ! Ne l'achetez pas !

TEXTE 52

Tahar Ben Jelloun, né en 1944, est un écrivain marocain d'expression française. Professeur de philosophie, il quitte le Maroc en 1971 et s'installe en France où il soutient un doctorat en psychiatrie sociale. Il obtient la reconnaissance littéraire en 1985 avec son sixième roman, *L'Enfant de sable*, traduit en 43 langues, faisant de Tahar Ben Jelloun l'écrivain francophone le plus traduit dans le monde. Son succès s'explique en partie par la pluralité des thèmes qu'il aborde : amour, amitié, fraternité mais aussi solitude, immigration et crise identitaire.

L'Enfant de sable *raconte l'histoire (inspirée d'un fait divers authentique) d'Ahmed, huitième fille d'un homme qui, à la huitième grossesse, a décidé que, pour diverses raisons, le huitième enfant serait un garçon, quoi qu'il arrive. L'enfant est donc élevée comme un garçon et assume pleinement le pied de nez donné à la fatalité par son père, et qui présente des avantages certains. Ahmed se marie, puis prend la succession de son père à la mort de ce dernier. Un jour, toutefois, Ahmed vit une longue crise qui l'amène à se retirer du monde. En effet, après l'euphorie du mensonge social et d'une certaine forme de puissance, il se pose la question de son identité.*

Amis, je ferme ici le livre, ouvre mon cœur et appelle ma raison : à cette époque de réclusion, on ne le voyait plus. Il s'était enfermé dans la pièce du haut et communiquait avec l'extérieur par de petits billets qui étaient souvent illisibles ou étranges. Sa mère ne savait pas lire. Elle refusait d'entrer dans ce jeu et jetait les billets qui lui étaient adressés. Il écrivait rarement à ses sœurs, dont trois n'habitaient plus la grande maison. Elles s'étaient mariées et ne venaient que rarement voir leur mère souffrante. Ahmed régnait même absent et invisible. On sentait sa présence dans la maison et on la redoutait. On parlait à voix basse de peur de le déranger. Il était là-haut, ne sortait plus, et seule la vieille Malika, la bonne qui l'avait vu naître et pour laquelle il avait un peu de tendresse, avait la possibilité de pousser sa porte et s'occuper de lui. Elle lui apportait à manger – elle allait jusqu'à lui procurer en cachette du vin et du kif – nettoyait sa chambre et la petite salle d'eau adjacente. Quand elle entrait, il se couvrait entièrement d'un drap et se mettait sur une chaise au minuscule balcon qui dominait la vieille ville. En partant elle cachait dans un sac les bouteilles de vin vides et balbutiait quelques prières du genre : « Qu'Allah nous préserve du malheur et de la folie ! » ou bien : « Qu'Allah le ramène à la vie et à la lumière ! » Il cultivait ainsi le pouvoir de l'être invisible. Personne ne comprenait le sens de cette retraite. La mère qui pouvait en soupçonner la signification était préoccupée par son corps malade et sa raison vacillante. Il passait son temps à se raser la barbe et à s'épiler les jambes. Il était en train d'espérer un changement radical dans le destin qu'il s'était plus ou moins donné. Pour cela il avait besoin de temps, beaucoup de temps, comme s'il avait besoin qu'un regard étranger se posât sur son visage et son corps en mutation ou dans le retour vers l'origine, vers les droits de la nature.

L'enfant de sable, Tahar Ben Jelloun, Éditions du Seuil, 1985.

ACTIVITÉ 107 Le but négatif

Terminez les phrases suivantes de façon à ne pas en changer le sens.

1. On parlait à voix basse de peur de le déranger.
   → On parlait à voix basse pour ***ne pas le déranger***.
2. J'ai arrosé les fleurs afin qu'elles ne se fanent pas.
   → J'ai arrosé les fleurs de crainte que ______________
3. Ils se sont couverts de crainte de prendre froid.
   → Ils se sont couverts afin de ______________
4. J'ai dit aux enfants de ne pas toucher à la cuisinière de peur qu'ils (ne[1]) se blessent.
   → J'ai dit aux enfants de ne pas toucher à la cuisinière pour que ______________
5. Ils se dépêchent pour ne pas arriver en retard.
   → Ils se dépêchent de peur de ______________
6. Elles chuchotent de crainte qu'on (ne) les entende.
   → Elles chuchotent afin que ______________
7. Elle a prévenu son mari de son retard pour qu'il ne soit pas inquiet.
   → Elle a prévenu son mari de son retard de crainte que ______________
8. Les actrices portent souvent des lunettes noires afin de ne pas être reconnues.
   → Les actrices portent souvent des lunettes noires de crainte de ______________
9. Il a bien rangé ses papiers dans son sac de peur de les perdre.
   → Il a bien rangé ses papiers dans son sac pour ______________

ACTIVITÉ 108 La comparaison avec *comme si*

Regardez les exemples.

Pour cela, il avait besoin de beaucoup de temps, ***comme s'***il avait besoin d'un regard étranger.

Le ciel est menaçant ***comme si*** un orage allait bientôt éclater.

Cette enfant parle ***comme si*** elle avait déjà vécu des événements importants.

Il la regardait ***comme s'***il ne la connaissait pas.

À vous ! Terminez les phrases suivantes.

1. Ne fais pas comme si ______________________________
2. Ils agissent comme si ______________________________
3. Tu verras, elle s'habillera comme si ______________________________
4. Il a parlé d'un ton sec comme si ______________________________
5. La maison sera décorée comme si ______________________________
6. Ils ont entendu des bruits de pas comme si ______________________________
7. Il a fait une drôle de tête comme si ______________________________

---

1. *Ne* explétif, qui est usité sans nécessité pour le sens ou la syntaxe de la phrase. C'est pourquoi nous le mettons entre parenthèses.

TEXTE 53

Victor Hugo (1802-1885) est une figure dominante de l'histoire littéraire du XIXe siècle grâce à la longueur de sa carrière, à l'abondance de sa production, à la puissance dont il fait preuve dans tous les genres littéraires et à la participation qu'il prend à la vie politique de son temps. Mais c'est sans doute avec ses romans qu'il a touché le plus large public. Il met en présence des héros qui représentent les forces du bien et du mal. Hugo prend toujours le parti des faibles et des opprimés.

« Demain, dès l'aube » appartient au recueil les Contemplations. *Dans ce poème, Victor Hugo s'adresse à sa fille Léopoldine morte noyée dans la Seine avec son mari, à l'âge de 19 ans.*

Demain, dès l'aube…

Demain, dès l'aube, à l'heure où blanchit la campagne,
Je partirai. Vois-tu, je sais que tu m'attends.
J'irai par la forêt, j'irai par la montagne.
Je ne puis demeurer loin de toi plus longtemps.

Je marcherai les yeux fixés sur mes pensées,
Sans rien voir au dehors, sans entendre aucun bruit,
Seul, inconnu, le dos courbé, les mains croisées,
Triste, et le jour pour moi sera comme la nuit.

Je ne regarderai ni l'or du soir qui tombe,
Ni les voiles au loin descendant vers Harfleur,
Et quand j'arriverai, je mettrai sur ta tombe
Un bouquet de houx vert et de bruyère en fleur.

Poème sans titre daté du 3 sept. 1847, *Les Contemplations,* Victor Hugo, 1856.

ACTIVITÉ 109 La négation

Regardez les exemples.

Je marcherai les yeux fixés sur mes pensées,/ ***Sans*** rien voir au-dehors, ***sans*** entendre aucun bruit

Je marcherai les yeux fixés sur mes pensées. Je ***ne*** verrai rien au-dehors. Je ***n'***entendrai aucun bruit.

Il ne faut pas sortir ***sans*** prendre votre parapluie car il pleut.

Il ne faut pas sortir ***si*** vous n'avez pas pris votre parapluie car il pleut.

Je ***ne*** regarderai ***ni*** l'or du soir qui tombe,/ ***Ni*** les voiles au loin descendant vers Harfleur.

Je ***ne*** regarderai ***pas*** l'or du soir qui tombe. Je ***ne*** regarderai ***pas non plus*** les voiles au loin descendant vers Harfleur.

À vous ! Reformulez les phrases suivantes en vous aidant des exemples ci-dessus.

1. Je n'ai pas acheté d'oranges. Je n'ai pas acheté de pommes non plus.
2. Pascal ne viendra pas. Sébastien ne viendra pas non plus.
3. Vous ne pouvez pas prendre de décision si vous n'avez pas examiné le dossier.
4. Je ne veux pas de hurlements. Je ne veux pas d'éclats de rire non plus. Je veux le silence !
5. Je n'aime pas le vent. Je n'aime pas la pluie non plus.
6. Il ne faut pas partir si vous n'avez pas payé.

ACTIVITÉ 110 L'expression du temps

Regardez les exemples.

Demain, ***dès*** l'aube, à l'heure où blanchit la campagne,/ Je partirai.

Demain, ***dès que*** l'aube sera levée, je partirai.

Depuis son arrivée en France, il a fait beaucoup de progrès en français.

Depuis qu'il est arrivé en France, il a fait beaucoup de progrès en français.

Ils bavardaient ***pendant*** le discours de leur collègue.

Ils bavardaient ***pendant que*** leur collègue faisait son discours.

À vous ! Transformez les phrases suivantes : la préposition devient conjonction de subordination, et vice-versa.

1. Vous viendrez me voir dès mon retour.
2. Qu'allez-vous faire pendant les vacances ?
3. Guillaume travaille depuis qu'il a abandonné ses études.
4. Je viendrai avant la nuit.
5. Je quitterai la France dès que le cours sera terminé.
6. Je l'aime depuis notre première rencontre.
7. Jeanne ne téléphone jamais pendant qu'elle travaille.

TEXTE 54

Nathalie Sarraute naît en 1900 près de Moscou dans une famille aisée et cultivée. Après le divorce de ses parents, elle vient à Paris avec sa mère. Son père, qui connaît des difficultés en Russie à cause de ses opinions politiques, émigre à son tour à Paris. Elle devient avocate puis découvre la littérature du XXe siècle, principalement Marcel Proust, James Joyce et Virginia Woolf. Elle commence à publier, des essais, romans et pièces de théâtre et ses textes seront salués par Jean-Paul Sartre entre autres. Elle devient une figure importante du Nouveau Roman*. Elle meurt à Paris en 1999.

En 1983, Nathalie Sarraute publie Enfance *qui fait revivre le monde disparu des émigrés russes à Paris au début du XXe siècle.*

J'ai beau me recroqueviller, me rouler en boule, me dissimuler tout entière sous mes couvertures, la peur, une peur comme je ne me rappelle pas en avoir connu depuis, se glisse vers moi, s'infiltre… C'est de là qu'elle vient… je n'ai pas besoin de regarder, je sens qu'elle est là partout… elle donne à cette lumière sa teinte verdâtre… c'est elle, cette allée

d'arbres pointus, rigides et sombres, aux troncs livides… elle est cette procession de fantômes revêtus de longues robes blanches qui s'avancent en file lugubre vers des dalles grises… elle vacille dans les flammes des grands cierges blafards qu'ils portent… elle s'épand tout autour, emplit ma chambre… Je voudrais m'échapper, mais je n'ai pas le courage de traverser l'espace imprégné d'elle, qui sépare mon lit de la porte.

Je parviens enfin à sortir ma tête un instant pour appeler… On vient… « Qu'y a-t-il encore ? — On a oublié de recouvrir le tableau. — C'est pourtant vrai… Quel enfant fou… On prend n'importe quoi, une serviette de toilette, un vêtement, et on l'accroche le long de la partie supérieure du cadre… Voilà, on ne voit plus rien... Tu n'as plus peur ? — Non, c'est fini. » Je peux m'étendre de tout mon long dans mon lit, poser ma tête sur l'oreiller, me détendre… Je peux regarder le mur à gauche de la fenêtre… la peur a disparu.

Enfance, Nathalie Sarraute, Éditions Gallimard, 1983.

ACTIVITÉ 111 La mise en valeur

Regardez les exemples.

C'est de là *qu'*elle vient.

C'est dans son lit *que* Nathalie Sarraute se recroqueville.

Ce qui est inquiétant, *ce sont* ces fantômes revêtus de longues robes blanches.

Ce qui la rassure, *c'est de* se dissimuler sous ses couvertures.

Ce que Nathalie Sarraute voudrait avoir, *c'est* le courage de traverser l'espace qui sépare son lit de la porte.

Ce que Nathalie Sarraute voudrait, *c'est* s'échapper.

Ce dont Nathalie Sarraute a peur, *c'est de* cette allée d'arbres pointus.

À vous ! Complétez les phrases suivantes en vous aidant des exemples ci-dessus.

1. Ce _______ me fait peur, c'est quand les enfants traversent la rue sans regarder à droite et à gauche.
2. C'est à la montagne _______ je vais, pas à la mer !
3. Ce _______ me plaît dans ce tableau, c'est la richesse des couleurs.
4. Ce _______ tu as préparé, c'est une quiche lorraine ?
5. Ce _______ j'ai envie maintenant, c'est une glace !
6. C'est à Zürich _______ il est parti, pas à Berne.
7. Ce _______ je ne sais pas, c'est comment aller à l'école à pied.
8. Ce _______ est évident, c'est qu'il n'est pas fait pour ce métier !
9. Ce _______ je suis responsable, c'est de ne pas lui avoir dit la vérité plus tôt.

ACTIVITÉ 112 Oublier/Se souvenir

Reliez les éléments des trois colonnes. Il y a parfois plusieurs possibilités.

		• avoir connu une peur semblable.
		• lui ?
		• tu n'aimes pas le poisson.
Je ne me rappelle pas •	• **de/d'** •	• nous avons rendez-vous lundi ?
Tu te souviens •	• **que** •	• ça.
Tu penses •	• **à** •	• mes vieux copains de fac.
N'oublie pas •	• **Ø** •	• je dois aller te chercher à midi.
		• acheter du pain.
		• annuler ton cours de tennis ?
		• son nom ?

TEXTE 55

Arthur RIMBAUD naît en 1854 dans les Ardennes. Il est élevé sévèrement par sa mère et fait de brillantes études. Mais il montre un caractère difficile et se révolte ouvertement contre le milieu familial, les convenances, la morale et la religion. Il meurt jeune, en 1891. Le renouvellement qu'il apporte à la poésie est pourtant d'une extrême importance.

Dans « Le dormeur du val », *aujourd'hui publié dans un recueil intitulé* Poésies, *Arthur Rimbaud dénonce l'absurdité de la guerre*[1].

Le dormeur du val

C'est un trou de verdure où chante une rivière
Accrochant follement aux herbes des haillons
D'argent; où le soleil, de la montagne fière,
Luit: c'est un petit val qui mousse de rayons.

Un soldat jeune, bouche ouverte, tête nue,
Et la nuque baignant dans le frais cresson bleu,
Dort; il est étendu dans l'herbe, sous la nue,
Pâle dans son lit vert où la lumière pleut.

Les pieds dans les glaïeuls, il dort. Souriant comme
Sourirait un enfant malade, il fait un somme:
Nature, berce-le chaudement: il a froid.

Les parfums ne font pas frissonner sa narine;
Il dort dans le soleil, la main sur sa poitrine
Tranquille. Il a deux trous rouges au côté droit.

« Le dormeur du val », *Poésies*, Arthur Rimbaud, 1870.

1. Rimbaud a vécu la Guerre franco-prussienne* (1870-1871).

ACTIVITÉ 113 L'eau dans la Nature

Complétez les phrases suivantes avec un mot choisi dans la liste ci-dessous.

cascades – chutes – étang – fleuves – lac – mare – mer – océan – ~~rivière~~ – ruisseaux – torrents

1. C'est un trou de verdure où chante une ***rivière***
2. Nice se situe au bord de la ______________ Méditerranée.
3. Les ______________ d'Iguazu et celles du Niagara sont connues dans le monde entier.
4. En montagne, des ______________ se forment à la fonte des neiges.
5. La Loire et la Seine sont deux ______________ qui naissent en France. La Loire se jette dans l'______________ Atlantique ; la Seine se jette dans la Manche.
6. Un proverbe dit : « Les petits ______________ font les grandes rivières. »
7. Les ______________ de Krimml, en Autriche, sont les plus hautes d'Europe.
8. L'______________ de Berre est situé à l'ouest de Marseille.
9. Le ______________ Léman marque la frontière entre la France et la Suisse.
10. Les canards barbotent dans une ______________.

ACTIVITÉ 114 L'enfance

Marianne se souvient de sa mère. Complétez le texte suivant à l'aide des mots de la liste ci-dessous.

~~berçait~~ – bêtises – bordait – câlin – conduisait – consolait – fête – gâteaux – grondait – jouets – racontait

« Quand j'étais petite, ma mère ne travaillait pas, et elle était toujours là pour nous. Elle nous ______________ quand on avait fait un cauchemar ou nous faisait un ______________ quand on était triste. Le soir, elle nous ______________ une histoire puis nous ______________ dans notre lit. Mais, quand elle ***berçait*** mon petit frère, j'étais un peu jalouse ! Elle organisait toujours une ______________ pour nos anniversaires et préparait des ______________. C'est aussi elle qui s'occupait d'acheter des ______________ pour tous les enfants à Noël. En revanche, elle ne nous ______________ pas à l'école ; ça, c'était Papa qui le faisait en partant au travail. Elle nous ______________ quand on grimpait aux arbres ! Il faut dire qu'avec mes amis, on a fait pas mal de ______________, comme tous les enfants ! Malheureusement, ma mère est morte d'un cancer quand j'avais vingt ans. Elle me manque beaucoup. »

TEXTE 56

Guy de MAUPASSANT naît en Normandie en 1850. Il passe son enfance et son adolescence en Normandie, puis il part pour Rouen. Là, il voit souvent l'écrivain Gustave Flaubert, un ami de sa mère. Il devient fonctionnaire et travaille dans différents ministères. Mais il s'ennuie. Il commence alors à publier des articles pour des journaux et à écrire des nouvelles. Gustave Flaubert l'encourage et, en 1880, Maupassant publie *Boule de Suif* que Flaubert qualifie de « chef-d'œuvre ». Maupassant a écrit huit romans et plus de 150 nouvelles en l'espace de quinze ans ! En même temps, il voyage beaucoup. Mais, malade de la syphilis depuis plusieurs années, il a des crises de paranoïa et d'angoisse, décrites dans certains textes du recueil de nouvelles *Le Horla*. Il meurt fou en 1893.

« L'Auberge » raconte l'histoire d'un jeune homme, Ulrich, qui, pour la première fois, va passer l'hiver dans la montagne. Il est accompagné du vieux Gaspard et d'un chien, Sam. Un jour, Gaspard part chasser mais ne revient pas. Ulrich part alors à sa recherche mais ne le trouve pas. Il se sent alors coupable de la mort de son vieux compagnon puis il a peur, seul dans la montagne. Pour oublier sa peur, il commence à boire et perd encore plus le contrôle de lui-même. Une nuit, il croit entendre le fantôme de Gaspard qui lui reproche de ne pas l'avoir assez cherché. Pour faire partir ce fantôme, il ouvre brusquement la porte…

Il reçut en plein visage un souffle d'air froid qui le glaça jusqu'aux os et il referma le battant et poussa les verrous, sans remarquer que Sam s'était élancé dehors. Puis, frémissant, il jeta du bois au feu, et s'assit devant pour se chauffer ; mais soudain il tressaillit, quelqu'un grattait le mur en pleurant.

Il cria éperdu : « Va-t'en. » Une plainte lui répondit, longue et douloureuse.

Alors tout ce qui lui restait de raison fut emporté par la terreur. Il répétait « Va-t'en » en tournant sur lui-même pour trouver un coin où se cacher. L'autre, pleurant toujours, passait le long de la maison en se frottant contre le mur. Ulrich s'élança vers le buffet de chêne plein de vaisselle et de provisions, et, le soulevant avec une force surhumaine, il le traîna jusqu'à la porte, **pour s'appuyer d'une barricade**[1]. Puis, entassant les uns sur les autres tout ce qui restait de meubles, les matelas, les paillasses, les chaises, il boucha la fenêtre comme on fait lorsqu'un ennemi vous assiège.

Mais celui du dehors poussait maintenant de grands gémissements lugubres auxquels le jeune homme se mit à répondre par des gémissements pareils.

Et des jours et des nuits se passèrent sans qu'ils cessassent de hurler l'un et l'autre. L'un tournait sans cesse autour de la maison et fouillait la muraille de ses ongles avec tant de force qu'il semblait vouloir la démolir ; l'autre, au-dedans, suivait tous ses mouvements, courbé, l'oreille collée contre la pierre, et il répondait à tous ses appels par d'épouvantables cris.

Un soir, Ulrich n'entendit plus rien ; et il s'assit tellement brisé de fatigue qu'il s'endormit aussitôt.

« L'auberge », *Le Horla,* Guy de Maupassant, 1887.

1. Pour former une barricade.

ACTIVITÉ 115 L'expression de la conséquence

Regardez les exemples.

Il était ***tellement*** brisé de fatigue ***qu'***il s'est aussitôt endormi.

Ce fauteuil était ***si*** cher ***que*** je ne l'ai pas acheté.

Ils ont ***tant*** mangé ***qu'***ils ont mal au ventre.

L'un [...] fouillait la muraille de ses ongles avec ***tant de*** force ***qu'***il voulait la démolir.

Il a fait beau au mois de juillet ***si bien que*** les fleurs étaient resplendissantes.

Je suis malade. ***Par conséquent,*** je ne viendrai pas à la réunion de mardi.

À vous ! Terminez les phrases suivantes.

1. Il a tellement bu que ____________________
2. Ce film était si émouvant que ____________________
3. Ils ont aimé ce plat de sorte que ____________________
4. Il pleuvait. Par conséquent, ____________________
5. Il y avait tellement de monde que ____________________
6. Ils ont tant marché que ____________________
7. Ça sonnait occupé si bien que ____________________
8. Il avait tant d'amis que ____________________

ACTIVITÉ 116 La voix passive

Regardez les exemples.

Tout ce qui lui restait de raison a été emporté par la terreur. → ***La terreur a emporté tout ce qui lui restait de raison***.

L'arbre était recouvert de neige. → ***La neige recouvrait l'arbre.***

On prévoit une tempête pour demain. → ***Une tempête est prévue pour demain.***

À vous ! Transformez les phrases suivantes.

1. Tout le monde connaît cet acteur.
2. Le lion dévorait la gazelle.
3. On arrosera le jardin ce soir.
4. Les Français élisent leur Président de la République.
5. Les arbres entourent ce château.
6. Tous les ans, à Madrid, on lit en public *Don Quichotte* pendant la nuit anniversaire de la mort de Cervantès.
7. On annonce de la pluie pour les prochains jours.
8. Mendelssohn a composé plusieurs concertos entre 1822 et 1844.

TEXTE 57

Juliette NOURREDINE, plus connue sous le nom de Juliette, est née en 1962 à Paris. Elle est chanteuse, auteur et compositeur et a déjà sept albums à son actif. En 2008, elle signe *Bijoux et babioles*, album d'où est extraite la chanson suivante.

Tu ronfles

Un léger bruit m'éveille
Tandis que le sommeil
Me fuit sans un remords
Tu dors !
C'est un demi-soupir
Qui ment comme il respire,
Rien qu'un souffle incertain,
Lointain
Comme un marin perdu,
Sentant gronder les nues,
Devine le présage
D'orage
J'entends grincer les voiles,
Les gréements et la toile
Qu'une bourrasque gonfle
Tu ronfles !

Pendant que je somnole
À jouer les rossignols
Sifflotant mes refrains
Pour rien
Toi, tu fais des flonflons,
L'éléphant et le lion,
La Grande Parade comme
Barnum[1]
Après toute une clique
De cuivres asthmatiques,
Tu t'arrêtes soudain
Enfin !
Fausse alerte ! J'entends
La fête qui reprend,
Les ballons qu'on regonfle
Tu ronfles !

J'aime comme tu imites
La grêle qui crépite,
Le Mistral et le vent
D'Autan
Et le tigre feulant
Dans les bambous bruissants
Le brame qui résonne,
L'automne
Le sable sur la dune
Et le loup à la lune,
Le grondement joyeux
Du feu
Et la note confuse
Que font les cornemuses
Quand elles se dégonflent
Tu ronfles !

Et puis, tu es parti
Poser dans d'autres lits
Ta peau et ton odeur,
Ton cœur
Moi, je ne dors pas plus
Sans ton charmant chahut
Le silence à ta place
M'angoisse
Et si je m'interdis
De quelque jalousie
L'inutile tourment
Pourtant
J'espère qu'elle te nuit
Celle qui a tes nuits,
J'espère qu'elle te gonfle,
Qu'elle ronfle !

« Tu ronfles », *Bijoux et babioles*, Juliette Nourredine, Studios Mademoiselle, 2008.

1. Phineas Taylor Barnum (1810-1891) est un entrepreneur de spectacles américain comme, par exemple, le cirque Barnum.

ACTIVITÉ 117 Le bruit/Le silence

Aidez-vous de la liste ci-dessous pour retrouver les mots qui correspondent aux définitions suivantes.

le brouhaha – le bruitage – chut ! – la détonation – le gazouillement – l'omerta – mort – muette – les parasites – ~~le ronflement~~ – la rumeur – le soupir

1. Bruit que certaines personnes font en dormant → ***Le ronflement***
2. Bruit confus → ____________
3. Reconstitution artificielle de bruits → ____________
4. Bruit soudain et violent → ____________
5. Bruit que font les oiseaux → ____________
6. Bruit qui court → ____________
7. Perturbations dans la réception de signaux radioélectriques → ____________
8. Quand il est absolu, on dit que c'est un silence de ____________.
9. Loi du silence dans les milieux mafieux → ____________
10. C'est ce qu'on dit quand on veut obtenir le silence. → ____________
11. Une personne qui ne peut pas parler est ____________.
12. En musique, silence de la durée d'une note noire → ____________

ACTIVITÉ 118 Les instruments de musique

De quel instrument de musique s'agit-il ? La liste ci-dessous ainsi que les définitions des expressions devraient vous aider.

accordéon – batterie – ~~cornemuse~~ – flûte – guitare – harpe – orgue – piano – trompette – violon – voix

1. Elle fait une « note confuse ». C'est la ***cornemuse***.
2. Elle a six cordes et elle peut être classique ou folk. C'est la ____________.
3. Il a à peu près la même forme que l'instrument précédent mais il est plus petit et on ne pince pas les cordes avec les doigts mais on les touche avec un archet. C'est le ____________.
4. Il peut être droit ou à queue. C'est le ____________.
5. Il est l'instrument indispensable pour les bals musette. C'est l'____________.
6. Elle peut être traversière ou à bec. C'est la ____________.
7. Louis Armstrong en est un peu le roi ! C'est la ____________.
8. Généralement, les voisins ne sont pas trop contents si votre fils en joue ! C'est la ____________.
9. C'est le plus grand des instruments à cordes pincées. C'est la ____________.
10. C'est le seul instrument qu'on ne doit pas acheter ! C'est la ____________.
11. On le trouve dans les églises. C'est l'____________.

TEXTE 58

Lynda **Lemay** est née au Québec en 1966. Elle s'est fait connaître en France dès 1995 avec la chanson *La visite*. Dans ses textes, elle se moque de tous les travers de la vie quotidienne comme dans *Chéri, tu ronfles* ou *J'veux pas de chien*.

La visite

J'veux pas d'visite
Parce que j'ai pas passé l'balai
Parce que j'ai pas d'liqueur au frais
J'veux pas d'visite
J'veux pas leur dire comment je vais
Pis[1] j'ai les cheveux tout défaits
J'veux pas d'visite
Parce qu'la maison est à l'envers
Parce que j'suis pas bonne cuisinière
J'veux pas d'visite
Parce qu'les cousins et les beaux-frères
Ça me tombe un peu sur les nerfs
Parce qu'la visite, ça parle fort
Et parce que c'est jamais d'accord
Parce que j'ai pas une grosse façon
Parce que j'ai pas de plat d'bonbons
Parce que j'ai pas d'conversation

J'veux pas d'visite !
J'veux pas d'visite
Parce que quand ça sonne à la porte
J'ai comme une envie d'être morte
Toute la visite
C'est hypocrite en arrivant
Et puis ça repart **en mémérant**[2]
J'veux pas d'visite
Je veux qu'on me traite de sauvage
Et que ça s'dise dans l'voisinage
J'veux qu'on m'évite
Que les enfants demandent à leur mère
« Est-ce-que c'est vrai qu'c'est une sorcière ? »
Parce qu'la visite, c'comme les fourmis
Ça rentre et puis ça s'multiplie
Ça revient tout le temps comme un cauchemar

1. Puis.
2. En critiquant.

Ça pense qu'on est content d'les voir
Ça coupe les films en plein milieu
Ça prend l'divan le plus moelleux
Ça nous condamne à la chaise droite
Ça prend racine[1], ça mange comme quatre

J'veux pas d'visite
J'ferme les lumières et les rideaux
J'fais ma prière, j'cache mon auto
J'veux pas d'visite
Parc'que j'déteste les surprises
Quand j'me promène en queue d'chemise
Parce qu'la visite, c'est pas futé
Ça fait du bruit, puis ça grignote
C'est des p'tites bêtes bien élevées
Faut leur faire bouffer des peanuts
Mais le problème, c'est qu'ça s'attache
Ça coûte une fortune de pistaches
Et quand ça finit par partir
Ça nous promet qu'ça va rev'nir…
...et ça revient !

« La visite », paroles et musique de Lynda Lemay, Banco Music SA, 1995.

ACTIVITÉ 119 Décrire le caractère ou la personnalité de quelqu'un

Rayez l'expression incorrecte, si nécessaire.

1. Elle a l'air *généreux/génèrrosité/généreuse.*
2. Il manque **de la patience/de patience/de patiente**.
3. Elle est quelqu'un **froide/de froid/de froide**.
4. Ils sont **d'une sincère amabilité/vraiment aimables/d'aimables**.
5. Ils ont **de l'audace/beaucoup d'audace/l'air audacieux**.
6. Elles sont **gentilles comme pas du tout/gentilles comme tout/vraiment gentilles**.
7. Il manque **de courage/du courage/d'un courage**.
8. Elle est **d'une autorité incroyable !/ très autoritaire !/ d'une autoritaire !**
9. Il a **un mauvais caractère/mauvais caractère/du mauvais caractère**.
10. Elle est **dans une bonne humeur/de bonne humeur/d'une bonne humeur**.
11. Elle paraît **dans le souci/soucieux/soucieuse**.
12. Il **est dépourvu de qualités/est dénué de qualités/manque de qualités**.

1. Ça s'installe.

TEXTE 59

Claude DUNETON naît en Corrèze. Il est d'abord comédien, puis professeur d'anglais pendant dix ans. Écrivain, historien du langage, il est aussi chroniqueur au *Figaro littéraire*.

Dans un livre intitulé La Puce à l'oreille*, Claude Duneton a répertorié un grand nombre d'expressions populaires dont il explique l'origine.*

Peigner la girafe

La girafe est un des animaux exotiques de première grandeur, si j'ose dire, qui est demeuré le plus longtemps mystérieux, voire carrément fabuleux pour les Français. À la fin du XVIIe siècle, Furetière n'hésite pas à écrire : « Giraffe : animal farouche dont plusieurs auteurs font mention mais que personne n'a vu... Mais la plupart des curieux croyent que c'est un animal chimérique [1]. »

On imagine donc l'enthousiasme des foules lorsque la première girafe, en chair, en os et en cou, posa pour la première fois le pied sur notre sol au XIXe siècle. Elle débarqua à Marseille le 26 octobre 1826, envoyée en présent à Charles X par le pacha d'Égypte, Mohamed Ali. Hébergée tout l'hiver à la préfecture de Marseille, elle fut conduite à Paris à pied, en cortège, dès le printemps suivant, et pendant les quarante jours du voyage, la foule s'amassa sur le parcours dans une préfiguration de ce qui serait plus tard le public du Tour de France ! La plupart des auberges où la caravane avait fait halte prirent l'enseigne *A la girafe* !

Elle atteignit Paris en triomphe le 30 juin 1827 et quelques jours plus tard, elle fut présentée au roi en grande pompe avant de rejoindre ses appartements au Jardin des Plantes. « La France entière – écrit le Dr P. Thévenard – s'éprend alors littéralement de la girafe ; on accourt de tous les points du pays pour la voir ; au pont d'Austerlitz, dont la traversée était encore payante à l'époque, les recettes du péage s'enflent démesurément... Bientôt, d'ailleurs, la girafe ne se contente plus d'attirer à ses pieds les foules admiratives : elle pénètre en effigie au foyer des citoyens français, et s'y mêle intimement à leur existence quotidienne : l'on fond des plaques de cheminée à son image ; l'on tapisse les appartements de papier peint dont elle constitue l'élément décoratif essentiel, inlassablement répété. [...]

La vedette donna également naissance à des comparaisons et à des quolibets que Littré donne comme « populaires » : « femme grande et qui a un très long cou. Il dansait avec une grande girafe. » De cette époque date sans aucun doute l'expression incongrue « peigner la girafe », qui n'a pas tout de suite voulu dire, comme aujourd'hui, « ne rien faire », mais d'abord plus logiquement « perdre son temps à une vaine et fastidieuse besogne ».

La puce à l'oreille, Claude Duneton, Droits réservés, 2001.

1. *Giraffe* : orthographe du XVIIe. *Croyent* : ancienne forme de *croient*.

ACTIVITÉ 120 Expressions idiomatiques avec les animaux

De quel animal s'agit-il ? La liste ci-dessous ainsi que les définitions des expressions devraient vous aider.

agneau – âne – bœuf – chat – cheval – chien – chouette – cochon – colombe – coq – crocodile – éléphant – ~~girafe~~ – lapin – loup – mouche – ours – paon – pie – singe – vache – zèbre

1. Peigner la ***girafe***. (= ne rien faire)
2. Il est bavard comme une __________. (= Il parle beaucoup.)
3. Il est connu comme le __________ blanc. (= Il est très célèbre.)
4. Il est doux comme un __________. (= Il est très gentil.)
5. Mon voisin est un vrai __________ ! (= Mon voisin est insociable.)
6. Il est blanc comme une __________. (= Il est innocent.)
7. Il est __________ ton appartement ! (= Il est agréable ton appartement !)
8. Il est rancunier comme un __________. (= Il ne pardonne rien.)
9. Mon père est très à __________ sur la politesse. (= Mon père est très exigent en matière de politesse.)
10. Il est malin comme un __________. (= Il est astucieux.)
11. (familier) C'est vraiment un drôle de __________ ! (= Cet homme est bizarre.)
12. Il a des larmes de __________. (= Il est trop sensible.)
13. (familier) Non mais, quelle peau de __________ ! (= Il est très méchant.)
14. Il est orgueilleux comme un __________. (= Il est très arrogant.)
15. Il prend la __________ pour tout et rien. (= Il se met facilement en colère.)
16. Ils s'entendent comme chien et __________. (= Ils se détestent.)
17. Il est d'une humeur de __________ ! (= Il est de mauvaise humeur.)
18. Il a un caractère de __________. (= Il a mauvais caractère.)
19. (familier) Cette pièce a eu un succès __________ ! (= Cette pièce a eu beaucoup de succès.)
20. Il saute sans arrêt du __________ à l'__________. (= Il a une conversation décousue.)
21. (familier) Je suis furieuse ! Il m'a posé un __________ ! (= Il n'est pas venu au rendez-vous.)

Jean **Giono** (1895-1970) est un écrivain du sud de la France, et ne cesse de chanter dans son œuvre l'amour qu'il porte à sa terre natale (la Provence) et aux gens qui l'habitent. Son œuvre la plus célèbre est sans conteste la trilogie formée de *Colline* (1929), *Un de Baumugnes* (1929) et *Regain* (1930). Par ailleurs, *Le Hussard sur le toit* (1951) reste inoubliable après l'adaptation cinématographique de Jean-Paul Rappeneau (1995) avec Juliette Binoche et Olivier Martinez dans les rôles principaux.

J'ai ce que j'ai donné *présente 90 lettres écrites par l'écrivain à ses amis et à sa famille, entre 1900 et 1970. Dans la préface, sa fille cadette Sylvie dresse un portrait de son père, et parle notamment de sa générosité… un peu excessive !*

Maman râlait bien un peu, la maison attendait toujours quelques améliorations, mais papa l'avait gâtée en premier. Et comment lui reprocher quoi que ce soit quand on voyait son regard pétiller de joie ? Grâce à lui, la réalité s'éloignait et nous passions de l'autre côté du miroir. « J'ai ce que j'ai donné. » C'était sa devise, titre idéal pour cette correspondance ; elle figurait en vieil italien sur l'ex-libris qui marquait les livres de sa bibliothèque. Qu'il s'agisse d'amitié, d'un conseil ou d'argent (quand il en avait), il éprouvait un bonheur absolu à donner jusqu'au dépouillement même. En témoignent les lettres parfois désespérées qu'il écrivait à ses éditeurs pour quémander une petite avance sur ses droits. Sa générosité était même « hémorragique » comme il disait de celle de son père, au point d'embarrasser les bénéficiaires, puisqu'ils devenaient ses débiteurs ! Pour les mêmes raisons, au fond, il ne savait pas dire non. S'il ne tranchait jamais, c'était toujours par excès de gentillesse, pour ne pas faire de la peine ou pour avoir la paix. Il faisait des tas de promesses en sachant d'emblée qu'il ne pourrait pas les tenir, ou bien il s'empressait de les oublier. Ce que l'on pensait de ce faux naïf lui importait peu, fidèle à ce que son père lui avait dit dans son enfance : « Il y a quelqu'un avec qui tu seras toute ta vie : c'est toi-même. Fais en sorte que ta compagnie te soit agréable ! » Au fond, sa générosité était totalement égoïste : elle lui renvoyait une image de lui-même qui lui plaisait.

J'ai ce que j'ai donné, Jean Giono, Éditions Gallimard, 2008.

ACTIVITÉ 121 Les pronoms personnels COD et COI de personne

Dans le texte ci-contre, relevez les pronoms personnels et retrouvez la construction du verbe.

quelque chose	quelqu'un	à quelqu'un	quelque chose à quelqu'un
	gâter		
admettre			

Maintenant, remplacez les compléments d'objet (directs et indirects de personne) des phrases suivantes par le pronom personnel complément qui convient. Puis complétez le tableau ci-dessus en écrivant l'infinitif du verbe.

1. J'admets que je me suis trompé. → *Je l'admets.*
2. Oui, bien sûr que j'ai annoncé mon mariage à mes parents ! → ____________
3. Je n'arrive pas à joindre mon frère au téléphone. → ____________
4. Je cherche mes chaussures. → ____________
5. Il conduira sa mère à la gare. → ____________
6. Non, je n'ai pas encore donné la liste des achats au chef de projet. → ____________
7. Le professeur enseigne le français à ses étudiants. → ____________
8. Nous espérons que vous allez bien. → ____________
9. Son pays manque à l'exilé. → ____________
10. Elle plaint sa collègue. → ____________

ACTIVITÉ 122 Ma famille

À votre tour, faites le portrait de l'un de vos parents.

____

____

____

____

____

____

____

____

____

____

TEXTE 61

Marguerite de Crayencour, dite **Marguerite Yourcenar**, naît à Bruxelles en 1903. Elle est élevée par sa grand-mère et son père, un grand voyageur, qu'elle accompagne parfois. En 1939, elle part vivre aux États-Unis où elle enseigne la littérature française et l'histoire de l'art. Son roman, *Mémoires d'Hadrien* (1951), connaît un succès mondial. En 1980, Marguerite Yourcenar est élue à l'Académie française*. Elle meurt en 1987 aux États-Unis.

Les nouvelles Orientales *sont la réunion de dix nouvelles. Le texte ci-dessous est extrait de l'une de ces nouvelles, intitulée «Comment Wang-Fô fut sauvé».*

Le vieux peintre Wang-Fô et son disciple Ling vagabondaient le long des routes du royaume des Han. Le royaume des Han: c'était le nom qu'en ce temps-là on donnait à la Grande Chine.

Personne ne peignait mieux que Wang-Fô les montagnes sortant du brouillard, les lacs avec des vols de libellules, et les grandes houles du Pacifique vues des côtes. On disait que ses images saintes exauçaient d'emblée les prières; quand il peignait un cheval, il fallait toujours qu'il le montrât attaché à un piquet ou tenu par une bride, sans quoi le cheval s'échappait au grand galop du tableau pour ne plus revenir. Les voleurs n'osaient pas entrer chez les gens pour qui Wang-Fô avait peint un chien de garde.

Wang-Fô aurait dû être riche, mais il aimait mieux donner que vendre. Il distribuait ses peintures à ceux qui les appréciaient vraiment, ou bien les troquait contre un bol de nourriture. Il ne chérissait que ses pinceaux, ses rouleaux de soie ou de papier de riz, et ses petits bâtons d'encres de diverses couleurs qu'il frottait contre une pierre pour en mélanger la poudre avec un peu d'eau. [...]

Un jour, les soldats de l'Empereur viennent les chercher, lui et son disciple. L'Empereur leur explique que ses tableaux l'ont induit en erreur, la réalité est très différente et l'a profondément déçu. Il veut punir le vieux peintre:

Et, pour t'enfermer dans le seul cachot dont tu ne puisses sortir, j'ai décidé qu'on te brûlerait les yeux, puisque tes yeux sont les deux portes magiques qui t'ouvrent ton royaume. Et puisque tes mains sont les deux routes aux dix embranchements qui mènent au cœur de ton empire, j'ai décidé qu'on te couperait les mains. M'as-tu compris, vieux Wang-Fô? [...]

Je possède dans ma collection de tes œuvres une peinture admirable où les montagnes, l'estuaire d'un fleuve et la mer se reflètent, infiniment rapetissés sans doute, mais avec une intensité qui surpasse celles des objets eux-mêmes, comme les figures qui se mirent sur les parois d'une sphère. Mais cette peinture est inachevée, Wang-Fô, et je veux que tu consacres les heures de lumière qui te restent à terminer ton chef-d'œuvre. Tel est mon projet, vieux Wang-Fô, et je peux te forcer à l'accomplir.

«Comment Wang-Fô fut sauvé», *Nouvelles orientales*,
Marguerite Yourcenar, Éditions Gallimard, 1938.

ACTIVITÉ 123 L'expression de l'ordre

Regardez les exemples.

Je veux que tu ***consacres*** les heures de lumière qui te restent à terminer ton chef-d'œuvre.

Je tiens à ce que tu ***peignes*** ce tableau.

J'exige que tu m'***obéisses***.

Je t'interdis de ***quitter*** le palais.

Tu dois ***terminer*** ce tableau !

Il faut ***achever*** ce tableau !

Gardes, ***emmenez*** Wang-Fô et ***enfermez***-le !

À vous ! Créez des phrases avec les éléments donnés entre parenthèses. Il y a parfois deux possibilités.

1. (je, tu, accomplir ce projet, exiger)
2. (ils, nous, rappeler le plus tôt possible, vouloir)
3. (ils, arriver à 19 heures, devoir)
4. (il, avoir au moins 18 ans pour voter, falloir)
5. (il, tu, falloir, prendre une décision)
6. (ils, nous, interdire, de fumer dans cette salle)

ACTIVITÉ 124 La restriction

Regardez les exemples.

Il ***ne*** chérissait ***que*** ses pinceaux, ses rouleaux de soie ou de papier de riz, et ses petits bâtons d'encres de diverses couleurs.

Il chérissait ***seulement*** ses pinceaux, ses rouleaux de soie ou de papier de riz, et ses petits bâtons d'encres de diverses couleurs.

À vous ! Transformez les phrases suivantes, comme dans les exemples ci-dessus.

1. Il aimait seulement la confiture de cerises.
2. Nous attendions seulement un geste gentil de sa part.
3. Tu avais seulement 2 euro dans ta poche.
4. Elles pensaient seulement à leurs problèmes.

ACTIVITÉ 125 Mon tableau préféré

Quel est votre tableau préféré ? Décrivez-le puis expliquez pourquoi vous l'aimez.

TEXTE 62

Bruno Crémer (né en 1929) est comédien. Il reste surtout célèbre pour avoir incarné, entre 1991 et 2006, le commissaire Jules Maigret, créé par l'écrivain belge Georges Simenon. Dans *Un certain jeune homme*, Bruno Crémer parle de sa jeunesse et de ses débuts au théâtre. Il évoque notamment la générale de *Becket ou l'Honneur de Dieu*, de Jean Anouilh.

Ce matin du 8 octobre 1959, depuis deux jours, j'avais trente ans et j'étais résolu à me battre et à m'affirmer. En arrivant dans les coulisses du théâtre, j'ai rencontré un Ivernel [1] aussi combatif que moi. Nous nous sommes embrassés, bien décidés à « mettre le paquet ». Cette « générale », nous voulions l'enlever au tonus ! Nous pensions à toutes les personnalités qui se trouvaient dans la salle : Laurence Olivier, Maurice Chevalier, Jean Vilar, Jean-Louis Barrault et Madeleine Renaud [2], et bien d'autres metteurs en scène ou acteurs célèbres, une salle terrifiante par laquelle nous étions bien décidés à ne pas nous laisser manger. Dans mon esprit, cette représentation était devenue une bataille, un combat pour la vie, j'en avais oublié mon trac mais aussi, hélas, ma concentration et, dans mon euphorie belliqueuse, Ivernel et moi avons gaillardement surjoué toute la première partie de la pièce. Mais à l'entracte, nous étions plutôt contents de nous, les applaudissements avaient été suffisamment nourris. Pour une « générale », nous avions senti le public bien disposé à notre égard. Anouilh débarqua sur scène avec son sourire sarcastique et furieux : « Qu'est-ce qui vous a pris ! Vous hurlez, c'est vraiment très mauvais, vous faites n'importe quoi. On va se faire massacrer ! Essayez tout de même de sauver la deuxième partie ! » Puis il disparut, suivi de son inséparable Piétri [3]. J'étais consterné, d'autant plus que j'attendais la visite promise de Chantal et Pierre [4] à l'entracte et que je ne voyais personne arriver, même pas un petit mot d'encouragement, ou une indication utile sur ma prestation. Rien. Heureusement, la deuxième partie, plus grave pour mon personnage, plus méditative et tragique, risquait moins de m'entraîner à surjouer. J'avais donc conscience de pouvoir me ressaisir et échapper au massacre annoncé par l'auteur. Je m'appliquai à jouer sagement, sérieusement, laborieusement, humblement, sans le moindre plaisir. Et ce fut un triomphe !

Le public criait : « Bravo ! », ce qui était exceptionnel à l'époque, et rappelait sans cesse sur scène les deux personnages principaux. Ce soir-là, le rôle, la pièce, le public, les critiques, les photographes, les astres, l'air du temps, la chance, firent de moi une vedette de théâtre.

Un certain jeune homme, Bruno Crémer, Éditions de Fallois, 2000.

---

1. Daniel Ivernel : acteur qui jouait avec Bruno Crémer dans *Beckett*...
2. Laurence Olivier est un comédien et un acteur britannique. Maurice Chevalier est un chanteur français. Jean Vilar est un comédien et metteur en scène, créateur, en 1947, du festival d'Avignon. Jean-Louis Barrault est comédien, acteur et metteur en scène. Madeleine Renault, sa femme, est comédienne.
3. Metteur en scène.
4. Chantal est la femme de Bruno Crémer. Pierre est un ami du couple.

ACTIVITÉ 126 Le théâtre

Dans le texte, relevez les mots qui appartiennent au vocabulaire du théâtre.

A. Les définitions suivantes vous aideront à les trouver.

1. Endroit où les comédiens attendent leur entrée en scène : ___________
2. Première représentation publique d'une pièce devant un public choisi : ___________
3. Personne qui dirige les comédiens : ___________
4. Angoisse du comédien avant de jouer : ___________
5. Fait de jouer une pièce devant le public : ___________
6. Moment de pause : ___________
7. Témoignage d'approbation et de satisfaction de la part du public : ___________
8. Endroit où les comédiens se tiennent pour jouer : ___________

B. Placez les mots suivants dans les phrases.

le dramaturge – une loge – le machiniste – l'ouvreuse – le programme – le rideau – un strapontin – le vestiaire

1. ___________ écrit des pièces de théâtre.
2. Quand ___________ se lève, la représentation commence.
3. ___________ conduit les spectateurs à leur place et vend ___________ de la représentation.
4. ___________ est l'endroit où les spectateurs laissent leurs vêtements.
5. ___________ installe et déplace les éléments du décor.
6. ___________ est un siège mobile et peu confortable placé à la fin d'une rangée.
7. Les comédiens s'habillent et se maquillent dans ___________.

ACTIVITÉ 127 Les adverbes irréguliers en -ment

Complétez les phrases suivantes avec l'adverbe en *-ment* qui correspond à l'adjectif entre parenthèses.

1. (suffisant) Les applaudissements avaient été *suffisamment* nourris.
2. (récent) Ce film est sorti ___________.
3. (violent) En partant, ils ont claqué la porte ___________.
4. (poli) C'est agréable, il répond toujours ___________.
5. (méchant) Elle était en colère et elle m'a répondu ___________.
6. (gentil) Il nous a ___________ proposé de l'aide.
7. (prudent) Mon amie conduit toujours ___________.
8. (profond) Elle est ___________ déçue.
9. (bruyant) Les salariés ont protesté ___________ leur mécontentement.
10. (vrai) Elle est ___________ satisfaite de son travail.

TEXTE 63

Eugène IONESCO naît en Roumanie en 1909, d'un père roumain et d'une mère française. En 1913, la famille s'installe à Paris mais le père de Ionesco rentre définitivement dans son pays trois ans plus tard et demande le divorce. Ionesco retournera en Roumanie vivre chez son père pour une brève période et ce n'est qu'en 1942 qu'il s'installe définitivement en France avec sa femme, une Roumaine. Il rencontre le succès en 1957 avec sa pièce *Rhinocéros*. Il meurt à Paris, en 1994.

Le Roi se meurt *est une méditation sur l'apprentissage de la mort. Dans cette œuvre, la pièce de théâtre est une métaphore de la vie: le roi va mettre une heure et demie à mourir, mais cette période symbolise la vie. Dans l'extrait suivant, Marguerite et Marie, les deux femmes du roi, mais aussi le médecin du roi, lui annoncent qu'il va mourir…*

LE ROI. – Je ne veux pas mourir.

MARIE. – Hélas ! Ses cheveux ont blanchi tout d'un coup. *(En effet, les cheveux du Roi ont blanchi.)* Les rides s'accumulent sur son front, sur son visage. Il a vieilli soudain de quatorze siècles.

LE MÉDECIN. – Si vite démodé.

LE ROI. – Les rois devraient être immortels.

MARGUERITE. – Ils ont une immortalité provisoire.

LE ROI. – On m'avait promis que je ne mourrais que lorsque je l'aurais décidé moi-même.

MARGUERITE. – C'est parce qu'on pensait que tu déciderais plus tôt. Tu as pris goût à l'autorité, il faut que tu décides de force. Tu t'es enlisé dans la boue tiède des vivants. Maintenant, tu vas geler.

LE ROI. – On m'a trompé. On aurait dû me prévenir, on m'a trompé.

MARGUERITE. – On t'avait prévenu.

LE ROI. – Tu m'avais prévenu trop tôt. Tu m'avertis trop tard. Je ne veux pas mourir… Je ne voudrais pas. Qu'on me sauve puisque je ne peux plus le faire moi-même.

MARGUERITE. – C'est ta faute si tu es pris au dépourvu, tu aurais dû t'y préparer. Tu n'as jamais eu le temps. Tu étais condamné. Il fallait y penser dès le premier jour, et puis, tous les jours, cinq minutes tous les jours. Ce n'était pas beaucoup. Cinq minutes tous les jours. Puis dix minutes, un quart d'heure, une demi-heure. C'est ainsi que l'on s'entraîne.

LE ROI. – J'y avais pensé.

MARGUERITE. – Jamais sérieusement, jamais profondément, jamais de tout ton être.

MARIE. – Il vivait.

Le Roi se meurt, Eugène Ionesco, Éditions Gallimard, 1962.

ACTIVITÉ 128 Discours rapporté au passé

Rapportez les paroles des personnages.

1. Le roi a dit : « Je ne veux pas mourir. » → Le roi a dit ***qu'il ne voulait pas mourir***.
2. Marie a dit : « Les rides s'accumulent sur son front. » → ______________________
3. Le médecin a dit : « Si vite démodé. » → ______________________
4. Le roi a dit : « Les rois devraient être immortels. » → ______________________
5. Marguerite a dit : « Ils ont une immortalité provisoire. » → ______________________
6. Marguerite a dit : « Tu as pris goût à l'autorité, il faut que tu décides de force. » → ______________________
7. Le roi a dit : « On m'a trompé. » → ______________________
8. Le roi a dit : « Tu m'avertis trop tard. » → ______________________
9. Le roi a ordonné : « Qu'on me sauve puisque je ne peux plus le faire moi-même. » → ______________________
10. Marguerite a dit : « C'est ainsi que l'on s'entraîne. » → ______________________
11. Marie a dit : « Il vivait. » → ______________________
12. Les spectateurs se disaient : « Le roi mourra à la fin de la pièce. » → ______________________

ACTIVITÉ 129 Les étapes de la vie

Reliez les mots de sens contraire.

un enfant •	• un adulte
la jeunesse •	• ***immortel***
mortel •	• la mort
la naissance •	• mourir
naître •	• une personne âgée
un nouveau-né •	• rajeunir
vieillir •	• la vieillesse

TEXTE 64

Gérard de NERVAL est le pseudonyme de Gérard Labrunie. Il naît à Paris en 1808 et grandit à Mortefontaine, près de Pontoise. Adulte, il s'installe à Paris et fréquente Victor Hugo et Alexandre Dumas. En 1841, il commence à souffrir de crises de démence et doit faire plusieurs séjours dans des maisons de santé. Entre 1844 et 1847, il voyage beaucoup. En même temps, il écrit des nouvelles, des livrets d'opéra et traduit de l'allemand Johann Wolfgang von Goethe et Heinrich Heine. Ses crises de démence deviennent de plus en plus graves et Gérard de Nerval se suicide en 1855.

Odelettes *est un recueil de poèmes de jeunesse.*

Une allée du Luxembourg

Elle **a passé**[1], la jeune fille
Vive et preste comme un oiseau:
À la main une fleur qui brille,
À la bouche un refrain nouveau.

C'est peut-être la seule au monde
Dont le cœur au mien répondrait,
Qui venant dans ma nuit profonde
D'un seul regard l'éclaircirait!...

Mais, non, — ma jeunesse est finie...
Adieu, doux rayon **qui m'as lui**[2], —
Parfum, jeune fille, harmonie...
Le bonheur passait, — il a fui!

«Une allée du Luxembourg», *Odelettes,*
Gérard de Nerval, 1830-1835.

1. Emploi très littéraire de l'auxiliaire *avoir* qui met l'accent sur le mouvement.
2. Qui as lui pour moi.

ACTIVITÉ 130 *Vénus beauté (institut)*[1]

Complétez les phrases suivantes, comme dans les exemples.

1. À la main, elle a *une fleur* qui brille.
2. Aux ongles, elle a *un vernis* nacré.
3. À la bouche, elle a ________________ brillant.
4. Aux oreilles, elle a ________________ pendantes.
5. Au poignet, elle a ________________ qui cliquète.
6. Aux pieds, elle a ________________ élégantes.
7. À l'annulaire, elle a ________________ en or.
8. Au cou, elle a ________________ de perles.
9. Dans les cheveux, elle a ________________ jaunes.
10. Aux yeux, elle a ________________ qui jaillissent.

ACTIVITÉ 131 La comparaison avec *comme*

Complétez les phrases à l'aide d'un des adjectifs de la liste ci-dessous. N'oubliez pas d'accorder l'adjectif.

doux – fidèle – heureux – indépendant – jaloux – laid – malin – muet – myope – noble – ~~preste~~ – rapide – rusé – sauvage – ~~vive~~ – voleur

1. La jeune fille est *vive* et *preste* comme un oiseau.
2. Il est ________________ comme un chat.
3. Elle est ________________ comme un cheval.
4. Il est ________________ comme un tigre.
5. Elles sont ________________ comme des gazelles.
6. Il est ________________ comme un chien.
7. Elle est ________________ comme un renard.
8. Elle est ________________ comme une pie.
9. Il est ________________ comme un singe.
10. Il est ________________ comme un agneau.
11. Elle est ________________ comme un poisson dans l'eau.
12. Ils sont ________________ comme des ours.
13. Il est ________________ comme un pou.
14. Elle est ________________ comme une taupe.
15. Il est ________________ comme une carpe.

1. Titre d'un film de Tonie Marshall (1999) avec Nathalie Baye et Mathilde Seigner.

TEXTE 65

Philippe Claudel, né en Lorraine en 1962, a la chance de voir son talent d'écrivain reconnu dès son premier roman, en 1999. Il s'intéresse aussi au cinéma – il est professeur à l'Institut Européen du Cinéma et de l'Audiovisuel – et a réalisé en 2008 son premier film : *Il y a longtemps que je t'aime*, avec Kristin Scott Thomas et Elsa Zylberstein.

Les Âmes grises *se passe pendant la Première Guerre mondiale*, dans une ville de province française. Un inspecteur de police raconte un fait divers (l'assassinat d'une petite fille) qui a marqué sa carrière, et dont il se demande encore si le véritable coupable a été arrêté et exécuté.*

Nous autres dans la rue, quand on croisait Pierre-Ange Destinat, on l'appelait « Monsieur le Procureur ». Les hommes soulevaient leur casquette et les femmes modestes pliaient le genou. Les autres, les grandes, celles qui étaient de son monde, baissaient la tête très légèrement, comme les petits oiseaux quand ils boivent dans les gouttières. Tout cela ne le touchait guère. Il ne répondait pas, ou si peu, qu'il aurait fallu porter quatre lorgnons bien astiqués pour voir ses lèvres bouger. Ce n'était pas du mépris comme la plupart des gens le croyaient, c'était je pense tout simplement du détachement.

[...]

Un procureur au début du siècle, c'était encore un grand monsieur. Et par un temps de guerre, quand un seul coup de mitraille fauche une compagnie solide de gaillards prêts à tout, demander la mort d'un homme seul et enchaîné relevait de l'artisanat. Je ne crois pas qu'il agissait par cruauté quand il réclamait et obtenait la tête d'un pauvre bougre qui avait assommé un postier ou éventré sa belle-mère. Il voyait l'imbécile, **les cabriolets**[1] aux mains, en face de lui, entre deux agents, et c'est à peine s'il le remarquait. Il regardait pour ainsi dire à travers lui, comme si l'autre déjà n'existait plus. Destinat ne s'acharnait pas contre un criminel en chair et en os, mais défendait une idée, simplement une idée, l'idée qu'il se faisait du bien et du mal.

Le condamné hurlait à l'énoncé de la sentence, pleurait, rageait, levait parfois les mains au Ciel comme si soudain il se rappelait son catéchisme. Destinat ne le voyait déjà plus. Il serrait ses notes dans son portefeuille, quatre ou cinq feuilles de papier sur lesquelles il avait rédigé son réquisitoire avec sa petite écriture raffinée trempée dans de l'encre violette, une poignée de mots choisis qui avaient le plus souvent fait frémir l'assistance et réfléchir les jurés quand ils ne dormaient pas. Quelques mots qui avaient suffi à bâtir un échafaud en deux temps trois mouvements, plus vite et plus sûrement que deux compagnons menuisiers en une semaine.

Il n'en voulait pas au condamné, il ne le connaissait plus. La preuve, je l'ai vue de mes yeux, à la fin d'un procès, dans un couloir : Destinat sort avec sa belle hermine encore sur le dos et son air de **Caton**[2], et croise le futur mari de **la Veuve**[3] : ce dernier

1. Les menottes.
2. Caton l'Ancien : homme d'État romain, réputé pour sa rigueur.
3. Surnom donné à la guillotine.

l'apostrophe, plaintif. Il avait encore les yeux tout rouges de l'énoncé de la sentence, et sûr, à cette heure, il les regrettait les coups de fusil qu'il avait envoyés dans le ventre de son patron. « M'sieur l'Procureur, qu'il gémit, M'sieur l'Procureur… » et Destinat le regarde dans les yeux, comme sans voir les gendarmes et les menottes, et lui répond en lui mettant la main sur l'épaule : « Oui, mon ami, nous nous sommes déjà rencontrés, non ? Qu'y a-t-il pour votre service ? » Sans moquerie aucune, tout cela bien franchement. L'autre n'en est pas revenu. C'était comme une seconde sentence.

Les âmes grises, Philippe Claudel, Éditions Stock, 2003.

ACTIVITÉ 132 Les faits divers

Complétez le tableau suivant.

un meurtrier		
	un assassinat	
		voler
un cambrioleur		
	une agression	
		escroquer

ACTIVITÉ 133 La Justice

Complétez le texte suivant à l'aide des mots de la liste ci-dessous.

amende – audience – ~~casier~~ – commettre – condamnation – condamné – convocation – délit – intérêt général – interrogé – juge – peine – poste – procureur – tribunal

Thomas, 17 ans, a volé un scooter. Arrêté quelques heures plus tard, il est conduit au ______________ de police. Les policiers téléphonent immédiatement au ______________ de la République et aux parents de Thomas. En fin de journée, après avoir été ______________, Thomas est raccompagné chez ses parents, muni d'une ______________ pour se présenter devant le ______________ des enfants. L'______________ essaye de comprendre ce qui a poussé Thomas à ______________ ce vol qui est un ______________ passible de trois ans de prison et de 45 000 euros d'______________. Comme Thomas est mineur, il n'est pas envoyé devant le ______________ et la ______________ maximale est réduite. Il est ______________ à des travaux d'______________ et la ______________ pour vol simple figurera dans son *casier* judiciaire jusqu'à sa majorité.

TEXTE 66

Simone de BEAUVOIR naît en 1908 à Paris. Elle devient professeur de philosophie puis quitte l'enseignement pour écrire son premier roman. Elle fait de nombreux voyages aux États-Unis et en Chine. Sa vie et sa pensée sont liées à celles de Jean-Paul Sartre et elle s'attache aussi au combat pour la condition de la femme. En 1954, elle obtient la reconnaissance littéraire pour *Les Mandarins*. Elle meurt en 1986 et est enterrée au cimetière du Montparnasse à Paris, aux côtés de Jean-Paul Sartre.

Elle écrit Mémoires d'une jeune fille rangée *en 1958. Elle y raconte les vingt premières années de sa vie et décrit son milieu bourgeois rempli de préjugés et les efforts pour en sortir en dépit de sa condition de femme.*

En octobre, la Sorbonne fermée, je passai mes journées à la Bibliothèque nationale. J'avais obtenu de ne pas rentrer déjeuner à la maison : j'achetais du pain, des rillettes, et je les mangeais dans les jardins du Palais-Royal, en regardant mourir les dernières rosés ; assis sur des bancs, des terrassiers mordaient dans de gros sandwiches et buvaient du vin rouge. S'il bruinait, je m'abritais dans un café Biard, parmi des maçons qui puisaient dans des gamelles ; je me réjouissais d'échapper au cérémonial des repas de famille : en réduisant la nourriture à sa vérité, il me semblait faire un pas vers la liberté. Je regagnais la Bibliothèque ; j'étudiais la théorie de la relativité, et je me passionnais. De temps en temps, je regardais les autres lecteurs, et je me carrais avec satisfaction dans mon fauteuil : parmi ces érudits, ces savants, ces chercheurs, ces penseurs, j'étais à ma place. Je ne me sentais plus du tout rejetée par mon milieu : c'était moi qui l'avais quitté pour entrer dans cette société dont je voyais ici une réduction, où communiaient à travers l'espace et les siècles tous les esprits qu'intéressé la vérité. Moi aussi, je participais à l'effort que fait l'humanité pour savoir, comprendre, s'exprimer : j'étais engagée dans une grande entreprise collective et j'échappais à jamais à la solitude. Quelle victoire ! Je revenais à mon travail. À six heures moins un quart, la voix du gardien annonçait avec solennité. « Messieurs-on-va-bientôt-fermer. » C'était chaque fois une surprise, au sortir des livres, de retrouver les magasins, les lumières, les passants, et le nain qui vendait des violettes à côté du Théâtre-Français. Je marchais lentement, m'abandonnant à la mélancolie des soirs et des retours.

Mémoires d'une jeune fille rangée, Simone de Beauvoir, Éditions Gallimard, 1958.

ACTIVITÉ 134 Construction du verbe *se sentir*

Complétez les phrases suivantes à l'aide d'un mot choisi dans la liste ci-dessous.

aimé – bien – bizarre – coupable – courage – fiévreuse – force – inutile – mal – mieux – ~~rejetée~~

1. Je ne me sentais plus du tout *rejetée* par mon milieu.
2. Merci. Ma grand-mère se sent beaucoup ______________.
3. Je ne suis pas en forme ce matin. Je me sens ______________.
4. Il faisait vraiment trop chaud hier. Pendant un moment, je me suis sentie ______________.
5. Elle se sentait toute ______________ parce qu'elle était sans ses enfants.
6. Comme vous étiez malade, vous ne pouviez pas nous aider. Vous vous sentiez ______________.
7. C'est une enfant qui est parfaitement heureuse. Elle se sent ______________ dans sa peau.
8. Ce n'était pas de ma faute mais je me sentais ______________.
9. Il est trop tard pour faire la vaisselle. Je ne m'en sens pas le ______________.
10. Il venait d'arriver dans cette famille et il se sentait déjà ______________ de tous.
11. Tu crois que demain tu te sentiras la ______________ d'achever ce travail ?

ACTIVITÉ 135 Les adverbes réguliers en *-ment*

Complétez les phrases suivantes avec l'adverbe en *-ment* qui correspond à l'adjectif entre parenthèses.

1. (solennel) La voix du gardien annonçait *solennellement* : « Messieurs, on va bientôt fermer. »
2. (général) Je me couche ______________ vers 23 heures.
3. (actuel) ______________, nous ne pouvons pas vous répondre.
4. (certain) Caroline a ______________ raison !
5. (cher) La chèvre de Monsieur Seguin a vendu ______________ sa vie !
6. (grave) Il est ______________ malade.
7. (net) Oh, je vous remercie. Je vais ______________ mieux !
8. (juste) Salut Isabelle ! Je pensais ______________ à toi.
9. (froid) Il m'a répondu ______________ et je ne sais pas pourquoi.
10. (vif) ______________ ce soir qu'on se couche !
11. (faux) Il a été ______________ accusé de vol.
12. (quotidien) Je fais ______________ des exercices de grammaire.

TEXTE 67

Françoise Chandernagor est née dans la Creuse en 1945. Elle est la première femme major de sa promotion de l'École Nationale d'Administration. Elle entame une carrière de fonctionnaire qu'elle interrompt pour se consacrer à l'écriture, en particulier au roman.

L'action de L'Enfant des Lumières *se déroule au XVIII*e *siècle. Après le suicide de son mari, Madame de Breyves a quitté Paris avec son jeune fils, et s'est installée dans son château en province.*

Elle disposait autour des dernières braises quelques-unes des pommes de pin accumulées dans le grenier pendant l'été et jetait, par-dessus, trois poignées de brindilles glanées dans la hêtraie. Puis elle s'agenouillait et, le visage au ras du foyer, soufflait doucement sur les braises mourantes, soufflait comme on donne un baiser, pour ramener le sang dans la cendre.

Sitôt que les pommes de pin commençaient à brasiller, Madame de Breyves dressait les rondins; craignant d'étouffer le feu naissant, elle les montait comme ces huttes qu'on voit sur les gravures exotiques: avec une large base et des sommets croisés. Et c'est seulement quand des flammèches moins timides venaient lécher l'échafaudage, qu'avec précaution elle posait sur les chenets une première bûche, taillée en biseau et couchée sur l'arête pour ne pas peser. Les rondins qui pliaient quand même, qui roulaient jusqu'au chambranle, elle les rattrapait avec le tisonnier: un feu qui naît doit rester ramassé sur lui-même comme un chaton dans son panier. Elle le sermonnait avec tendresse: « On est trop petit, Monsieur, pour courir le monde; il faut d'abord manger, s'il vous plaît. » Et, s'emparant du soufflet de cuir, elle attisait la flamme patiemment, obstinément, pour aiguiser l'appétit du jeune fauve.

Lorsque la mince bûche de crête était prise à son tour, que les flammes s'élançaient vers le conduit, elle chargeait l'édifice d'une bûche plus épaisse, puis d'un vrai tronc. Cette architecture manquait parfois de stabilité: une bûche s'effondrait, un rondin, de nouveau, s'écartait; et de nouveau elle tâchait, en souriant, de ramener les égarés. Mais souvent ils glissaient encore, se brisaient, et finissaient par s'arrêter où ils voulaient. Alors elle n'insistait plus, reposait le tisonnier, et contemplait son œuvre: le feu était assez large désormais pour occuper tout le foyer, assez vigoureux pour que la place de tel ou tel élément devînt indifférente. Il avait choisi sa forme, il vivrait.

Un moment encore elle admirait cette splendeur à laquelle elle n'avait plus de part: ces flammes dorées qui s'élançaient vers le ciel, ces pétillements joyeux comme des éclats de rire, et cette chaleur qui, par ondes successives, gagnait la pièce, la maison, l'univers. Cette chaleur qui envahissait son corps... Puis, d'un geste décidé, elle plaçait entre le feu et elle la grille du pare-étincelles, comme un rideau qu'on tire; et elle s'éloignait, abandonnant à « Torchon »[1] le soin d'entretenir la flamme née de son souffle, de sa ferveur et de sa science.

L'Enfant des Lumières, Françoise Chandernagor, Éditions Gallimard, 1995.

1. Domestique de Madame de Breyves.

ACTIVITÉ 136 Les pronoms relatifs composés

Reliez les phrases avec un pronom relatif composé.

Elle admirait cette splendeur. Elle n'y avait plus de part.
→ Elle admirait cette splendeur ***à laquelle*** elle n'avait plus de part.

C'est une/la femme.

Je peux compter sur cette femme.
Nous avons confiance en elle.
Je lui ai prêté un livre.
Tu es assise devant elle.

Voici un/le cahier.

J'écris beaucoup de choses dessus.
Il y a des adresses à la fin.
Il y a des exercices dedans.
Mes clés sont cachées dessous.
Mon livre de grammaire est posé à côté.

ACTIVITÉ 137 Le feu

A. Complétez les phrases suivantes à l'aide d'un des mots choisi dans cette liste.

~~bûche~~ – braises – briller – brûle – cendres – ~~chenets~~ – coin – crépiter – ~~flammèches~~ – incendies – ~~lécher~~ – se propage – soldats.

1. C'est seulement quand des ***flammèches*** moins timides venaient ***lécher*** l'échafaudage, qu'avec précaution elle posait sur les ***chenets*** une première ***bûche***.
2. Dans le sud de la France, en été, il y a des ______________ de forêt. Le feu ______________ à une vitesse incroyable et ______________ toute la végétation. Heureusement, les pompiers, que l'on nomme aussi les ______________ du feu, les éteignent.
3. En hiver, lorsque nous sommes au ______________ du feu, j'adore entendre le feu ______________ et voir les flammes ______________.
4. Pour cuire de la viande au barbecue, il ne faut pas de flammes mais des ______________.
5. Quand le feu est éteint, il ne reste plus que les ______________.

B. Quelques expressions avec le mot *feu* : associez les phrases qui ont le même sens.

Je n'ai absolument rien vu quand le magicien a fait réapparaître l'as de pique. •
Ce stylo n'a vraiment pas duré longtemps ! •
Il meurt lentement et cruellement. •
Lucky Luke a tiré deux fois avec son revolver. •
Elle est enthousiaste ! •
J'en suis sûre ! •
Les soldats ont brûlé les maisons et tué tous les villageois. •
Rien ne presse, on a le temps ! •

• Il a tiré deux coups de feu.
• J'en mettrais ma main au feu !
• Il n'y a pas le feu !
• ***Je n'y ai vu que du feu !***
• Elle est tout feu tout flamme !
• Ils ont mis le pays à feu et à sang.
• Il meurt à petit feu.
• Il n'a pas fait long feu.

TEXTE 68

Camara Laye (1928-1980) est un écrivain guinéen d'expression française. Après un CAP de technicien passé en France, il ne trouve pas de travail en tant qu'ingénieur. Seul, désemparé, il commence à écrire l'histoire de son enfance. Cela donne *L'Enfant noir*, considéré par beaucoup comme l'un des textes fondateurs de la littérature africaine contemporaine. Il rentre en Guinée en 1956 mais, en 1963, il doit fuir la dictature de Ahmed Sékou Touré et s'exile au Sénégal. Son dernier roman (*Dramouss*, 1966) est d'ailleurs une condamnation du régime du dictateur guinéen.

Parvenus au champ qu'on moissonnerait en premier lieu, les hommes s'alignaient sur la lisière, le torse nu et la faucille prête. Mon oncle Lansana, ou tel autre paysan, car la moisson se faisait de compagnie et chacun prêtait son bras à la moisson de tous, les invitait alors à commencer le travail. Aussitôt les torses noirs se courbaient sur la grande aire dorée, et les faucilles entamaient la moisson. Ce n'était plus seulement la brise matinale à présent qui faisait frémir le champ, c'étaient les hommes, c'étaient les faucilles.

Ces faucilles allaient et venaient avec une rapidité, avec une infaillibilité aussi, qui surprenaient. Elles devaient sectionner la tige de l'épi entre le dernier nœud et la dernière feuille tout en emportant cette dernière ; eh bien ! elles n'y manquaient jamais. Certes, le moissonneur aidait à cette infaillibilité : il maintenait l'épi avec la main et l'offrait au fil de la faucille, il cueillait un épi après l'autre ; il n'en demeurait pas moins que la prestesse avec laquelle la faucille allait et venait, était surprenante. Chaque moissonneur au surplus mettait son honneur à faucher avec sûreté et avec la plus grande célérité ; il avançait, un bouquet d'épis à la main, et c'était au nombre et à l'importance des bouquets que ses pairs le jaugeaient.

Mon jeune oncle était merveilleux dans cette cueillette du riz : il y devançait les meilleurs. Je le suivais pas à pas, fièrement, et je recevais de ses mains les bottes d'épis. Quand j'avais à mon tour la botte dans la main, je débarrassais les tiges de leurs feuilles et les égalisais, puis je mettais les épis en tas ; et je prenais grande attention à ne pas trop les secouer, car le riz toujours se récolte très mûr, et étourdiment secoué, l'épi **eût abandonné**[1] une partie de ses grains. Je ne liais pas les gerbes que je formais ainsi : c'était là déjà du travail d'homme ; mais j'avais permission, la gerbe liée, de la porter au milieu du champ et de la dresser.

L'enfant noir, Camara Laye, Éditions Plon, 1953.

1. Aurait abandonné.

ACTIVITÉ 138 Les expressions avec *tel*

Complétez les phrases à l'aide des expressions ci-dessous.

rien de tel – tel ..., tel ... – tel quel – tel que – à tel point – telle – tels (2) – telles – telles que – telles quelles

1. Mon oncle Lansana, ou ***tel*** autre paysan, les invitait alors à commencer le travail.
2. Il n'y a ______________ : rien n'est pareil.
3. ______________ est ma décision : voilà ma décision.
4. Un ami ______________ lui saurait garder ce secret : un ami comme lui saurait garder le secret.
5. Je suis étonné qu'il tienne de ______________ propos : je suis étonné qu'il tienne ces propos-là.
6. Je rendrai ce travail ______________ : je rendrai ce travail sans modification.
7. Je suis fatigué ______________ que je ne peux pas me lever. Je suis tellement fatigué que je ne peux pas me lever.
8. (proverbe) ______________ père, ______________ fils : un fils ressemble à son père.
9. Si vos tartes sont ______________ vous le dites, j'en goûterais bien volontiers : si elles sont comme vous le dites, j'en goûterais bien volontiers.
10. Laissez vos affaires ______________, vous les retrouverez demain : laissez vos affaires en l'état, vous les retrouverez demain.
11. Je suis allée voir ______________ films et ______________ pièces de théâtre : je suis allé voir ces films et ces pièces de théâtre.

ACTIVITÉ 139 Les expressions avec *terre*

Complétez les phrases à l'aide des mots ci-dessous.

à – en – et – ferme – par – sous – sur – Ø – cuite

1. Les agriculteurs travaillent **Ø** la terre.
2. Ne jetez pas vos papiers ______________ terre !
3. Elle est toujours terre ______________ terre. Elle n'a aucune imagination.
4. Il avait tellement honte qu'il voulait rentrer ______________ terre.
5. Dans la cuisine, les dalles en terre ______________ sont très anciennes.
6. Après deux jours de voyage en bateau, il posa enfin les pieds sur la terre ______________.
7. Pourquoi est-on ______________ terre ? Quels sont nos projets ?
8. Ils ont remué ciel ______________ terre pour pouvoir faire ce voyage.
9. Cet aristocrate s'est retiré ______________ ses terres.
10. Ces arbustes ne poussent pas en pot mais ______________ pleine terre.
11. Elle est réaliste. Elle a les pieds ______________ terre.

TEXTE 69

En 1954, Jacques **Lanzmann** (1927-2006) publie son premier roman qui est alors remarqué par Simone de Beauvoir; sa carrière littéraire est lancée. Il est aussi parolier et jusqu'à sa mort, il écrira des chansons pour de nombreux chanteurs français, mais surtout pour Jacques Dutronc avec qui il est lié d'amitié depuis 1965. En 1968, en collaboration avec sa femme, Anne Segalen, Lanzmann écrit pour son ami *Il est cinq heures, Paris s'éveille*. Dutronc compose la musique et l'interprète. Cette chanson est un des plus grands succès du chanteur et c'est peut-être la chanson française la plus connue à l'étranger. Elle révèle en effet le profond amour que Lanzmann éprouve pour la ville où il a vécu et où il est enterré.

Il est cinq heures...

Je suis le dauphin de la place Dauphine
Et la place Blanche a mauvaise mine
Les camions sont pleins de lait
Les balayeurs sont pleins de balais

Il est cinq heures
Paris s'éveille
Paris s'éveille

Les travestis vont se raser
Les stripteaseuses sont rhabillées
Les traversins sont écrasés
Les amoureux sont fatigués

Il est cinq heures
Paris s'éveille
Paris s'éveille

Le café est dans les tasses
Les cafés nettoient leurs glaces
Et sur le boulevard Montparnasse
La gare n'est plus qu'une carcasse

Il est cinq heures
Paris s'éveille
Paris s'éveille

Les banlieusards sont dans les gares
A la Villette on tranche le lard
Paris by night, regagne les cars
Les boulangers font des bâtards

Il est cinq heures
Paris s'éveille
Paris s'éveille

La tour Eiffel a froid aux pieds
L'Arc de Triomphe est ranimé
Et l'Obélisque est bien dressé
Entre la nuit et la journée

Il est cinq heures
Paris s'éveille
Paris s'éveille

Les journaux sont imprimés
Les ouvriers sont déprimés
Les gens se lèvent, ils sont brimés
C'est l'heure où je vais me coucher

Il est cinq heures
Paris se lève
Il est cinq heures
Je n'ai pas sommeil

«Il est cinq heures Paris s'éveille», auteurs Jacques Lanzmann et Anne Segalen, compositeur Jacques Dutronc, Éditions Musicales Alpha, 1968.

ACTIVITÉ 140 Conjugaison des verbes pronominaux

Conjuguez les verbes ci-dessous au temps et au mode indiqués.

1. (s'éveiller, présent, indicatif) Il est cinq heures/Paris ***s'éveille***.
2. (se croire, présent, indicatif) Ils ______________ tout permis.
3. (se promener, présent, conditionnel) Et pourquoi ne ______________-tu pas au bord de la Seine ?
4. (s'ennuyer, passé composé, indicatif) Nous ______________ mortellement ______________ à cette fête !
5. (se lever, présent, indicatif) Les boulangers ______________ tôt.
6. (se fier, présent, subjonctif) Il ne faut pas que vous ______________ à n'importe qui.
7. (s'en aller, présent, conditionnel) Je ______________ bien en vacances deux ou trois jours !
8. (s'inscrire, passé composé, indicatif) Elles ______________ à un cours de dessin.
9. (s'agir, futur simple, indicatif) Il ______________ de faire plus attention la prochaine fois.
10. (se prendre, présent, indicatif) Mais enfin, vous ______________ pour qui ?
11. (s'y connaître, présent, indicatif) Tu ______________ en art moderne ?

ACTIVITÉ 141 Les spectacles

De quel spectacle ou de quel artiste du spectacle s'agit-il ? La liste ci-dessous et les définitions suivantes devraient vous aider à les trouver.

ballet – cirque – comédie musicale – concert – funambule – jongleur – marionnettes – prestidigitateur – solo – ~~striptease~~ – théâtre

1. Spectacle de cabaret pendant lequel un homme ou une femme se déshabille lentement et en musique → Un ***striptease***.
2. Représentation d'une suite d'événements au cours desquels des êtres humains parlent et agissent devant le public. → Le ______________
3. Spectacle pendant lequel un être humain actionne une figurine avec ses mains ou avec des fils. → Un spectacle de ______________
4. Spectacle pendant lequel sont présentés divers numéros : d'acrobates, de dompteurs, de clowns, etc. → Le ______________
5. Spectacle pendant lequel une seule personne divertit le public. → Un spectacle en ______________
6. Spectacle pendant lequel des musiciens interprètent une œuvre musicale. → Un ______________
7. Spectacle qui nécessite des personnes qui dansent et qui chantent. → Une ______________
8. Spectacle pendant lequel des danseurs interprètent une œuvre chorégraphique. → Un ______________
9. Artiste du spectacle qui lance en l'air plusieurs boules avec beaucoup d'habileté. → Un ______________
10. Artiste du spectacle qui exécute des tours de passe-passe. → Un ______________
11. Artiste du spectacle qui marche sur une corde tendue dans l'air. → Un ______________.

TEXTE 70

Philippe DELERM naît en région parisienne en 1950. Il est professeur de lettres jusqu'en 2007 puis met un terme à sa carrière d'enseignant afin de se consacrer pleinement à son travail d'écrivain.

Il se fait connaître du grand public en 1997 avec La première gorgée de bière et autres plaisirs minuscules *où il décrit des petits riens qui font partie de la vie : une scène sur un quai de gare ou une sortie en voiture, par exemple.*

Le dimanche soir

Le dimanche soir ! On ne met pas la table, on ne fait pas un vrai dîner. Chacun va tour à tour piocher au hasard de la cuisine un casse-croûte encore endimanché — très bon le poulet froid dans un sandwich à la moutarde, très bon le petit verre de bordeaux bu sur le pouce, pour finir la bouteille. Les amis sont partis sur le coup de six heures. Il reste une longue lisière. On fait couler un bain. Un vrai bain de dimanche soir, avec beaucoup de mousse bleue, beaucoup de temps pour se laisser flotter entre deux riens ouatés, brumeux. Le miroir de la salle de bains devient opaque, et les pensées se ramollissent. Surtout ne pas penser à la semaine qui s'achève, encore moins à celle qui va commencer. Se laisser fasciner par ces petites vagues au bout des doigts fripés par la mouillure chaude.

Et puis, quand tout est vide, s'extirper enfin. Prendre un bouquin ? Oui, tout à l'heure. À présent, une émission télévisée fera l'affaire. La plus idiote conviendra. Ah — regarder pour regarder, sans alibi, sans désir, sans excuse ! C'est comme l'eau du bain : une hébétude qui vous engourdit d'un bien-être palpable. On se croit tout confortable jusqu'à la nuit, en pantoufles dans sa tête. Et c'est là qu'elle vient, la petite mélancolie. Le téléviseur peu à peu devient insupportable, et on l'éteint. On se retrouve ailleurs, parfois jusqu'à l'enfance, avec de vagues souvenirs de promenades à pas comptés, sur fond d'inquiétudes scolaires et d'amours inventées. On se sent traversé. C'est fort comme une pluie d'été, ce petit vague à l'âme qui s'invite, ce petit mal et bien qui revient, familier — c'est le dimanche soir. Tous les dimanches soir sont là, dans cette fausse bulle où rien n'est arrêté. Dans l'eau du bain les photos se révèlent.

« Le dimanche soir », *La première gorgée de bière et autres plaisirs minuscules,*
Philippe Delerm, Éditions Gallimard, L'Arpenteur, 1997.

ACTIVITÉ 142 *Faire* + infinitif

Regardez les exemples.

On fait couler un bain.

Après le cambriolage de mon appartement, *j'ai fait mettre* un verrou supplémentaire sur la porte.

Nous avons fait installer notre chauffe-eau par un électricien du quartier.

Tu as fait manger tes enfants avant l'arrivée de la baby-sitter.

Vous avez fait dessiner les plans de votre future maison par un architecte renommé.

À vous ! Faites des phrases avec *faire* et les infinitifs ci-dessous.

1. brûler : ______________
2. entrer : ______________
3. suivre : ______________
4. traduire : ______________
5. venir : ______________

ACTIVITÉ 143 Expressions avec le mot *coup*

Retrouvez les expressions avec le mot *coup* en complétant les phrases suivantes à l'aide des mots de la liste ci-dessous.

après – dur – État – foudre – fourchette – ~~heures~~ – main – premier – soleil – sûr – tenez – tête

1. Les amis sont partis sur le coup de six *heures*.
2. Ils se sont aimés dès le premier regard ; cela a été un vrai coup de ______________.
3. (familier) Il a toujours un bon appétit ! Il a vraiment un bon coup de ______________.
4. Ils ont acheté leur maison comme ça, sans réfléchir, sur un coup de ______________.
5. Je suis content : mon fils ne passera pas l'oral de rattrapage car il est reçu au bac du ______________ coup.
6. J'appelle les secours tout de suite. Ne vous inquiétez pas, ______________ le coup !
7. Il est à coup ______________ à l'origine de cette malversation. J'en suis persuadé !
8. Dans ce pays, la situation politique est instable car il y a un coup d'______________ tous les trois mois.
9. (familier) La pauvre, elle vient d'être licenciée. C'est vraiment un coup ______________.
10. Tu veux bien me donner un coup de ______________ pour déplacer ce meuble, s'il te plaît ?
11. Il a cru qu'il pouvait faire confiance à son associé. Il s'est rendu compte de son erreur, trop tard, ______________ coup.
12. Il faut se mettre de la crème quand on bronze pour éviter les coups de ______________.

ACTIVITÉ 144 Un moment de bien-être

Quel est le moment de la journée ou de la semaine où vous vous sentez bien ? Décrivez vos sensations et vos sentiments.

____

TEXTE 71

Ludovic Halévy (1834-1908) et **Henri Meilhac** (1831-1897) sont deux librettistes d'opérettes. Ils se rencontrent en 1860 et, pendant vingt ans, vont écrire des livrets pour, entre autres, le compositeur Jacques Offenbach (1819-1881), propriétaire du théâtre des Bouffes Parisiens et inventeur de l'opéra-bouffe, à caractère fortement comique. Pour lui, ils écrivent *La Belle Hélène*, *La Périchole*, et *La Vie parisienne*. On leur doit aussi le livret du célèbre opéra de Georges Bizet, *Carmen* (1875).

La Guerre de Troie est un événement que les historiens situent au XII*e siècle av. J.-C. et qui a opposé les Grecs et les Troyens*[1]*. Contrairement à Giraudoux (voir Texte 38), Offenbach traite le sujet avec humour et impertinence. Dans l'extrait ci-dessous, Hélène se regarde dans son miroir et se lamente sur son sort.*

On me nomme Hélène la blonde,
La blonde fille de **Léda**[2].
J'ai fait quelque bruit dans le monde:
Thésée[3], **Arcas**[4] et cætera.
Et pourtant ma nature est bonne,
Mais le moyen de résister
Alors que **Vénus**[5], la friponne,
Se complaît à vous tourmenter.

Dis-moi, Vénus, quel plaisir trouves-tu
À faire ainsi cascader la vertu?

Nous naissons toutes soucieuses
De garder l'honneur de l'époux,
Mais des circonstances fâcheuses
Nous font mal tourner malgré nous!
Témoin l'exemple de ma mère,
Quand elle vit le cygne altier,
Qui, vous le savez, est mon père,
Pouvait-elle se méfier?

Dis-moi, Vénus, quel plaisir trouves-tu
À faire ainsi cascader la vertu?

Ah, malheureuses que nous sommes!
Beauté, fatal présent des cieux!
Il faut lutter contre les Dieux.
Il faut lutter contre les hommes,
Vous le voyez tous, moi je lutte,
Je lutte et ça ne sert à rien,
Un jour ou l'autre, il faudra bien.

Dis-moi, Vénus, quel plaisir trouves-tu
À faire ainsi cascader la vertu?

La belle Hélène, Ludovic Halévy
et Henri Meilhac, 1864.

1. La légende raconte que les Grecs ont attaqué les Troyens parce que Pâris, un des fils du roi de Troie, a enlevé Hélène, la femme du roi grec Ménélas. Ce conflit a inspiré beaucoup d'écrivains depuis l'Antiquité, le premier étant Homère.
2. Femme séduite par Zeus, roi des dieux dans la mythologie grecque, qui se changea en cygne pour la séduire.
3. Roi d'Athènes qui avait enlevé Hélène.
4. Fils de Zeus et roi d'Arcadie.
5. Déesse de la beauté et de l'amour dans la mythologie romaine.

ACTIVITÉ 145 L'indéfini *Tout*

Complétez les phrases avec la forme de *tout* qui convient.

1. Nous naissons ***toutes*** soucieuses de garder l'honneur de l'époux.
2. Par miracle, ______________ est devenu clair.
3. Elles étaient ______________ arrivées à l'heure.
4. Les arbres seront ______________ enneigés.
5. En ______________ cas, je serai heureuse de partir avec vous.
6. Vous aurez besoin d'un quart d'heure en ______________ pour terminer ce travail.
7. Mes voisins ? Je ne les connais pas ______________.
8. Tu dois ______________ manger si tu veux grandir, dit la maman.
9. Ils sont ______________ le temps en train de se disputer.
10. C'est ______________ ce que je voulais dire.
11. Venez dîner mais c'est en ______________ simplicité !
12. Il est agaçant, il me téléphone ______________ les dix minutes !
13. Écrivez en ______________ lettres.
14. Il a tort, c'est ______________ le contraire !

ACTIVITÉ 146 Les dieux et leur symbole

Reliez chaque dieu à son symbole.

Les dieux	Les symboles
Apollon •	• L'amour
Bacchus •	• ***La beauté***
Cupidon •	• La guerre
Eole •	• La lumière
Hermès •	• La maternité
Junon •	• La mer
Mars •	• Le message
Neptune •	• La toute-puissance
Vénus •	• Le vent
Zeus •	• Le vin

TEXTE 72

Wei-Wei naît en 1957 en Chine. Elle vit actuellement en Angleterre mais s'exprime en français dans ses romans. Elle se fait connaître en France en 2001 avec *Fleurs de Chine*. Dans *Une fille Zhuang* [1], elle raconte sa jeunesse et évoque son apprentissage de la langue française.

Wei-Wei voudrait étudier la médecine traditionnelle chinoise mais les autorités chinoises lui demandent d'étudier le français pour les besoins de l'État. En effet, la Chine a besoin d'interprètes pour une mission humanitaire en Afrique francophone !

Tous ces chocs, autant linguistiques que culturels, ne sont rien auprès de celui que me réserve encore le français : la conjugaison !

En chinois, les verbes comme tous les autres signes, dans leur monosyllabisme et dans leur valeur idéographique, sont invariables et indéclinables. Ils s'emploient toujours à l'infinitif. Pour indiquer que l'action se passe actuellement ? Pour la situer dans un passé lointain ou dans un avenir tout proche ? Rien de plus simple : on ajoute un adverbe ou une expression adverbiale, tels que *maintenant, autrefois, hier, demain, l'année dernière, l'été prochain, tout à l'heure, plus tard,* etc. On peut même se contenter de le suggérer par quelques images très évocatrices, comme le firent si souvent et avec tant d'ingéniosité nos grands poètes de la grande époque des Tang.

Mais dans la langue française les verbes varient selon les personnes, les modes et les temps. Première personne, deuxième personne, troisième personne, indicatif, impératif, conditionnel, subjonctif, présent, imparfait, futur simple, futur antérieur, passé simple, passé composé, plus-que-parfait… Tant de concepts à comprendre ! Tant de nuances à saisir ! Tant de formes à retenir par cœur ! Les verbes réguliers, ça va encore, mais les verbes irréguliers, les verbes pronominaux, les auxiliaires… Certains changent tellement qu'ils deviennent parfois, oh quelle horreur ! complètement méconnaissables. Qui aurait pensé que *vont* n'est qu'une des formes de l'indicatif présent du verbe *aller* ? Qui aurait cru que *eu* est en fait le participe passé du verbe *avoir* ? Et comme si cela ne suffisait pas, il y a encore toutes ces règles d'emploi, toutes ces exigences de concordance à s'en faire sauter la tête…

Pourquoi de telles divergences entre les deux langues ? Pourquoi les Français ne se contentent-ils pas, comme nous les Chinois, des verbes infinitifs ? Pourquoi ont-ils au contraire créé un système si complexe et si difficile à assimiler ?

Je confie mes frustrations à M. Zhao qui relaie M. Chen pour nous initier à la grammaire du français.

Il sourit :

Bonnes questions ! Je n'ai pas de réponse toute faite, mais à mon avis ces divergences reflètent les façons fondamentalement différentes dont les Chinois et les Français perçoivent le temps. Dans la pensée chinoise, le temps est un écoulement continu, sans début ni fin, qui ne peut être ni arrêté ni découpé, et sur lequel l'homme n'a pas

1. Les Zhuang sont l'une des nombreuses minorités nationales chinoises.

de prise. *Yong*, notre idéogramme pour éternité, ne représente-t-il pas l'image d'un homme debout sur la rive en train de contempler un écoulement d'eau ininterrompu ?

Une fille Zhuang, Wei-Wei, Éditions de l'Aube, 2006.

ACTIVITÉ 147 La conjugaison

Wei-Wei évoque les difficultés de la conjugaison des verbes irréguliers français. Et vous, où en êtes-vous ? Conjuguez les verbes entre parenthèses aux modes et temps indiqués.

1. (faire, indicatif, présent) Que ______________-vous ce week-end ?
2. (apprendre, indicatif, passé composé) Ce que j'ai fait à Marseille ? Je ______________ le français, et maintenant, je le parle « avé l'assent » !
3. (devoir, subjonctif, présent) Je ne pense pas que tu ______________ faire ça !
4. (recevoir, indicatif, présent) Quand est-ce que tu ______________ tes amis suisses ?
5. (boire, indicatif, imparfait) Il ______________ trop et il est tombé gravement malade.
6. (réduire, subjonctif, présent) Il faut que nous ______________ nos dépenses !
7. (croire, indicatif, présent) Vous ______________ qu'il a tort ?
8. (cueillir, indicatif, futur simple) A la campagne, je ______________ quelques fleurs et les rapporterai pour les mettre dans un vase.
9. (dire, subjonctif, présent) Que veux-tu que je te ______________ ? Je ne sais pas de quoi tu parles !
10. (écrire, indicatif, présent) Elles ______________ souvent à leurs amis étrangers.
11. (lire, indicatif, passé composé) Tu ______________ le dernier livre de Wei-Wei ?
12. (promettre, indicatif, présent) Je te ______________ que je serai là !
13. (éteindre, impératif, présent) ______________ les lumières avant de partir, s'il vous plaît !
14. (sortir, indicatif, présent) Tu ______________ les poubelles, s'il te plaît ?
15. (convenir, indicatif, présent) Nous nous verrons à l'heure qui vous ______________.
16. (valoir, indicatif, présent) Monsieur, s'il vous plaît, combien ______________ ce canapé ?
17. (vivre, indicatif, passé composé) Elles ______________ plusieurs années en Afrique.
18. (vouloir, indicatif, présent) Elles ______________ partir en Inde cet été.
19. (aller, subjonctif, présent) Crois-tu qu'il faut que je ______________ à cette réunion ?
20. (courir, indicatif, futur simple) Cet athlète ______________ le 100 mètres haies pour la France.

ACTIVITÉ 148 Le français et ma langue maternelle

Quelles sont les plus grandes difficultés que vous rencontrez dans l'apprentissage du français ? Quelles sont les principales différences entre votre langue et le français ?

____

____

TEXTE 73

Michel Tournier naît en 1924. Il fait une partie de ses études de philosophie en Allemagne. Il commence à écrire assez tard, à 43 ans, mais son premier roman, *Vendredi ou les Limbes du Pacifique*, est très remarqué. Trois ans plus tard, son deuxième roman, *Le Roi des Aulnes* (inspiré d'un célèbre poème de Goethe : *Der Erlkönig*), a encore plus de succès. En 1977, il publie *Vendredi ou la vie sauvage*, version pour la jeunesse de son premier roman.

Dans ce roman, Michel Tournier reprend librement l'histoire de Robinson Crusoë. Pour lui, la vision de Defoe est colonisatrice car Robinson veut à tout prix reconstituer l'Angleterre qu'il a perdue. Lui-même humanise le personnage de Robinson, comme dans cet extrait, situé avant la rencontre avec Vendredi.

Robinson n'avait jamais été coquet et il n'aimait pas particulièrement se regarder dans les glaces. Pourtant cela ne lui était pas arrivé depuis si longtemps qu'il fut tout surpris, un jour, en sortant un miroir d'un des coffres de La Virginie, de revoir son propre visage. En somme il n'avait pas tellement changé, si ce n'est peut-être que sa barbe avait allongé et que de nombreuses rides nouvelles sillonnaient son visage. Ce qui l'inquiétait tout de même, c'était l'air sérieux qu'il avait, une sorte de tristesse qui ne le quittait jamais. Il essaya de sourire. Là, il éprouva comme un choc en s'apercevant qu'il n'y arrivait pas. Il avait beau se forcer, essayer à tout prix de plisser ses yeux et de relever les bords de sa bouche, impossible, il ne savait plus sourire. Il avait l'impression maintenant d'avoir une figure en bois, un masque immobile, figé dans une expression maussade. À force de réfléchir, il finit par comprendre ce qui lui arrivait. C'était parce qu'il était seul. Depuis trop longtemps il n'avait personne à qui sourire, et il ne savait plus ; quand il voulait sourire, ses muscles ne lui obéissaient pas. Et il continuait à se regarder d'un air dur et sévère dans la glace, et son cœur se serrait de tristesse. Ainsi il avait tout ce qu'il lui fallait sur cette île, de quoi boire et manger, une maison, un lit pour dormir, mais pour sourire, personne, et son visage en était comme glacé.

C'est alors que ses yeux s'abaissèrent vers Tenn. Robinson rêvait-il ? Le chien était en train de lui sourire ! D'un seul côté de sa gueule, sa lèvre noire se soulevait et découvrait une double rangée de crocs. En même temps, il inclinait drôlement la tête sur le côté, et ses yeux couleur de noisette se plissaient d'ironie. Robinson saisit à deux mains la grosse tête velue, et ses paupières se mouillèrent d'émotion, cependant qu'un tremblement imperceptible faisait bouger les commissures de ses lèvres. Tenn faisait toujours sa grimace, et Robinson le regardait passionnément pour réapprendre à sourire.

Désormais, ce fut comme un jeu entre eux. Tout à coup, Robinson interrompait son travail, ou sa chasse, ou sa promenade sur la grève, et il fixait Tenn d'une certaine façon. Et le chien lui souriait à sa manière, cependant que le visage de Robinson redevenait souple, humain et souriait peu à peu à son tour.

Michel Tournier, *Vendredi ou la vie sauvage*, Éditions Gallimard, 1977.

ACTIVITÉ 149 L'expression de la cause

Regardez les exemples.

Son cœur se serrait ***de tristesse.*** → Son cœur se serrait ***parce qu'il était triste***.

Merci ***pour ton gentil message*** ! → Je te remercie ***parce que tu m'as écrit un gentil message***.

Il a obtenu ce poste ***grâce à ses relations***. → Il a obtenu ce poste ***parce qu'il a des relations***.

Cette route est bloquée ***en raison d'une inondation***. → Cette route est bloquée ***parce qu'il y a eu une inondation***.

À vous ! Transformez les phrases suivantes comme dans les exemples.

1. Dijon est réputée parce qu'elle produit une excellente moutarde.
2. Elle a réussi ses examens parce qu'elle a beaucoup travaillé.
3. Il est triste parce que tu as été méchant avec lui.
4. Nous avons passé un très bon séjour parce que tout était bien organisé.
5. Le service est perturbé parce qu'il y a une grève des transports.
6. Elle a renoncé à acheter un appartement parce que les prix avaient augmenté.
7. Il gémissait parce qu'il avait mal.
8. Ils n'ont pas pu skier toute la semaine parce qu'il a fait mauvais.
9. Je te remercie parce que tu m'as aidé.

ACTIVITÉ 150 *Connaître/Savoir*

Regardez les exemples.

Robinson ne ***sait*** plus sourire.

Robinson ***sait*** qu'il est seul sur cette île.

Robinson ne ***connaît*** pas la position de son île sur la carte.

Robinson ***connaît*** bien son chien.

À vous ! Complétez les phrases avec *savoir* ou *connaître*, conjugués aux temps indiqués entre parenthèses.

1. (présent de l'indicatif) Elle ______________ que tu viens de te marier.
2. (imparfait) Je ______________ cet homme mais je ne l'ai pas vu depuis des années.
3. (futur simple) Tu ______________ bien trouver une solution !
4. (passé composé) Nous ______________ tirer le meilleur parti de cette situation.
5. (présent de l'indicatif) Vous ______________ ce réalisateur ?
6. (imparfait) Je ______________ que cela allait se passer comme ça !
7. (futur simple) Ne t'inquiète pas ! Tu ______________ plein de gens intéressants là-bas !
8. (passé composé) Je ______________ une fille qui s'appelait Sophie mais je doute que ce soit elle que tu cherches.

TEXTE 74

RIDAN, c'est Nadir écrit à l'envers. En effet, le vrai nom de ce chanteur d'origine algérienne né en 1975 est Nadir Kouidri. Il commence par pratiquer le rap, puis aborde une musique plus mélodieuse qui contraste parfois avec la dureté de ses textes. L'artiste, qui se veut l'héritier des chanteurs Georges Brassens (1921-1981) et Renaud (né en 1952), parle de la place de l'individu dans la société, de son malaise, mais aussi de ses espoirs. C'est son deuxième album, *L'Ange de mon démon* (2007) qui lui apporte la célébrité, notamment son interprétation très remarquée du poème *Heureux qui comme Ulysse*[1] de Joachim Du Bellay (XVIe siècle).

« L'agriculteur », extrait de l'album Le rêve ou la vie, *exprime le désir de fuir la ville pour retrouver une vie au milieu de la Nature. Dans cette chanson, Ridan refuse aussi l'importance que notre société donne à l'argent.*

L'agriculteur

J'allume mon poste de télé
Pour admirer ce qu'il s'y passe
Un milliardaire s'envoie en l'air
Quitte l'atmosphère pour voir l'espace
Je troque son bol d'air et sa cuiller
Contre un p'tit verre sur ma terrasse
J'en ai ras le bol de tout ce béton
J'ai la folie des grands espaces

Mais qu'est-ce qui se passe
dans nos petites têtes
On s'entasse tous comme des sardines
Dans les grosses boîtes que l'on conserve
Le petit poisson doit suivre sa ligne

Refrain
Et puis merde,
J'ai décidé de vivre loin sur la colline
De vivre seul dans une maison
Avec la vue sur ma raison
Je préfère vivre pauvre avec mon âme
Que vivre riche avec la leur
Et si le blé me file du bonheur,
Je me ferai peut-être agriculteur

Y'a trop de feux rouges
dans les grandes villes
J'ai préféré me mettre au vert
J'ai plus de bonheur à vivre en paix
Qu'à m'admirer au fond d'un verre
Je boirai l'eau saine de mon ruisseau
Plutôt que l'eau sale du fond de la Seine
Chargée en plomb et en histoire
Que la surface ne laisse plus voir

Je ferai des bornes pour m'éloigner
Pour me retrouver face au miroir
Juste une seconde de vérité
Pour que mon passé coule sous les ponts
Je ferai des bornes pour m'éclipser
Pour me retrouver face à que dalle
Juste une seconde de vérité
Pour contempler ce qu'on est tous

(Refrain)

Ça fait longtemps que je n'ai plus vu
Ce coin de soleil à l'horizon
Ça fait longtemps que je l'attendais
La petite lueur de la raison
Une petite chanson au clair de lune
Pour réchauffer nos cœurs de pierre
Le grand retour à l'essentiel
Le feu de bois éclaire le ciel

1. Voir *Anthologie de la littérature française*, Belin, 2007, p. 20

La mélodie de la Nature
Reprend ses droits sur la folie
C'est toute la vie qui nous observe
Que l'on oublie au fil du temps

La mélodie, celle de la vie,
Celle qu'on consume à chaque instant
Tous nos acquis s'écrasent au sol
Et j'ai choisi… la clé des champs

« L'Agriculteur », *Le rêve ou la vie*, auteur compositeur Nadir Kouidri, compositeur Alain Félix, Universal Music Publishing MGB France, 2004.

ACTIVITÉ 151 L'expression de la condition

Terminez les phrases suivantes en observant bien les temps utilisés dans l'exemple.

1. Et si le blé me *file* du bonheur,/Je me *ferai* peut-être agriculteur.
2. Si la chance me sourit, je ____________________
3. Si ____________________, on ira se promener au bord de la Seine.
4. S'ils gagnent au loto, ils ____________________
5. Si ____________________, tu arriveras en retard.
6. Si tout va bien, nous ____________________
7. Si ____________________, ils nous enverront une carte.
8. Si vous le désirez, vous ____________________
9. Si ____________________, elle viendra en métro.
10. Si elles viennent à Paris, elles ____________________
11. Si ____________________, j'aurai des problèmes avec mon directeur !

ACTIVITÉ 152 L'environnement

Choisissez la bonne réponse.

1. Dans les grandes villes, il y a des pistes *vélos – cyclables*.
2. L'air des grandes villes est **polluant – pollué**.
3. **La reconversion – Le recyclage** des ordures ménagères aide à protéger l'environnement.
4. Il existe des poubelles de différentes couleurs pour **sélectionner – trier** les déchets.
5. Par exemple, on recycle le verre **usagé – utilisé**.
6. La pollution est **nocive pour – nuisible à** l'environnement.
7. Certaines villes essaient d'**aménager – emménager** plus d'espaces verts.
8. Les voitures sont **polluantes – polluées**.
9. **L'essence – La gazoline** sans plomb est un carburant propre.
10. Les écologistes sont inquiets à cause de la destruction de **la cape – la couche** d'ozone.
11. Les écologistes redoutent aussi les conséquences du **réchauffage – réchauffement** de la planète.

TEXTE 75

Andréï Makine naît en Russie en 1957 mais il est d'origine française par sa grand-mère maternelle. Il arrive en France en 1987, décide d'y rester et obtient alors l'asile politique. Il se consacre à l'écriture et donne des cours de russe. Le succès arrive avec *Le Testament français*, roman d'inspiration autobiographique, et par conséquent roman des origines mais aussi de la quête de l'identité.

Un jour, je tombai sur une photo que je n'aurais pas dû voir… Je passais mes vacances chez ma grand-mère, dans cette ville aux abords de la steppe russe où elle avait échoué après la guerre. C'était à l'approche d'un crépuscule d'été chaud et lent qui inondait les pièces d'une lumière mauve. Cet éclairage un peu irréel se posait sur les photos que j'examinais devant une fenêtre ouverte. Ces clichés étaient les plus anciens de nos albums. Leurs images franchissaient le cap immémorial de la révolution de 1917, ressuscitaient le temps des Tsars, et qui plus est, perçaient le rideau de fer très solide à cette époque, m'emportant tantôt sur le parvis d'une cathédrale gothique, tantôt dans les allées d'un jardin dont la végétation me laissait perplexe par sa géométrie infaillible. Je plongeais dans la préhistoire de notre famille…

Soudain, cette photo !

Je la vis quand, par pure curiosité, j'ouvris une grande enveloppe glissée entre la dernière page et la couverture. C'était cet inévitable lot des clichés qu'on ne croit pas dignes de figurer sur le carton rêche des feuilles, des paysages qu'on ne parvient plus à identifier, des visages sans relief d'affection ou de souvenirs. Un lot dont on se dit chaque fois qu'il faudrait, un jour, le trier pour décider du sort de toutes ces âmes en peine…

C'est au milieu de ces gens inconnus et de ces paysages tombés dans l'oubli que je la vis. Une jeune femme dont l'habit jurait étrangement avec l'élégance des personnages qui se profilaient sur d'autres photos. Elle portait une grosse veste ouatée d'un gris sale, une chapka d'homme aux oreillettes rabattues. Elle posait en serrant contre sa poitrine un bébé emmitouflé dans une couverture de laine.

« Comment a-t-elle pu se faufiler, me demandais-je avec stupeur, parmi ces hommes en frac et ces femmes en toilette du soir ? » Et puis autour d'elle, sur d'autres clichés, ces avenues majestueuses, ces colonnades, ces vues méditerranéennes. Sa présence était anachronique, déplacée, inexplicable. Dans ce passé familial, elle avait l'air d'une intruse avec son accoutrement que seules affichaient de nos jours les femmes qui, en hiver, déblayaient les amas de neige sur les routes…

Je n'avais pas entendu ma grand-mère entrer. Elle posa sa main sur mon épaule.

Je sursautai, puis en montrant la photo, je lui demandai :

– Qui c'est, cette femme ?

Un bref éclair d'affolement passa dans les yeux immanquablement calmes de ma grand-mère. D'une voix presque nonchalante, elle répondit par une question :

– Quelle femme ?

Le Testament français, Andreï Makine, Éditions du Mercure de France, 1995.

ACTIVITÉ 153 Les congés payés en France

Entourez la bonne réponse.

1. En quelle année les Français ont-ils profité pour la première fois de leurs congés payés ? 1918 – 1936 – 1945
2. À cette date-là, les Français disposaient de combien de jours de congés payés ? 2 – 5 – 10
3. Quel chef du gouvernement est à l'origine de cette loi ? Léon Blum – François Mitterrand – Nicolas Sarkozy
4. Où la grande majorité des Français sont-ils allés ? À l'étranger – À la mer – À la montagne
5. Actuellement, les Français disposent de combien de jours de congés payés ? 25 – 26 – 27
6. Quel ministère a été créé à la suite de cet événement ? Le Ministère de la Culture – Le Ministère du Tourisme – Le Ministère du Travail

ACTIVITÉ 154 Les prépositions *par* et *pour*

Complétez les phrases avec les prépositions *par* ou *pour*.

1. Je la vis quand, *par* pure curiosité, j'ouvris une grande enveloppe.
2. Il a dit cela ______________ bêtise !
3. Il a été arrêté ______________ homicide involontaire.
4. Ils ont appris ce poème ______________ cœur.
5. Elle a ces personnes ______________ amis.
6. J'ai acheté ce meuble ______________ trois fois rien.
7. ______________ bonheur, nous nous sommes retrouvés.
8. Il y a un an jour ______________ jour qu'elle a arrêté de fumer.
9. Je t'en supplie ! Ne fais pas ça ! ______________ pitié !
10. Vous me prenez ______________ un idiot ?
11. Nous sommes partis ______________ une belle matinée de printemps.

ACTIVITÉ 155 Un souvenir d'enfance

Racontez un souvenir heureux ou malheureux qui a marqué votre enfance.

____

____

____

TEXTE 76

Dominique Bona naît en 1953 dans les Pyrénées-Orientales. Elle est professeur de Lettres modernes, puis devient journaliste et critique littéraire. Elle a été récompensée pour plusieurs de ses œuvres.

En 2000, elle écrit Berthe Morisot, le secret de la femme en noir *qui présente la seule femme du groupe des impressionnistes au milieu d'Edouard Manet, Edgar Degas, Claude Monet, Auguste Renoir.*

Si Marie Bracquemond a sacrifié son épanouissement de peintre, d'autres comme Camille Claudel, et d'une manière moins violente mais aussi radicale, Suzanne Valadon, ont sacrifié leur vie de femme. Camille Claudel s'éloigne de Rodin, Suzanne perd Toulouse-Lautrec… Comme si de deux artistes, homme et femme qui travaillent côte à côte, l'un devait renoncer – ou partir – pour que l'autre soit. Berthe Morisot, elle, refuse de choisir. Elle assume ensemble ses deux destins : l'artiste et la femme se réconcilient en elle. Le métier et la vie de famille cessent de s'opposer. Elle est l'exemple même d'une harmonie voulue, organisée et méritée. En son temps mais encore aujourd'hui, son accomplissement est un modèle de défi personnel.

Mais ce miracle eût-il été possible, sans son association avec Eugène [1] ? Cet homme n'est pas son enfer, il est son ami. Si elle peut se consacrer librement à son travail, c'est aussi grâce à lui. […]

Berthe Morisot, qui aime peindre des scènes de la vie familiale, n'a toutefois que rarement représenté le couple. Une seule de ses toiles, baptisée *Le Déjeuner sur l'herbe* comme les œuvres célèbres de Manet (1863), de Monet (1865), de Cézanne (1869), lève le voile sur sa vision idéale du bonheur conjugal. On y voit, mi-allongée, mi-assise sur l'herbe, à l'ombre, une jeune femme en robe claire et chapeau de paille, occupée à choisir des fruits dans une assiette. À ses côtés, à plat ventre, canotier [2] sur la tête, un homme à barbe blond-roux la contemple. C'est Eugène Manet qui a posé. La femme est un modèle professionnel dont on ignore le nom. Ce pourrait être Berthe Morisot, avec ses cheveux noirs, pour une fois bien coiffés, et sa taille fine. Eugène est allongé à ses pieds. Le soleil joue dans le fond de la toile une symphonie colorée et joyeuse ; on aperçoit un cerisier en fleurs. Au premier plan, sur une nappe blanche, les restes d'un pique-nique suggèrent des agapes [3] champêtres. Un verre à demi plein de vin, une carafe vide. L'homme en a fini avec le déjeuner. […]

Peinte en 1875, exposée en 1876 à la Deuxième Exposition impressionniste, cette toile – il en existe une version à l'aquarelle –, qu'achète le docteur Georges de Bellio (le médecin de Monet et de Renoir est un fin collectionneur), représente-t-elle un rêve de complicité, d'harmonie amoureuses, ou la réalité ? Fenêtre ouverte sur l'intimité conjugale des Manet, elle est une trace unique.

Berthe Morisot, Dominique Bona, Éditions Grasset, 2000.

1. Eugène Manet, frère du peintre Edouard Manet.
2. Chapeau de paille.
3. Repas entre amis.

ACTIVITÉ 156 L'art

Complétez le tableau ci-dessous.

Art	Artiste	Verbe	Objet d'art
La peinture	Le peintre	Peindre	Un tableau
La sculpture			
L'architecture			
La danse			
La photographie			
La musique			
La littérature			
Le cinéma			
La bande dessinée			

ACTIVITÉ 157 Quelques Françaises célèbres

Associez les femmes nommées dans le tableau avec ce qu'elles ont fait.

Femmes	Ce qu'elles ont fait
Jeanne d'Arc •	• En 1980, elle a été la première femme élue à l'Académie française* (1903-1987).
Simone de Beauvoir •	• En 1975, elle a fait voter la loi sur l'avortement (née en 1927).
Gabrielle Chanel •	• Elle est célèbre pour ses livres écrits pour les enfants (1799-1874).
Camille Claudel •	• Elle a mené un combat pour la condition féminine (1908-1986).
Marie Curie •	• Elle a participé à la Guerre de Cent Ans (1412-1431).
Catherine de Médicis •	• Son vrai nom est Aurore Dupin (1804-1876).
Berthe Morisot •	• *Elle a peint* Le Déjeuner sur l'herbe *(1841-1895).*
George Sand •	• Longtemps poursuivie par une légende noire, elle est aujourd'hui considérée comme l'une des plus grandes reines de France (1519-1589).
La comtesse de Ségur •	• Elle a été la première femme scientifique à obtenir le Prix Nobel (1867-1934).
Simone Veil •	• Elle a sculpté *La Valse* en hommage à son ami Claude Debussy (1864-1943).
Marguerite Yourcenar •	• Elle a créé le premier tailleur pantalon pour femme (1883-1971).

TEXTE 77

Albert CAMUS naît en Algérie en 1913. Il s'installe à Paris en 1940. Son premier roman, *L'étranger*, paraît en 1942. Parallèlement, il engage un combat philosophique et humaniste que l'on retrouve dans toute son œuvre, et qui se traduit notamment par un immense dégoût pour la peine de mort. Il obtient le Prix Nobel de Littérature en 1957 mais meurt trois ans plus tard dans un accident de voiture.

Caligula *met en scène l'empereur romain Caligula (né en 12, règne de 37 à 41), devenu un tyran suite à une maladie qui altère sa personnalité, et le conduit à la folie. Dans cette pièce, Camus aborde le thème des limites de la liberté absolue. Voici la fin de la pièce.*

Acte IV, scène 14

Il tourne sur lui-même, hagard, va vers le miroir.

CALIGULA. – Caligula! Toi aussi, toi aussi, tu es coupable. Alors, n'est-ce pas, un peu plus, un peu moins! Mais qui oserait me condamner dans ce monde sans juge, où personne n'est innocent! (*Avec tout l'accent de la détresse, se pressant contre le miroir.*) Tu le vois bien, Hélicon n'est pas venu. Je n'aurai pas la lune. Mais qu'il est amer d'avoir raison et de devoir aller jusqu'à la consommation. Car j'ai peur de la consommation. Des bruits d'armes! C'est l'innocence qui prépare son triomphe. Que ne suis-je à leur place! J'ai peur. Quel dégoût, après avoir méprisé les autres, de se sentir la même lâcheté dans l'âme. Mais cela ne fait rien. La peur non plus ne dure pas. Je vais retrouver ce grand vide où le cœur s'apaise.

Il recule un peu, revient vers le miroir. Il semble plus calme. Il recommence à parler, mais d'une voix plus basse et plus concentrée.

Tout a l'air si compliqué. Tout est si simple pourtant. Si j'avais eu la lune, si l'amour suffisait, tout serait changé. Mais où étancher cette soif? Quel cœur, quel dieu auraient pour moi la profondeur d'un lac? (*s'agenouillant et pleurant.*) Rien dans ce monde, ni dans l'autre, qui soit à ma mesure. Je sais pourtant, et tu le sais aussi (*il tend les mains vers le miroir en pleurant*), qu'il suffirait que l'impossible soit. L'impossible! Je l'ai cherché aux limites du monde, aux confins de moi-même. J'ai tendu mes mains (*criant*), je tends mes mains et c'est toi que je rencontre, toujours toi en face de moi, et je suis pour toi plein de haine. Je n'ai pas pris la voie qu'il fallait, je n'aboutis à rien. Ma liberté n'est pas la bonne. Hélicon! Hélicon! Rien! rien encore. Oh! cette nuit est lourde! Hélicon ne viendra pas: nous serons coupables à jamais! Cette nuit est lourde comme la douleur humaine.

Des bruits d'armes et des chuchotements s'entendent en coulisse.

Caligula, Albert Camus, Éditions Gallimard, 1958.

ACTIVITÉ 158 L'hypothèse

Complétez les phrases suivantes en conjuguant le verbe entre parenthèses au temps et au mode qui conviennent.

1. (être) Si l'amour suffisait, tout ***serait*** changé.
2. (faire) S'il ______________ beau demain, on organiserait un pique-nique.
3. (pouvoir) Si tu avais le temps, tu ______________ nous accompagner.
4. (attraper) Si elle avait été plus grande, elle ______________ le paquet de bonbons.
5. (ne pas venir) Si le petit Gibus avait su, il ______________.
6. (avoir) Changerais-tu d'avis si tu ______________ le choix ?
7. (prévenir) On t'aurait attendu si tu nous ______________.
8. (ne pas tomber) Il ______________ s'il avait été plus prudent.
9. (apprendre) Elle serait surprise si elle ______________ ça.
10. (savoir) Ça se ______________ s'il était vraiment un génie !
11. (réussir) Si je ______________ mon examen, mes parents m'offriraient un voyage en Afrique.

ACTIVITÉ 159 Les principales formes de gouvernement

Retrouvez le nom des personnes qui pratiquent les formes de gouvernement citées ci-dessous et associez-les à une personne célèbre pour les avoir pratiquées.

~~Caligula~~ – Frédéric de Prusse – Hitler – Louis XIV – Pompidou – Bakounine

Formes de gouvernement	**Ceux qui la pratiquent**	**Personnes célèbres**
L'anarchisme		
Le despotisme éclairé		
La dictature		
La monarchie		
La république		
La tyrannie	*un tyran*	*Caligula*

TEXTE 78

Michel QUINT (né en 1949) a été professeur de Lettres avant d'écrire pour le théâtre et la radio. C'est avec *Effroyables jardins* qu'il se fait connaître du grand public. Ce court roman sera d'ailleurs porté à l'écran en 2003 par Jean Becker.

Vers la fin de l'Occupation, quatre résistants ont participé au sabotage d'une gare. Le soir même, ils ont été arrêtés par les Allemands, amenés dans une carrière et jetés dans un trou boueux. Surveillés par un jeune soldat allemand, ils attendaient leur exécution. L'un d'eux, André, témoigne…

On a levé le nez et il était là. Dos au crachin, jambes pendantes dans ses bonnes bottes, fusil en bandoulière, la capote bien boutonnée, assis sur des sacs, au bord de notre trou. Casque à ras le sourcil et un sourire large et benêt tu peux pas savoir comment. Notre gardien. Finalement, ils nous en avaient envoyé un. Un demeuré des tourbières, un simplet ! Sûrement parce qu'il était infoutu de faire autre chose ! En tout cas, même gardés par un niais, pour l'évasion on était refaits !

Il nous regardait croupir, comme ça, d'en haut, les mains aux genoux. Et tout d'un coup, tu sais pas, il nous a fait une grimace ! Une grosse, une de gosse, les yeux tout riboulés, et la bouche bouffée en cul de dindon ! On en est restés comme deux ronds ! Il nous aurait insultés, bombardés de cailloux, pissé dessus, c'était dans l'ordre, rien à redire. Mais là, se payer la figure d'otages, faire le môme pour des hommes qui vont mourir, c'était indigne, insupportable ! On a commencé à essayer de lui jeter des mottes de glaise mais ça ne servait à rien : elles nous retombaient en pleine poire ! Et, par-dessus le marché, l'ostrogoth sort son briquet, son casse-croûte ! Juste un quignon… Mais tu parles qu'on salivait devant ! Et toujours d'une façon à pas croire, avec des efforts énormes, comme si sa poche elle avait trois kilomètres de profond, qu'il y avait des bêtes dedans qui lui mordaient les doigts ! Il poussait des kaïk kaïk, des petits cris de frayeur ! Alors là c'était vraiment trop ! Jouer comme ça avec la nourriture devant des affamés, nous narguer : on l'aurait tué ! On pouvait pas s'empêcher, on était là, à baver devant le manger, à se dire que ce salaud se payait notre fiole et qu'on allait y passer… Mais en même temps, tu penses ce que tu veux, qu'on était des inconscients, des moins que rien ou quoi, mais en même temps on n'a pas pu tenir, ni les autres, ni moi. Je crois que ton père a rigolé le premier de la dégaine de notre gardien et on n'a plus résisté. On a tous pété de rigolade. Ah, ah ah !

Plus on se bidonnait, là au fond, plus lui, il avait du mal à tirer son pain de sa poche. À peine sorti, à peine il avançait les dents pour surprendre la tartine qui pointait, sa capote la lui réavalait et il en gémissait, se mordait les doigts, faisait semblant de prendre son parti, de plus penser à manger, rêvassait trois secondes, et puis hop, tout d'un coup, par surprise, il remontait à l'assaut de sa poche ! Jamais j'ai tant ri, ton père non plus, je le sais. La chasse à la tartine ! On en avait les larmes aux yeux. Et jamais on n'a pleuré avec autant de plaisir.

Qu'on allait crever, on n'y pensait plus.

Effroyables jardins, Michel Quint, Éditions Joëlle Losfeld, 2000.

ACTIVITÉ 160 Les niveaux de langue

A. André utilise des mots et expressions issus de la langue familière ou populaire pour raconter cet épisode. Ci-dessous, vous trouverez leur sens dans la langue courante. Retrouvez, dans le texte ci-contre, l'expression qui a le même sens.

1. Il n'était pas capable de faire autre chose. → (familier) ______________
2. Nous ne pouvions plus nous échapper. → (familier) ______________
3. Il faisait des yeux ronds en nous regardant d'un air stupéfait. → (familier) ______________
4. Nous sommes restés muets d'étonnement. → (familier) ______________
5. uriner → (familier) ______________
6. Elles nous retombaient sur le visage. → (familier) ______________
7. Cet homme méprisable se moquait de nous. → (familier) ______________
8. Nous ne valions pas grand-chose → (populaire) ______________
9. rire → (familier) (deux mots) ______________
10. mourir → (populaire) ______________

B. Observez l'emploi qu'André fait de la négation. Elle appartient au langage familier.

« Benêt tu peux pas savoir comment »

« Et tout à coup, tu sais pas, il nous a fait une grimace ! »

« On pouvait pas s'empêcher »

« Jamais j'ai tant ri »

Retrouvez l'expression de la négation en langue courante. Que remarquez-vous ?

ACTIVITÉ 161 Le cirque

Voici quelques artistes du cirque. Mais, que font-ils exactement ? Reliez leur nom à leur numéro de cirque.

Artistes	Leurs numéros de cirque
L'acrobate •	• Il avale des sabres, dort sur un matelas de clous ou crache du feu.
Le clown •	• Il évolue dans les airs sur le dos d'un cheval au galop.
Le dompteur •	• Il fait des mouvements difficiles à réaliser, par exemple des saltos.
L'écuyer •	• Il fait apparaître et disparaître des objets.
Le fakir •	• Il lui arrive toujours des malheurs et cela fait rire les enfants.
Le funambule •	• Il manie des quilles et dessine avec elles des figures dans les airs.
Le jongleur •	• Il marche et danse sur un fil.
Le magicien •	• Il met sa tête dans la gueule d'animaux sauvages.
Monsieur Loyal •	• Il parle avec une autre partie de son corps que sa bouche.
Le trapéziste •	• Il présente et annonce les numéros des artistes du cirque.
Le ventriloque •	• Il vole dans les airs.

TEXTE 79

Claude Roy (1915-1997) adhère, dans sa jeunesse, aux idées d'extrême-droite. Appelé sous les drapeaux au début de la Seconde Guerre mondiale*, il est fait prisonnier par les Allemands en 1940 mais s'évade quatre mois plus tard et, déçu par la trahison du gouvernement de Vichy*, rejoint la Résistance*. Après la guerre, il devient critique littéraire pour le quotidien de gauche *Libération* puis, quelques années plus tard, conseiller littéraire chez l'éditeur Gallimard. Il écrit de nombreux romans mais aussi des poèmes et des livres pour la jeunesse, dont *La Maison qui s'envole*.

Hermine, Jules, Eric et Jacques, les enfants de Monsieur Petit-Minet, vivent dans une très agréable maison. Un jour, ils rencontrent dans le parc un vagabond qui cherche du travail.

Il posa son baluchon, sortit son violon, et en jouant, avança avec les enfants vers la maison. Il penchait la tête sur son violon, et **quand il eut préludé**[1], il se fit dans le parc un grand silence. Les oiseaux cessèrent de se chamailler, les grillons s'arrêtèrent de crisser, l'eau des jets d'eau retomba d'elle-même, les gouttes caressèrent sans faire de bruit la surface des bassins, et les enfants, dans l'allée, marchèrent sur la pointe des pieds.

C'était une musique triste et joyeuse, douce comme la pluie de juin, brillante comme le soleil à son lever, imprévue comme un feu d'artifice, une musique qu'on aurait écoutée pendant des jours et des nuits, sans songer à autre chose, sans s'endormir ni s'éveiller, une musique sauvage et insinuante, bondissante et paisible. Hermine, Eric et Jacques retinrent leur souffle, et sur l'archet du **violoneux**[2] un rossignol vint se poser.

– Qu'est-ce que c'est que ça ?

M. Petit-Minet venait d'apparaître sur le perron de la maison.

Il avait l'air très en colère, et il fronçait les sourcils.

– Eric, Jacques, Hermine, venez ici !

L'inconnu cessa de jouer. Le rossignol s'envola. Le parc entier redevint sonore, bruissant, chantant. Le jeune homme s'avança vers M. Petit-Minet.

– Bonjour, monsieur. Je viens demander du travail et un coin pour dormir. Je sais tout faire, rempailler les chaises, **rétamer**[3] les casseroles, réparer la porcelaine…

– Vous devez surtout savoir tordre le cou aux poules et faire un mauvais sort aux lapins. Nous n'avons besoin de personne ici. Vous pouvez passer votre chemin.

Le jeune homme devint tout rouge.

– Mais monsieur… balbutia-t-il.

– Mais Papa… implorèrent les enfants.

– Papa, dit Hermine en se suspendant aux bras de M. Petit-Minet, tu devrais écouter Monsieur jouer du violon. Quand on sait si bien jouer du violon, on ne peut pas faire de mal aux poulets ni aux lapins.

La maison qui s'envole, Claude Roy, Éditions Gallimard, 1977.

1. Après avoir essayé son instrument avant de jouer.
2. Violoniste qui exerce son art de village en village.
3. Recouvrir une casserole d'une nouvelle couche d'étain. La personne qui fait ce métier est un rétameur mais c'est un métier en voie de disparition.

ACTIVITÉ 162 L'exclusion sociale

Complétez le texte à l'aide des mots ci-dessous.

associations – chômeurs – discrimination – exploités – homophobie – s'insérer – ~~se méfie~~ – racisme – SDF – sexisme – sociétés – solidaire – stigmatisés

Le père d'Hermine et des autres enfants ***se méfie*** du violoniste parce qu'il est étranger. Cette exclusion sociale est malheureusement présente dans toutes les ______________, qu'elles soient démocratiques ou non. Le ______________ est une forme répandue d'exclusion mais aussi le ______________ ou l'______________. Par exemple, certains travailleurs immigrés ont du mal à ______________ dans leur société d'accueil. En effet, ils sont souvent victimes de ______________ raciale, religieuse ou culturelle. Parfois, ils sont aussi ______________ sur le marché du travail même si beaucoup d'______________ luttent pour défendre leurs droits. Une autre catégorie de personnes est aussi exclue : ce sont les ______________ et les ______________. Ils sont ______________ par une certaine partie de la population. Mais de nombreux organismes humanitaires combattent pour obtenir un monde plus ______________, comme, en France, la Fondation Abbé Pierre.

ACTIVITÉ 163 Le gérondif

Regardez les exemples.

Il posa son baluchon, sortit son violon, et ***en jouant***, avança avec les enfants vers la maison.

Il posa son baluchon, sortit son violon, et ***en même temps qu'il jouait***, avança avec les enfants vers la maison.

Il est devenu riche ***en investissant*** dans l'immobilier.

Il est devenu riche ***parce qu'il avait investi*** dans l'immobilier.

En partant à 7 heures, vous éviterez les embouteillages sur l'autoroute.

Si vous partez à 7 heures, vous éviterez les embouteillages sur l'autoroute.

À vous ! Transformez les phrases suivantes en vous aidant des exemples ci-dessus.

A. Du gérondif vers la proposition subordonnée

1. J'ai rencontré mon voisin en sortant les poubelles.
2. Il a abîmé son nouveau T-shirt en le lavant à une température trop élevée.
3. En achetant ce produit aujourd'hui, vous ferez une économie de 30 % !
4. N'oubliez pas d'éteindre la lumière en quittant la maison !

B. De la proposition subordonnée vers le gérondif

1. Si vous gagniez beaucoup plus d'argent, seriez-vous plus heureux ?
2. Il a maigri parce qu'il a fait un régime sévère.
3. Fumez-vous une cigarette quand vous prenez votre café ?
4. Il a ralenti au moment où il a vu l'agent de police.

TEXTE 80

Émile Zola est né à Paris en 1840. Il fait de bonnes études mais n'obtient pas le baccalauréat. Il entre en contact avec Louis Hachette qui l'embauche dans sa librairie. Travaillant avec acharnement pendant ses loisirs, il arrive à faire publier ses premiers articles et son premier livre, les *Contes à Ninon*. Il devient journaliste et démontre ainsi ses qualités d'écrivain à un large public. Zola publie dans la presse une centaine de contes et certains romans en feuilletons, mais c'est avec *Les Rougon-Macquart* qu'il va signer un véritable monument littéraire: il conçoit le projet d'écrire « l'histoire naturelle et sociale d'une famille sous le Second empire ». Il meurt en 1902. Ses cendres sont transférées au Panthéon six ans plus tard.

Simplice, *conte écrit à 22 ans, raconte l'histoire d'un amour entre un homme et la nature. Quand un fils de roi refuse la violence, les honneurs, la richesse pour aller vivre dans la forêt, tout le monde le prend pour un idiot.*

Ce fut à vingt ans que Simplice devint complètement idiot. Il rencontra une forêt et tomba amoureux.

Dans ces temps anciens, on n'embellissait point encore les arbres à coups de ciseaux, et la mode n'était pas de semer le gazon ni de sabler les allées. Les branches poussaient comme elles l'entendaient: Dieu seul se chargeait de modérer les ronces et de ménager les sentiers. La forêt que Simplice rencontra était un immense nid de verdure, des feuilles et encore des feuilles, des charmilles impénétrables coupées par de majestueuses avenues.

La mousse, ivre de rosée, s'y livrait à une débauche de croissance; les églantiers, allongeant leurs bras flexibles, se cherchaient dans les clairières pour exécuter des danses folles autour des grands arbres; les grands arbres eux-mêmes, tout en restant calmes et sereins, tordaient leur pied dans l'ombre et montaient en tumulte baiser les rayons d'été. L'herbe verte croissait au hasard, sur les branches comme sur le sol; la feuille embrassait le bois, tandis que, dans leur hâte de s'épanouir, pâquerettes et myosotis, se trompant parfois, fleurissaient sur les vieux troncs abattus. Et toutes ces branches, toutes ces herbes, toutes ces fleurs chantaient; toutes se mêlaient, se pressaient, pour babiller plus à l'aise, pour se dire tout bas les mystérieuses amours des corolles. [...] C'était la fête immense du feuillage. Les bêtes à bon Dieu, les scarabées, les libellules, les papillons, tous les beaux amoureux des haies fleuries, se donnaient rendez-vous aux quatre coins du bois. Ils y avaient établi leur petite république; les sentiers étaient leurs sentiers; les ruisseaux, leurs ruisseaux; la forêt, leur forêt. Ils se logeaient commodément au pied des arbres, sur les branches basses, dans les feuilles sèches, vivaient là comme chez eux, tranquillement et par droit de conquête.

Ils avaient, d'ailleurs, en bonnes gens, abandonné les hautes branches aux fauvettes et aux rossignols.

La forêt, qui chantait déjà par ses branches, par ses feuilles, par ses fleurs, chantait encore par ses insectes et par ses oiseaux.

« Simplice », *Contes à Ninon,* Émile Zola, 1879.

ACTIVITÉ 164 Les insectes

De quel insecte parle-t-on ? La liste ci-dessous et les définitions suivantes devraient vous aider à les trouver.

l'abeille – l'araignée – ~~les bêtes à bon Dieu~~ – la cigale – la coccinelle – la fourmi – la guêpe – ~~les libellules~~ – la mouche – le moustique – ~~les papillons~~ – la puce – une ruche – la sauterelle – ~~les scarabées~~ – une toile

1. ***Les bêtes à bon Dieu, les scarabées, les libellules, les papillons***, [...] se donnaient rendez-vous aux quatre coins du bois.
2. On dit qu'elle est très travailleuse... et avare ! C'est ______________.
3. Elle fait du miel. C'est ______________. Elle habite dans ______________.
4. Il nous empêche parfois de dormir. C'est ______________.
5. L'été, elle nous empêche parfois de déjeuner dehors. C'est ______________.
6. Certaines personnes sont allergiques à ses piqûres et peuvent en mourir. C'est ______________.
7. Elle a beaucoup de pattes. C'est ______________. Elle tisse ______________ pour attraper ses proies.
8. Elle chante tout l'été. C'est ______________.
9. Elle se met parfois dans les poils des chiens et des chats. C'est ______________.
10. On l'appelle aussi « la bête à bon Dieu » parce qu'elle porte bonheur. C'est ______________.
11. Une invasion de cet insecte est une des sept plaies d'Égypte. C'est ______________.

ACTIVITÉ 165 L'arbre

A. Dans le texte ci-contre, relevez trois mots qui désignent des parties d'un arbre.

B. Les trois définitions suivantes devraient vous aider à en trouver trois autres.

1. Elle permet à l'arbre de rester fermement accroché au sol.
2. C'est l'ensemble des feuilles.
3. C'est une petite boule qui se forme sur une branche, grossit, s'ouvre au printemps et donne de nouvelles feuilles.

C. Certaines plantes sont associées à des personnages. Reliez-les.

Actions	Personnages
Il rendait la justice sous un chêne. •	• Adam et Eve
Ils ont mangé le fruit du pommier. •	• Blaise Pascal
Il a dit : « L'homme est un roseau pensant. » •	• Jules César
Il portait souvent une couronne de lauriers sur la tête. •	• Louis IX
Quand une colombe est arrivée avec une branche d'olivier, il a compris que le déluge était terminé. •	• Noé

CORRIGÉS DES 165 ACTIVITÉS

ACTIVITÉ 1 Chez le fleuriste

1. *muguet* 2. marguerite 3. tournesol 4. coquelicots 5. nénuphar 6. rose 7. pivoine 8. tulipes 9. lys 10. œillet 11. violette

ACTIVITÉ 2 Les fêtes en France

1. *offre* 2. Bonne année 3. galettes/couronne 4. Je t'aime 5. crêpes 6. œufs/poules/cloches 7. Champs-Élysées 8. tombes 9. cadeaux/sapin/cheminée

ACTIVITÉ 3 La météo

1. *pluvieux* 2. orageux 3. nuageux 4. enneigés 5. verglacée 6. ensoleillée 7. inondée 8. brumeux 9. sèche 10. humides 11. frais

ACTIVITÉ 4 Les animaux de la ferme

Le mâle	**La femelle**	**Le petit**	**Le lieu**
un mouton	une brebis	un agneau	une bergerie
un coq	une poule	un poussin	un poulailler
un lapin	une lapine	un lapereau	un clapier
un cochon	une truie	un porcelet	une porcherie
un canard	une cane	un caneton	une mare
un taureau	une vache	un veau	*une étable*
un cheval	une jument	un poulain	une écurie
un bouc	une chèvre	un chevreau	une bergerie

ACTIVITÉ 5 Réécriture

Cœur : « Mon cœur pareil à une flamme renversée ».

Couronne : « Les rois qui meurent tour à tour renaissent au cœur des poètes ».

Miroir : « Dans ce miroir je suis enclos vivant et vrai comme on imagine les anges et non comme sont les reflets ».

ACTIVITÉ 7 Le verbe *avoir*

A. avoir faim, avoir chaud, avoir froid, avoir soif, avoir sommeil, avoir vingt ans, avoir besoin, avoir mal, avoir tort, avoir raison

B. 1. *faim* 2. envie 3. peur 4. honte 5. confiance 6. lieu 7. air 8. droit 9. temps 10. moyens 11. heure

ACTIVITÉ 8 Les adjectifs antonymes

1. *chaud* 2. *méchant* 3. laid 4. triste 5. ennuyeux 6. bruyant 7. lâche/peureux 8. pessimiste 9. malheureux 10. imprudent 11. stupide/idiot 12. paresseux

ACTIVITÉ 9 Le superlatif

1. *les moins difficiles* 2. *le plus jeune* 3. les moins prudentes 4. les plus chères 5. la moins coquette 6. le meilleur 7. la moins économique 8. les plus beaux 9. les plus courageuses 10. les moins bonnes

ACTIVITÉ 10 Les prépositions de temps

1. *il y a* 2. à – vers – à partir de – dès/jusqu'à 3. pendant 4. dans 5. il y a 6. après/vers 7. de/à 8. dès 9. À partir de 10. depuis/avant 11. en

ACTIVITÉ 11 L'adjectif interrogatif *quel* et le pronom interrogatif *lequel*

1. *Quelles* 2. quel 3. Quelle 4. Laquelle 5. quels 6. Lequel 7. Lesquelles 8. Quelle 9. Lequel 10. Lesquels

ACTIVITÉ 12 L'interrogation ouverte

1. *Que mange-t-il au repas de midi ?*
2. Qui est-ce ?
3. Qu'est-ce qui brûle ?
4. Qu'est-ce qu'elle raconte ?
5. À quoi jouent-ils ?
6. À qui téléphone-t-elle ?
7. D'où vient-elle ?
8. En quoi est ce t-shirt ?
9. Comment allez-vous/Comment vas-tu ?
10. Comment viendras-tu ?
11. Où allez-vous dîner ?
12. Pourquoi vas-tu te coucher ?
13. Combien de langues parlent-ils ?
14. Combien coûte ce livre ?
15. Quand irez-vous à la campagne ?
16. Depuis quand sont-ils en France ?

ACTIVITÉ 13 Les adverbes de quantité et d'intensité

1. *très* 2. si 3. beaucoup 4. assez 5. tant 6. extrêmement 7. trop 8. peu 9. tellement 10. plus 11. très

ACTIVITÉ 14 Les verbes de mouvement

1. *bougent* 2. Tiens-toi 3. s'étire 4. se penche 5. se lèvent 6. hausse 7. s'allongent 8. vous asseoir 9. se retourne 10. s'appuie 11. se mettent

ACTIVITÉ 15 Chez le médecin

On va chez le médecin pour faire un rappel de **vaccin**, ou quand on **tombe** malade, pour qu'il nous **soigne**. Le médecin reçoit les **patients** à son cabinet pendant ses heures de **consultation**. Le patient décrit les **symptômes** puis le médecin l'**ausculte** : par exemple, il prend sa **tension**. Il établit ensuite un **diagnostic**, puis écrit une **ordonnance** pour des **médicaments** ou pour un **examen** médical plus approfondi, une **radio** par exemple. Si le patient est trop malade pour travailler, le médecin remplit un **arrêt** de travail. Enfin, le patient règle les **honoraires** du médecin. Le médecin demande au patient sa **carte vitale** ou il lui donne une feuille de **soins**, qu'il enverra à la **Sécurité sociale** pour le **remboursement** des frais. Après, il va chez le **pharmacien** pour acheter les médicaments.

ACTIVITÉ 16 Les maladies

- *un rhume* ↔ *le nez*
- une allergie ↔ la gorge, le nez, l'œil, la peau
- un calcul ↔ le rein
- un cancer ↔ l'estomac, le foie, la gorge, l'œil, la peau, le poumon, le rein
- une hépatite ↔ le foie
- un infarctus ↔ le cœur
- une migraine ↔ la tête
- la myopie ↔ l'œil
- une otite ↔ l'oreille
- une toux ↔ la gorge
- un ulcère ↔ l'estomac

ACTIVITÉ 17 Les saisons

Le printemps	↔ La nature renaît.
	↔ La neige fond.
	↔ Les oiseaux font leur nid.
L'été	↔ Les fruits mûrissent.
	↔ Les journées sont longues et ensoleillées.
	↔ Les stations balnéaires se remplissent.
L'automne	↔ Les chapeaux s'envolent.
	↔ Les feuilles des arbres tombent.
	↔ Les paysans cueillent le raisin.
L'hiver	↔ Le feu crépite dans la cheminée.
	↔ La neige couvre les toits.
	↔ La nuit tombe de bonne heure.

ACTIVITÉ 18 *Mener/Porter*

1. emmène 2. apporte 3. amené 4. emmène 5. apporte 6. apporterons 7. apportes 8. porte 9. emporte 10. emmène

ACTIVITÉ 20 Les onomatopées

Aïe !	↔ J'ai mal !
Beurk !	↔ C'est dégoûtant !
Chut !	↔ Taisez-vous !
Coucou !	↔ C'est moi !
Dring !	↔ La sonnette
Hein ?	↔ Je n'ai pas compris !
Miam, miam !	↔ C'est délicieux !
Mon œil !	↔ Je ne te crois pas !
Ouf !	↔ Je suis soulagé !
Pin-pon !	↔ Les pompiers
Plouf !	↔ Un objet qui tombe dans l'eau
Tic-tac !	↔ ***la pendule***
Vlan !	↔ La porte qui claque
Zut !	↔ Je suis déçu !

ACTIVITÉ 21 L'expression du temps

[Les phrases ci-dessous sont seulement des propositions.]

1. Quand je vais à l'école, *je suis toujours de bonne humeur.*
2. Lorsqu'il fait beau, *nous allons nous promener dans un parc.*
3. Depuis que tu es partie, *je m'ennuie à mourir.*
4. Pendant que tu dormais, *ta tante a téléphoné.*
5. Je prends le métro quand *il pleut.*
6. Il est allé se promener lorsque *tu lui as demandé.*
7. Elle est heureuse depuis qu'*elle a rencontré son amoureux.*
8. Je préparerai le repas pendant que *tu finiras tes devoirs.*

ACTIVITÉ 22 Le rendez-vous

1. ***se donneront*** 2. sans rendez-vous 3. prendre/a 4. avec/m'a fait faux bond
5. annuler 6. à l'heure/en retard 7. en avance 8. affaires 9. amoureux 10. lieu

ACTIVITÉ 23 Le discours rapporté au présent

1. ***Elle lui dit qu'elle ne fume pas***.
2. Rémi écrit sur une carte que le voyage s'est très bien passé, que le temps est magnifique et qu'ils vont bientôt se baigner.
3. Le serveur nous demande si nous avons choisi.
4. Le client répond qu'ils ne savent pas quoi prendre.
5. Mes amis me demandent quels monuments j'ai visité, comment les habitants m'ont accueilli et pourquoi je ne rentre pas bronzé.
6. Le professeur dit toujours aux étudiants de ne pas être en retard, d'éteindre leur portable et de ne pas manger dans la salle.
7. Les enfants annoncent qu'ils prêteront leurs jouets à leurs amis.
8. Ma grand-mère raconte que, quand elle était enfant, elle adorait préparer des gâteaux avec sa mère.

ACTIVITÉ 24 Les verbes de déplacement

1. ***s'en vont*** 2. partiras 3. retournerons 4. m'en vais 5. vient 6. rentrés 7. est arrivé
8. va passer/vient 9. irai 10. reviendrez

ACTIVITÉ 25 Les loisirs

1. *prendre* 2. cartes 3. tricoter, coudre, bricoler 4. cinéma/musée 5. lèche-vitrine 6. danser/boire 7. se promener 8. société 9. pratiquer 10. jouer 11. restaurant

ACTIVITÉ 27 L'exclamation

1. Quelles 2. Que/Comme 3. tant de 4. si 5. Quels 6. Que/Comme 7. Que/Comme 8. tant de

ACTIVITÉ 28 Les types de logement

1. *hantées* 2. traditionnelle 3. meublé 4. secondaire 5. inoccupés 6. principale 7. sociaux 8. royale 9. fixe 10. rurale 11. mobile

ACTIVITÉ 29 L'accord de l'adjectif qualificatif

1. *accordés* 2. bel 3. somptueuse 4. bourgeoise 5. dernière 6. universitaire 7. urbaine 8. joli 9. ruraux 10. montagnards 11. politique

ACTIVITÉ 30 Les cinq sens

Parties du corps	**Sens**	**Verbes**
les yeux	La vue	apercevoir, observer, regarder, voir
le nez	L'odorat (m)	respirer, sentir
les oreilles	L'ouïe (f)	écouter, entendre
la bouche	Le goût	déguster, goûter
la peau	Le toucher	caresser, toucher

ACTIVITÉ 31 Les articles définis et indéfinis

1. Mais *l'*amour infini me montera dans *l'*âme, / Et j'irais loin, bien loin, comme *un* bohémien.
2. **Un** matin de printemps, nous sommes partis faire une excursion. **Le** soleil brillait.
3. Voici **les/des** amis que j'ai rencontrés à **la** soirée d'Olivier.
4. Achète **une** bouteille de vin **au** magasin qui est au coin de **la** rue.
5. Certaines personnes pensent que **la** vie est **une** lutte de tous les jours.
6. Prends **la** ligne 9 puis descends à **la** station Porte de Montreuil.
7. La niche est **une** maison pour **les** chiens.
8. Avez-vous **l'**heure, s'il vous plaît ?

9. Vous aimez **le** beurre salé ?

10. Attendez **un** instant, s'il vous plaît. Je suis à vous tout de suite !

11. Va voir **un/le** médecin si tu ne te sens pas bien. Il te donnera **des** médicaments.

ACTIVITÉ 32 Le futur simple de l'indicatif

1. *se promèneront* 2. feras 3. pourrez 4. verra 5. aurai 6. voudront 7. ne vous ennuierai pas 8. viendras 9. appelleront 10. sera 11. irons

ACTIVITÉ 33 Les prépositions de lieu

1. *sur* 2. contre 3. en 4. à 5. en haut de 6. le long de 7. à côté du/près du/vers 8. au 9. au bord de 10. dans 11. dans

ACTIVITÉ 34 Conjugaison du présent du conditionnel

1. *jouerais* 2. grimperait 3. cueillerait 4. nous baignerions 5. ferions 6. nous coucherions 7. courrait 8. regarderait 9. s'imaginerait 10. ne nous ennuierions jamais 11. m'amuserais

ACTIVITÉ 35 Les jeux

Jeux d'argent ↔ le loto, la roulette
Jeux de cartes ↔ une réussite, la belote, le poker
Jeux éducatifs ↔ le memory
Jeux de plein air ↔ le ballon, la pétanque
Jeux de société ↔ le Monopoly, le jeu de l'oie
Jeux solitaires ↔ le puzzle, les mots-croisés, le sudoku
Jeux de stratégie ↔ les dames, les échecs
Jeux vidéo ↔ Pokémon

ACTIVITÉ 36 Une visite

[Les phrases ci-dessous sont seulement des propositions.]

1. *Nous avons visité* le château de Versailles.
2. Les parents de ma femme *nous ont rendu visite* la semaine dernière.
3. Mon meilleur ami *est venu me voir.*
4. *Ils visiteront* bientôt la Tour Eiffel.
5. *Elle va voir* un spectacle à l'Opéra Garnier.
6. Pendant les vacances, *je rendrai visite à* mes vieux amis de lycée.

ACTIVITÉ 37 Les animaux sauvages

1. *le loup* 2. l'ours 3. le serpent 4. l'éléphant 5. le zèbre 6. le crocodile 7. le lion 8. la girafe 9. le dromadaire/le chameau 10. le singe 11. le tigre

ACTIVITÉ 38 Les lieux de Paris

1. C'est la cathédrale Notre-Dame de Paris.
2. C'est la tour Eiffel.
3. C'est l'obélisque de la place de la Concorde.
4. C'est la place de la Bastille.
5. C'est le centre national d'art et de culture Georges Pompidou.
6. C'est l'hôtel des Invalides.

ACTIVITÉ 40 Construction et sens du verbe *apprendre*

1. Un enfant apprend **à** marcher vers deux ans.
2. Après sa mort, j'ai appris **que** mon oncle avait travaillé pour les Services secrets !
3. Vous apprenez le français.
4. À l'école primaire, on apprend **à** lire.
5. L'enfant apprend sa leçon par cœur.
6. J'ai appris la nouvelle dans les journaux.
7. Nous avons appris **que** tu avais eu des problèmes de santé. Ça va mieux ?
8. Vous apprendrez **qu**'il ne faut jamais se fier aux apparences !
9. Les épreuves de la vie nous apprennent **à** être plus forts.
10. À quel âge as-tu appris le piano ?

ACTIVITÉ 41 Les paysages

1. *le désert* 2. la montagne 3. la forêt 4. la campagne 5. la mer

ACTIVITÉ 43 Les couleurs

1. *rouge* 2. rose 3. verte 4. bleue 5. blanc 6. rouge 7. noir 8. rose 9. noir/blanc 10. vertes 11. blanches

ACTIVITÉ 44 La rue

1. *carrefour/feu* 2. abribus 3. garer/parking 4. place 5. passage 6. amende 7. trottoir/chaussée 8. embouteillages 9. affluence 10. rond-point

ACTIVITÉ 45 Les cris des animaux

1. bourdonne 2. bêle 3. miaule 4. hennit 5. aboie 6. coasse 7. rugit 8. roucoule 9. caquète 10. chante 11. siffle 12. couine

ACTIVITÉ 46 L'imparfait de l'indicatif

1. *réveillait* 2. voyageais 3. éteignaient 4. réfléchissait 5. vous promeniez 6. voyions 7. conduisait 8. avançaient 9. se connaissaient 10. écrivait 11. oubliez

ACTIVITÉ 48 Les contenants

un plat ↔ *de champignons*
un morceau ↔ de chocolat/de pain
une pincée ↔ de sel
une cuillerée ↔ de vinaigre/d'eau
une tablette ↔ de chocolat
une barquette ↔ de fraises
un zeste ↔ de citron/d'orange
un nuage ↔ de lait
un quartier ↔ d'orange
une tranche ↔ de saucisson
une canette ↔ de coca
une assiette ↔ de pâtes
un verre ↔ de coca/de lait/d'eau
une tasse ↔ de café/de lait

ACTIVITÉ 49 À table !

Dimanche, mes grands-parents sont venus manger chez nous avec mon oncle et sa famille. Nous avons **mis** le couvert puis, après l'apéritif, nous sommes **passés** à table. Nous étions douze *à table*, six adultes et six enfants. Maman a apporté l'**entrée**, des carottes râpées. Puis nous avons fait honneur au **plat principal**, un gigot d'agneau. Ma mère nous a **servi** des parts vraiment généreuses ! C'était bon mais les légumes étaient fades alors j'ai demandé à mon cousin Gaston de me **passer** le sel. Ensuite, Papa est allé chercher le **plateau de fromages** et nous avons dévoré le camembert qui était vraiment coulant ! Quant au dessert, une charlotte aux framboises, je me suis **resservi** trois fois. Enfin, pendant que Maman **préparait** le café avec ma tante, tous les enfants ont **débarrassé** la table.

ACTIVITÉ 50 Les études en France

L'âge	La personne	Le lieu
Entre 3 et 6 ans	*Un écolier*	*L'école maternelle*
Entre 6 et 11 ans		L'école primaire
Entre 11 et 15 ans	Un collégien	Le collège
Entre 15 et 18 ans	Un lycéen	Le lycée
Après 18 ans	Un étudiant	L'université, une grande école, etc.

ACTIVITÉ 51 Le ciel

1. étoile 2. lune 3. nuages 4. soleil 5. étoile 6. ciel 7. Ciel 8. lune 9. Soleil 10. astre

ACTIVITÉ 52 Les moments de la journée

1. L'aube 2. de bon matin 3. ce matin 4. toute la matinée 5. en début d'après-midi
6. Tous les ans 7. Chaque jour 8. ce soir 9. cette soirée 10. Ce soir 11. par jour 12. nuit
13. tombe 14. se lève

ACTIVITÉ 53 La ponctuation

C'est une belle journée d'automne. Le soleil brille. Quelques feuilles tombent encore des arbres. Dans le jardin, un chat fait une sieste. Tout à coup, il y a un bruit. Le chat ouvre les yeux et court après un oiseau. Heureusement, il ne l'attrape pas. L'oiseau a eu de la chance !

ACTIVITÉ 54 Les prépositions de lieu et de moyen

1. À la belle saison, il faisait le trajet ***à*** pied, ***sous*** son chapeau melon.
2. J'irai à Florence **en** train et non pas **en** voiture.
3. Firmin et les autres se promenaient avec Paulette **à** vélo.
4. Dans le jardin du Luxembourg, on voit parfois des policiers **à** cheval.
5. Ils ont un chalet **à** la montagne et une maison **au bord de** la mer.
6. Nous habitons **dans** le quartier latin qui se trouve **dans** le cinquième arrondissement.
7. J'aime me promener **dans** la rue ou **le long des/près des/vers** les quais de la Seine.
8. Tu vas en vacances **en** Espagne, **à** Séville, **dans** le sud du pays.
9. Vous préférez habiter **en** ville ou **à** la campagne ?
10. Il est tard. Nous, nous rentrons **à** la maison et eux, ils rentrent **chez** eux.
11. Pour aller au théâtre de l'Odéon, nous sommes passées **par** le boulevard Saint-Germain.

ACTIVITÉ 55 Le passé récent, le présent progressif et le futur proche

1. *venait d'* 2. es en train de 3. vient de 4. va 5. étions en train de 6. venez d'7. vont 8. vient de 9. est en train de 10. va 11. allez

ACTIVITÉ 56 L'argent

– ***Ossama et ses amis font chanter Suleyman.***
↔ ***Sous la pression du chantage d'Ossama et de ses amis, Suleyman pense leur donner de l'argent.***

– Ils ont assez d'argent pour partir en vacances. ↔ Ils ont les moyens de partir en vacances.

– Ils ne veulent jamais rien dépenser et ils passent leur temps à compter leurs sous.
↔ Ils sont près de leurs sous.

– Oh là là ! J'ai dépensé plus d'argent que je n'avais. Maintenant, mon compte est débiteur.
↔ Je suis à découvert.

– Il est content parce que ce mois-ci, il a mis 500 euros de côté.
↔ Ce mois-ci, il a pu économiser de l'argent.

– Aujourd'hui, j'ai dépensé beaucoup d'argent.
↔ Je suis dépensière.

– Il achète des choses inutiles, il dépense en gaspillant. ↔ Il jette l'argent par les fenêtres.

– La banque me prête de l'argent pour acheter une maison.
↔ J'emprunte de l'argent à la banque pour acheter une maison.

– Dans ce magasin, on ne peut payer ni par carte ni par chèque. Ils veulent que l'on paie en espèces.
↔ Ici, on ne peut payer qu'en argent liquide.

– Nous avons beaucoup d'argent pour vivre, nous sommes très riches.
↔ Nous roulons sur l'or.

– Mes parents me donnent 20 euros par mois parce que je suis trop jeune pour gagner de l'argent.
↔ Mes parents me donnent de l'argent de poche.

ACTIVITÉ 57 La description physique

Le visage de la jeune fille	
	Il est *beau*. Elle a les yeux *bleus*. Ses traits sont *courts* mais dessinés avec *finesse*.
Ses cheveux	Elle est *blonde*. Elle a une *lourde* chevelure.
Son allure	Elle est *élancée*. Elle a un air un peu *penchée*. Elle a la taille *fine*. Elle est *grande*.

Ses vêtements Elle porte un *charmant* costume.
Ce costume est aussi *extraordinaire*.
Elle porte aussi un *chapeau* sur la tête.

Sa toilette est *simple* et *sage*.

ACTIVITÉ 58 Les qualités et les défauts

A. 1. *douce*. 2. optimiste. 3. généreuse 4. intéressant 5. courageux 6. chaleureuse

B. 1. *dure* 2. pessimiste 3. égoïste 4. ennuyeux 5. peureux 6. froide

ACTIVITÉ 60 Accord du participe passé avec *avoir*

1. *mises* 2. écrit/envoyé 3. pris 4. rencontrés 5. appelé/appelée 6. mangés 7. achetée 8. fait 9. lus 10. présentés 11. regardé(e)s

ACTIVITÉ 61 La poste

1. *boîte* 2. en recommandé 3. timbre 4. postée 5. facteur 6. affranchir 7. adresse 8. cachet 9. paquet 10. courrier 11. enveloppe

ACTIVITÉ 62 L'adjectif possessif

1. *mes/leur* 2. votre 3. nos 4. vos 5. leurs 6. ta/ton/ma 7. Ses 8. leur 9. Mon 10. son 11. sa 12. notre

ACTIVITÉ 63 Le voyage

« Salut Benoît,

Ça y est, j'ai presque fini les **préparatifs** pour mon grand voyage en Amérique latine ! Tu ne peux pas imaginer la quantité de choses que j'emporte dans mon sac à **dos** ! J'ai le plus important : pour passer la frontière, j'ai mon **passeport** que j'ai fait **renouveler** à la dernière minute, une **carte** du Chili et un **plan** de Santiago, mon **billet** d'avion et un **guide** touristique de la Terre de Feu. Et je pars aussi avec plein de **brochures** que l'**Office du tourisme** chilien m'a données. Dès mon arrivée, j'irai dans un **hôtel** bon marché en attendant de trouver un appartement. J'ai bien l'intention de profiter de mon année là-bas pour visiter le pays. Mais, comme tu le sais, je ne roule pas sur l'or, et je me déplacerai essentiellement en **stop**. Je ne sais pas encore quand je **rentrerai** parce que je n'ai pris qu'un aller **simple** !

À bientôt,

Augustin »

ACTIVITÉ 65 Conjugaison du présent du subjonctif

1. *explique* 2. interdise 3. prenne 4. étudiiez 5. déteigne 6. lise 7. sois 8. disparaisse 9. permettiez 10. aies 11. abattions 12. attendent 13. réduisions 14. aille 15. riiez 16. révèles 17. vous inscriviez 18. refroidisse 19. suive 20. fasse 21. croyiez

ACTIVITÉ 67 Les genres littéraires

Molière	↔ *Le Malade imaginaire* ↔ Le théâtre
Charles Perrault	↔ *Cendrillon* ↔ Le conte
Jean-Jacques Rousseau	↔ *Les Confessions* ↔ L'autobiographie
Charles Baudelaire	↔ *Les Fleurs du mal* ↔ La poésie
Alexandre Dumas	↔ *Les trois mousquetaires* ↔ Le roman de cape et d'épée
Prosper Mérimée	↔ *Carmen* ↔ La nouvelle
Jules Verne	↔ *Le Tour du monde en quatre-vingts jours* ↔ Le roman d'aventures
Pierre Boulle	↔ *La Planète des singes* ↔ Le roman de science-fiction
Anne et Serge Golon	↔ *Angélique, marquise des anges* ↔ Le roman d'amour
Maurice Leblanc	↔ *Arsène Lupin, gentleman cambrioleur* ↔ Le roman policier
Daniel Pennac	↔ **Comme un roman** ↔ *L'essai*

ACTIVITÉ 68 Les droits

1. auteur 2. public 3. homme 4. vote 5. privé 6. entrée 7. succession 8. inscription 9. asile 10. sang 11. grève

ACTIVITÉ 69 Les préfixes négatifs *a-, anti-, dés-, mal-, mé-*

1. *malheureux* 2. anticonformiste 3. asymétriques 4. mécontente 5. désagréable 6. déséquilibré 7. anormale 8. antiallergiques 9. méconnu 10. maladroites 11. malhonnêtes

ACTIVITÉ 70 Les relations amoureuses

1. *ex* 2. se séparent 3. divorcent 4. rupture 5. se détestent 6. se disputent 7. scènes 8. haine 9. brise 10. amoureuse 11. passionné

ACTIVITÉ 71 La photo

1. *encadré* 2. cadres 3. album 4. photographe 5. prennent 6. noir et blanc/couleurs 7. agrandir 8. nette/floue 9. mat/brillant 10. photographiés 11. numérique/ratée

ACTIVITÉ 72 Les pronoms possessifs

1. *la nôtre* 2. la vôtre 3. la mienne 4. les nôtres 5. les leurs 6. au mien 7. du sien
8. la sienne 9. la tienne/la leur 10. du vôtre 11. aux tiennes

ACTIVITÉ 73 *Proposer, accepter, hésiter, refuser*

1. *propose* 2. accepte 3. hésite 4. refuse 5. propose 6. propose 7. hésite 8. refuse
9. accepte 10. accepte/refuse 11. refuse 12. accepte

ACTIVITÉ 74 L'expression de la colère

1. *furieux* 2. tête 3. vase 4. colère 5. exaspérante 6. nerfs 7. scandaleux 8. indignés 9. moi
10. bornes 11. faire

ACTIVITÉ 75 Place de deux adjectifs

1. *Elle a nos yeux sombres et mouillés*.
2. Ils ont de jolis petits pieds.
3. Ils habitent dans une belle maison ancienne.
4. Mon voisin est un vieil homme avare.
5. Voici ma nouvelle robe verte.
6. Ce sont des hommes politiques corrompus.
7. Je ne peux pas m'asseoir sur cette chaise longue cassée.
8. Les grands arbres malades sont au fond du jardin.
9. C'est l'histoire des trois petits cochons.
10. Cela se passera dans les vingt prochaines années.
11. C'est un établissement scolaire réputé.

ACTIVITÉ 76 Le participe présent

A. 1. *Marchant lentement, nous lui disons de se dépêcher*.
   2. Marie, étant encore une enfant, va se coucher tôt.
   3. Agissant à la légère, elle est surprise par les conséquences.
   4. Un chasseur sachant chasser sans son chien est un bon chasseur.

B. 1. *J'ai eu un accident parce que je ne regardais pas la route*.
   2. Les touristes se perdent parce qu'ils prennent une mauvaise direction.
   3. Les étudiants qui comprennent le français sont cordialement invités à cette conférence.

4. Martine a eu peur parce qu'elle a vu arriver une foule de personnes.
5. Camille qui débordait d'énergie sautait de joie.
6. Il ne sera plus libre le samedi matin parce qu'il fera du tennis l'année prochaine.

ACTIVITÉ 78 Les phobies

La peur du vide ↔ *L'acrophobie*
La peur des araignées ↔ L'arachnophobie
La peur des lieux publics ↔ L'agoraphobie
La peur des lieux fermés ↔ La claustrophobie
La peur des animaux ↔ La zoophobie
La peur des étrangers ↔ La xénophobie

ACTIVITÉ 79 La négation

1. « La Guerre de Troie *n'*aura *pas* lieu, Cassandre ! »
2. Non, je **ne** fais **plus** de piano. J'ai arrêté.
3. Non, je **ne** suis **pas encore** allé en Asie. Mais j'aimerais beaucoup !
4. Non, je **ne** vais **nulle part**. Je reste chez moi.
5. Non, je **n'**ai **plus** ma voiture. Je l'ai vendue.
6. Non merci, je **ne** prendrai **rien**. J'ai déjà mangé.
7. Non, je **n'**ai **pas encore** fait les courses. Je vais les faire tout à l'heure.
8. Non, ça va. Je **n'**ai **aucun** souci.
9. Non merci, je **ne** bois **pas/jamais** d'alcool.
10. Non, je **ne** connais **personne** dans cette assemblée.
11. Non, je **n'**ai **rien** entendu. Vous pouvez répéter ?

ACTIVITÉ 80 La guerre

Jean Giraudoux avait raison. Moins de quatre ans après la première représentation de *La Guerre de Troie n'aura pas lieu*, la Seconde guerre mondiale *éclate*, le 1er septembre 1939. L'armée allemande lance une **offensive** sur la Belgique puis **attaque** la France. Les **soldats** français **battent** en retraite devant la poussée allemande. Après cette **défaite** le gouvernement français **capitule** et l'armée allemande **occupe** une partie du territoire français. Le général de Gaulle s'exile à Londres et organise la résistance face à l'**ennemi**. Le 18 juin 1940, il lance un appel aux Français : « La France a perdu une **bataille** mais n'a pas perdu la guerre ! » La Grande-Bretagne est alors la seule force **militaire** à pouvoir agir, et les avions allemands **bombardent** Londres sans **relâche**. En 1942, l'armée allemande **envahit** le territoire français non occupé. Mais, à partir du moment où l'Union Soviétique **rejoint** les Alliés (1941) et où les États-Unis **entrent** en guerre (1944), la **victoire** est pratiquement assurée. L'**armistice** est finalement signé en mai 1945. L'Allemagne nazie est **vaincue**.

ACTIVITÉ 81 L'expression de l'opposition

[Les phrases ci-dessous sont seulement des propositions.]

1. Il habite en ville alors que je *suis à la campagne*.
2. Il viendra bien qu'*il soit malade*
3. Je voudrais bien venir avec vous mais *je dois aller à mon travail*.
4. Nous nous amusons beaucoup même si *nous ne sommes pas nombreux*.
5. Elle est toujours de bonne humeur, malgré *ses soucis*.

ACTIVITÉ 82 Les verbes de parole

1. *déclare* 2. déclame 3. chuchote 4. clamait 5. a murmuré 6. claironne 7. a hurlé 8. criait 9. a proclamé

ACTIVITÉ 83 Au téléphone

Ne quittez pas.
↔ Attendez un petit instant.

Je te passe Edmée.
↔ Un instant, je vais la chercher.

Je suis tombée sur Paulette.
↔ C'est elle qui a répondu.

Tu as reçu un coup de fil d'Antoine.
↔ Il t'a téléphoné.

Ça ne répond pas.
↔ Il n'y a personne.

Il a laissé un message.
↔ Il a eu le répondeur.

On se rappelle plus tard.
↔ On se téléphone bientôt.

Le réseau est momentanément interrompu.
↔ Je ne peux pas appeler, ça ne marche pas.

Ça sonne occupé.
↔ Elle est déjà en ligne.

Il s'est trompé de numéro de téléphone.
↔ Il a fait un faux numéro.

C'est de la part de qui ?
↔ Qui la demande ?

Pouvez-vous m'épeler votre nom ?
↔ Comment s'écrit votre nom ?

ACTIVITÉ 84 Les expressions avec le mot *fil*

1. ***bout*** 2. suivre 3. perdu 4. temps 5. mince 6. eau 7. tient 8. beurre 9. blanc 10. retordre 11. épée

ACTIVITÉ 85 La mode

1. fait/***à la mode*** 2. mise 3. enfile 4. enlève 5. couturier/haute-couture/prêt-à-porter 6. mannequins/défileront 7. démodé 8. habillée/porte 9. mets 10. dos 11. vogue

ACTIVITÉ 86 Le but

[Les phrases ci-dessous sont seulement des propositions.]

1. Prends ton porte-monnaie pour que *nous puissions faire des courses.*
2. Il va se coucher tôt afin d'*être en forme demain.*
3. Qu'est-ce qu'on attend pour *faire la fête ?*
4. Elles étaient arrivées en avance afin de *revoir son discours.*
5. Je m'occupe bien du jardin afin que *les plantes poussent.*
6. Jacques a un potager pour *consommer des légumes frais.*
7. Martine accueille ses petits-enfants pour que *sa fille puisse travailler.*
8. Nous téléphonons à nos amis afin qu'*ils sachent qu'il y a des embouteillages sur la route.*
9. Mets de la crème solaire pour *ne pas attraper un coup de soleil.*
10. Je te laisse mon parapluie afin que *tu ne sois pas trempé.*

ACTIVITÉ 87 La police

1. ***alibi/mobile*** 2. mains/arrestation 3. Avouez/aveux 4. témoin 5. condamné/ferme/complice/sursis 6. défend/coupable 7. assassiné/homicide 8. suspect/garde à vue 9. preuve/inculper 10. indices/crime

ACTIVITÉ 88 L'expression de la cause

1. ***Puisque*** 2. Puisque 3. parce que 4. Étant donné que 5. Comme 6. parce que 7. Comme 8. Étant donné que 9. Puisque 10. car 11. puisque

ACTIVITÉ 89 *ce qui/ce que/ce dont*

1. *ce que* 2. ce dont 3. ce qui 4. ce qui 5. ce dont 6. Ce que 7. ce qui 8. Ce qui 9. ce que 10. ce que 11. ce que

ACTIVITÉ 90 Les pronoms personnels doubles

1. Je vais *vous en* acheter mille au cours de Paris.
2. Oui, je lui **en ai** offert.
3. Non, je ne **lui en** donnais pas.
4. Oui, j'aime **m'en** mettre.
5. Non, je ne **la lui** prêterai pas.
6. Oui, je **leur en** écrirai **une**.
7. Non, je ne vais pas **les y** acheter.
8. Oui, il **la leur** a vendue.
9. Non, il **me les** a toutes données.
10. Oui, je peux **vous en** laisser un peu.
11. Non, elle ne **lui en** a pas proposé.

ACTIVITÉ 91 L'expression du souhait

[Les phrases ci-dessous sont seulement des propositions.]

1. Pourvu qu'*il fasse beau demain !*
2. Il aimerait que *nous venions dîner chez lui demain soir.*
3. Il voudrait que *ses enfants aient une bonne situation.*
4. Il souhaite que *la vie sourie à ses petits-enfants.*
5. Il désire que *nous passions prendre l'apéritif.*
6. Il a envie que *ses amis viennent le voir à Paris.*
7. Il préférerait que *vous passiez le prendre en voiture.*
8. Il espère que *les magasins seront encore ouverts !*

ACTIVITÉ 92 Les pronoms indéfinis *l'un* et *l'autre*

1. L'une *après* l'autre 2. les uns **sur** les autres 3. l'un **contre** l'autre 4. l'une **en face de** l'autre 5. les uns **à côté des** autres 6. les uns **chez** les autres 7. les uns **derrière** les autres 8. l'un **pour** l'autre 9. L'un **dans** l'autre 10. les uns **aux** autres 11. les uns **des** autres

ACTIVITÉ 93 Les pronoms relatifs *qui, que, dont* et *où*

1. qui 2. dont 3. où 4. que 5. que 6. où 7. qui 8. dont 9. qui 10. que 11. où 12. que 13. dont 14. dont 15. que 16. que 17. qui 18. où 19. dont

ACTIVITÉ 95 Les pronoms personnels *en* et *y*

1. Il **y** vit depuis vingt ans.
2. Non, il n'**y** pense pas pour le moment.
3. Non, il n'**en** a pas.
4. Oui, nous **en** avons bien ri !
5. Non, je n'**en** suis pas surpris.
6. Il **y** arrivera dans trois heures.
7. Oui, il **en** est sorti il y a un quart d'heure.
8. Oui j'**en** prendrai volontiers.
9. Oui, il s'**y** est bien préparé.

ACTIVITÉ 96 Recevoir la visite de quelqu'un

Le mois dernier, j'ai *invité* mon ami Emilio à venir me voir à Paris. Il était **enchanté**. Il est **resté** quatre jours. Je suis **allée** le chercher à l'aéroport d'Orly. Une fois chez moi, il s'est **installé** puis nous sommes sortis. Nous nous sommes promenés au bord de la Seine jusqu'à Notre-Dame. Là, je lui ai **montré** le point zéro et il a **pris** une photo. Puis nous avons traversé la Seine et avons **visité** le Marais. Le lendemain, nous sommes allés à Blois : il avait déjà **vu** Versailles la dernière fois qu'il m'avait **rendu** visite, et cela l'intéressait de comparer les deux châteaux puisque leur histoire est liée. Nous y avons **passé** la journée. Le troisième jour, direction le Musée du Quai Branly ! Il n'existait pas encore la dernière fois qu'il est **venu**. C'était passionnant ! Le dernier jour, il a **acheté** quelques souvenirs puis je l'ai **raccompagné** à Orly. C'était court !

ACTIVITÉ 98 Les cérémonies de la vie

1. *cérémonie/intimité* 2. assister 3. déclare/civil 4. riz 5. trente et un 6. enterrement 7. noces 8. félicitations 9. condoléances 10. vœux 11. part/décès/inhumation/cimetière

ACTIVITÉ 99 Les pronoms indéfinis

1. *Quelqu'un* 2. quelqu'un 3. Certains/d'autres 4. Chacun 5. Personne 6. plusieurs 7. chacun 8. quelqu'un 9. quelques-uns 10. On 11. certains 12. personne

ACTIVITÉ 100 Les sports

trampoline ↔ gymnastique
course automobile ↔ sport motorisé
badminton ↔ sport de raquette
course de chameaux ↔ sport avec des animaux
karaté ↔ art martial
vélo ↔ cyclisme
escrime ↔ sport de combat
golf ↔ sport de cible
canoë-kayak ↔ sport nautique
patinage artistique ↔ sport de glace
ski acrobatique ↔ sport de glisse
cerf-volant ↔ sport de plein air et de nature

ACTIVITÉ 101 Les régions françaises

L'Alsace ↔ Le siège du Conseil de l'Europe
L'Aquitaine ↔ Les grottes de Lascaux
L'Auvergne ↔ Le volcan du Puy-de-Dôme
La Bourgogne ↔ La moutarde de Dijon
La Bretagne ↔ Les menhirs de Carnac
Le Centre ↔ La cathédrale d'Orléans
La Champagne – Ardenne ↔ La cathédrale de Reims
La Corse ↔ Les chants polyphoniques
L'Ile-de-France ↔ La tour Eiffel
Le Limousin ↔ La porcelaine de Limoges
La Lorraine ↔ Jeanne d'Arc
La région Midi-Pyrénées ↔ Le peintre Toulouse-Lautrec
La Normandie ↔ Les falaises d'Étretat
Les Pays de la Loire ↔ Le château de Chambord
La Picardie ↔ La flamiche
La région Poitou-Charentes ↔ Le Futuroscope
La région Provence-Alpes-Côte d'Azur ↔ Le festival d'Avignon
La région Rhône-Alpes ↔ Le Mont-Blanc

ACTIVITÉ 102 La main

A. 1. pouce 2. index 3. majeur 4. annulaire 5. auriculaire

B. 1. manette 2. manucure 3. manuscrites 4. manipuler 5. manche 6. manuelles 7. manique

C. 1. Haut 2. tendu 3. armée 4. première 5. cœur 6. vides 7. coup

ACTIVITÉ 103 Les pronoms démonstratifs

1. *celle* 2. ceux 3. celles 4. celui 5. celle 6. ceux 7. celles 8. celui

ACTIVITÉ 104 Le temps qui passe

1. met 2. mettrais 3. passions 4. preniez 5. prenez 6. perds 7. avons 8. avoir 9. passe

ACTIVITÉ 105 La négation

1. Non, je n'ai rien vu que je voudrais acheter.
2. Non, personne ne m'a demandé ce que je souhaitais.
3. Non, aucun traité n'a été signé entre ces deux pays.
4. Non, personne n'est absent.
5. Non merci, je ne veux rien.
6. Non, je n'en ai mangé aucun.
7. Non, je n'ai besoin de personne pour m'aider.

ACTIVITÉ 106 Les préfixes négatifs *il-*, *im-*, *in-*, *ir-*

1. illimitées 2. irremplaçable 3. immangeables 4. incertain 5. impatient 6. irrespirable 7. imbuvable

ACTIVITÉ 107 Le but négatif

1. On parlait à voix basse pour *ne pas le déranger*.
2. J'ai arrosé les fleurs de crainte qu'*elles (ne) se fanent*.
3. Ils se sont couverts afin de *ne pas prendre froid*.
4. J'ai dit aux enfants de ne pas toucher à la cuisinière pour qu'*ils ne se blessent pas*.
5. Ils se dépêchent de peur d'*arriver en retard*.
6. Elles chuchotent afin qu'*on ne les entende pas*.
7. Elle a prévenu son mari de son retard de crainte qu'*il (ne) soit inquiet*.

8. Les actrices portent souvent des lunettes noires de crainte d'*être reconnues*.
9. Il a bien rangé ses papiers dans son sac pour *ne pas les perdre*.

ACTIVITÉ 108 La comparaison avec *comme si*

[Les phrases ci-dessous sont seulement des propositions.]

1. Ne fais pas comme si *tu n'étais pas au courant*.
2. Ils agissent comme s'*ils avaient tous les droits !*
3. Tu verras, elle s'habillera comme si *elle allait à un bal !*
4. Il a parlé d'un ton sec comme si *on était à son service*.
5. La maison sera décorée comme si *c'était Noël*.
6. Ils ont entendu des bruits de pas comme si *quelqu'un entrait dans la maison*.
7. Il a fait une drôle de tête comme s'*il n'était pas content*.

ACTIVITÉ 109 La négation

1. Je n'ai acheté ni oranges ni pommes.
2. Ni Pascal ni Sébastien ne viendront.
3. Vous ne pouvez pas prendre de décision sans avoir examiné le dossier.
4. Je ne veux ni hurlements ni éclats de rire. Je veux le silence !
5. Je n'aime ni le vent ni la pluie.
6. Il ne faut pas partir sans payer.

ACTIVITÉ 110 L'expression du temps

1. Vous viendrez me voir dès que je serai rentré.
2. Qu'allez-vous faire pendant que vous serez en vacances ?
3. Guillaume travaille depuis l'abandon de ses études.
4. Je viendrai avant que la nuit (ne) soit tombée.
5. Je quitterai la France dès la fin du cours.
6. Je l'aime depuis que je l'ai rencontré pour la première fois.
7. Jeanne ne téléphone jamais pendant le travail.

ACTIVITÉ 111 La mise en valeur

1. **Ce qui** me fait peur, c'est quand les enfants traversent la rue sans regarder à droite et à gauche.
2. C'est à la montagne **que** je vais, pas à la mer !

3. **Ce qui** me plaît dans ce tableau, c'est la richesse des couleurs.

4. **Ce que** tu as préparé, c'est une quiche lorraine ?

5. **Ce dont** j'ai envie maintenant, c'est une glace !

6. C'est à Zürich **qu'**il est parti, pas à Berne.

7. **Ce que** je ne sais pas, c'est comment aller à l'école à pied.

8. **Ce qui** est évident, c'est qu'il n'est pas fait pour ce métier !

9. **Ce dont** je suis responsable, c'est de ne pas lui avoir dit la vérité plus tôt.

ACTIVITÉ 112 Oublier/Se souvenir

Je ne me rappelle pas	↔ avoir connu une peur semblable.
	↔ que tu n'aimes pas le poisson.
	↔ ça.
	↔ mes vieux copains de fac.
	↔ que je dois aller te chercher à midi.
Tu te souviens	↔ d'avoir connu une peur semblable.
	↔ de lui ?
	↔ que nous avons rendez-vous lundi ?
	↔ de ça.
	↔ que je dois aller te chercher à midi.
	↔ de son nom ?
Tu penses	↔ avoir connu une peur semblable.
	↔ à lui ?
	↔ à ça.
	↔ à acheter du pain.
	↔ à annuler ton cours de tennis ?
N'oublie pas	↔ que tu n'aimes pas le poisson.
	↔ ça.
	↔ que je dois aller te chercher à midi.
	↔ d'acheter du pain.

ACTIVITÉ 113 L'eau dans la Nature

1. ***rivière*** 2. mer 3. chutes 4. torrents 5. fleuves/océan 6. ruisseaux 7. cascades 8. étang 9. lac 10. mare

ACTIVITÉ 114 L'enfance

« Quand j'étais petite, ma mère ne travaillait pas, et elle était toujours là pour nous. Elle nous **consolait** quand on avait fait un cauchemar ou nous faisait un **câlin** quand on était triste. Le soir, elle nous **racontait** une histoire puis nous **bordait** dans notre lit. Mais, quand elle ***berçait*** mon petit frère, j'étais un peu jalouse ! Elle organisait toujours une **fête** pour nos anniversaires et préparait des **gâteaux**. C'est aussi elle qui s'occupait d'acheter des **jouets** pour tous les enfants à Noël. En revanche, elle ne nous **conduisait** pas à l'école ; ça, c'était Papa qui le faisait en partant au travail. Elle nous **grondait** quand on grimpait aux arbres ! Il faut dire qu'avec mes amis, on a fait pas mal de **bêtises**, comme tous les enfants ! Malheureusement, ma mère est morte d'un cancer quand j'avais vingt ans. Elle me manque beaucoup. »

ACTIVITÉ 115 L'expression de la conséquence

[Les phrases ci-dessous sont seulement des propositions.]

1. Il a tellement bu qu'*il a mal à la tête*.
2. Ce film était si émouvant que *j'ai pleuré*.
3. Ils ont aimé ce plat de sorte qu'*ils vont demander la recette à leurs amis*.
4. Il pleuvait. Par conséquent, *nous sommes restés à la maison*.
5. Il y avait tellement de monde qu'*on ne pouvait rien voir*.
6. Ils ont tant marché qu'*ils sont épuisés*.
7. Ça sonnait occupé si bien que *j'ai rappelé deux heures plus tard*.
8. Il avait tant d'amis qu'*il était toujours invité à droite et à gauche*.

ACTIVITÉ 116 La voix passive

1. Cet acteur est connu de tous.
2. La gazelle était dévorée par le lion.
3. Le jardin sera arrosé ce soir.
4. Le Président de la République est élu par les Français.
5. Ce château est entouré d'arbres.
6. Tous les ans, à Madrid, le Don Quichotte est lu en public pendant la nuit anniversaire de la mort de Cervantès.
7. De la pluie est annoncée pour les prochains jours.
8. Plusieurs concertos ont été composés par Mendelssohn entre 1822 et 1844.

ACTIVITÉ 117 Le bruit/Le silence

1. *Le ronflement* 2. Le brouhaha 3. Le bruitage 4. La détonation 5. Le gazouillement 6. La rumeur 7. Les parasites 8. mort 9. L'omerta 10. Chut ! 11. muette 12. Le soupir

ACTIVITÉ 118 Les instruments de musique

1. *cornemuse* 2. guitare 3. violon 4. piano 5. accordéon 6. flûte 7. trompette 8. batterie 9. harpe 10. voix 11. orgue

ACTIVITÉ 119 Décrire le caractère ou la personnalité de quelqu'un

1. *généreux/généreuse*
2. de patience
3. de froid
4. d'une sincère amabilité/vraiment aimables
5. de l'audace/beaucoup d'audace/l'air audacieux
6. gentilles comme tout/vraiment gentilles
7. de courage
8. d'une autorité incroyable !/ très autoritaire !
9. un mauvais caractère/mauvais caractère
10. de bonne humeur
11. soucieuse
12. est dépourvu de qualités/est dénué de qualités/manque de qualités

ACTIVITÉ 120 Expressions idiomatiques avec les animaux

1. *girafe* 2. pie 3. loup 4. agneau 5. ours 6. colombe 7. chouette 8. éléphant 9. cheval 10. singe 11. zèbre 12. crocodile 13. vache 14. paon 15. mouche 16. chat 17. chien 18. cochon 19. bœuf 20. coq/âne 21. lapin

ACTIVITÉ 121 Les pronoms personnels COD et COI de personne

quelque chose	**quelqu'un**	**à quelqu'un**	**quelque chose à quelqu'un**
tenir	***gâter***	importer	reprocher
oublier	plaindre	plaire	renvoyer
admettre	conduire	manquer	annoncer
arriver			donner
chercher			enseigner
espérer			

1. ***Je l'admets***.
2. Oui, bien sûr que je **le leu**r ai annoncé.
3. Je n'arrive pas à **le** joindre au téléphone.
4. Je **les** cherche.
5. Il **la** conduira.
6. Non, je ne **la lui** ai pas encore donnée.
7. Le professeur **le leur** enseigne.
8. Nous **l'**espérons.
9. Son pays **lui** manque.
10. Elle **la** plaint.

ACTIVITÉ 123 L'expression de l'ordre

1. J'exige que tu accomplisses mon projet ! – Tu exiges que j'accomplisse ton projet !
2. Ils veulent que nous rappelions le plus tôt possible. – Nous voulons qu'ils rappellent le plus tôt possible.
3. Ils doivent arriver à 19 heures.
4. Il faut avoir au moins 18 ans pour voter.
5. Il faut que tu prennes une décision.
6. Ils nous interdisent de fumer dans cette salle.

ACTIVITÉ 124 La restriction

1. Il n'aimait que la confiture de cerises.
2. Nous n'attendions qu'un geste gentil de sa part.
3. Tu n'avais que 2 euros dans ta poche.
4. Elles ne pensaient qu'à leurs problèmes.

ACTIVITÉ 126 Le théâtre

A. 1. les coulisses 2. la générale 3. le metteur en scène 4. le trac 5. la représentation 6. l'entracte 7. les applaudissements 8. la scène

B. 1. Le dramaturge 2. le rideau 3. L'ouvreuse/le programme 4. Le vestiaire 5. Le machiniste 6. Un strapontin 7. une loge

ACTIVITÉ 127 Les adverbes irréguliers en *-ment*

1. ***suffisamment*** 2. récemment 3. violemment 4. poliment 5. méchamment 6. gentiment 7. prudemment 8. profondément 9. bruyamment 10. vraiment

ACTIVITÉ 128 Discours rapporté au passé

1. Le roi a dit ***qu'il ne voulait pas mourir***.
2. Marie a dit *que les rides s'accumulaient sur son front*.
3. Le médecin a dit *que le roi était si vite démodé*.
4. Le roi a dit *que les rois devraient être immortels*.
5. Marguerite a dit *qu'ils avaient une immortalité provisoire*.
6. Marguerite a dit *que le roi avait pris goût à l'autorité, et qu'il fallait qu'il se décide de force*.
7. Le roi a dit *qu'on l'avait trompé*.
8. Le roi a dit *que Marguerite l'avertissait trop tard*.
9. Le roi a ordonné *qu'on le sauve puisqu'il ne pouvait plus le faire lui-même*.
10. Marguerite a dit *que c'était ainsi qu'on s'entraînait*.
11. Marie a dit que *le roi vivait*.
12. Les spectateurs se disaient *que le roi mourrait à la fin de la pièce*.

ACTIVITÉ 129 Les étapes de la vie

un enfant	↔ un adulte
la jeunesse	↔ la vieillesse
mortel	↔ ***immortel***
la naissance	↔ la mort
naître	↔ mourir
un nouveau-né	↔ une personne âgée
vieillir	↔ rajeunir

ACTIVITÉ 130 *Vénus beauté (institut)*

1. ***une fleur*** 2. ***un vernis*** 3. un rouge à lèvres 4. des boucles d'oreilles 5. un bracelet 6. des chaussures 7. une bague/un anneau 8. un collier 9. des barrettes/des élastiques/des rubans 10. des larmes

ACTIVITÉ 131 La comparaison avec *comme*

1. ***vive/preste*** 2. indépendant 3. noble 4. jaloux 5. rapides 6. fidèle 7. rusée 8. voleuse 9. malin 10. doux 11. heureuse 12. sauvages 13. laid 14. myope 15. muet

ACTIVITÉ 132 Les faits divers

un meurtrier	un meurtre	tuer
un assassin	***un assassinat***	assassiner
un voleur	un vol	voler
un cambrioleur	un cambriolage	cambrioler
un agresseur	une agression	agresser
un escroc	une escroquerie	escroquer

ACTIVITÉ 133 La Justice

Thomas, 17 ans, a volé un scooter. Arrêté quelques heures plus tard, il est conduit au **poste** de police. Les policiers téléphonent immédiatement au **procureur** de la République et aux parents de Thomas. En fin de journée, après avoir été **interrogé**, Thomas est raccompagné chez ses parents, muni d'une **convocation** pour se présenter devant le **juge** des enfants. L'**audience** essaye de comprendre ce qui a poussé Thomas à **commettre** ce vol qui est un **délit** passible de trois ans de prison et de 45000 euros d'**amende**. Comme Thomas est mineur, il n'est pas envoyé devant le **tribunal** et la **peine** maximale est réduite. Il est **condamné** à des travaux d'**intérêt général** et la **condamnation** pour vol simple figurera dans son ***casier*** judiciaire jusqu'à sa majorité.

ACTIVITÉ 134 Construction du verbe *se sentir*

1. ***rejetée*** 2. mieux 3. fiévreuse 4. mal 5. bizarre 6. inutile 7. bien 8. coupable 9. courage 10. aimé 11. force

ACTIVITÉ 135 Les adverbes réguliers en *-ment*

1. ***solennellement*** 2. généralement 3. Actuellement 4. certainement 5. chèrement 6. gravement 7. nettement 8. justement 9. froidement 10. Vivement 11. faussement 12. quotidiennement

ACTIVITÉ 136 Les pronoms relatifs composés

C'est une femme sur laquelle je peux compter.

C'est la femme à laquelle j'ai prêté un livre.

C'est une femme en laquelle nous avons confiance.

C'est la femme devant laquelle tu es assise.

Voici le cahier sur lequel j'écris beaucoup de choses.

Voici le cahier sous lequel sont cachées mes clés.

Voici un cahier à la fin duquel il y a des adresses.

Voici le cahier à côté duquel est posé mon livre de grammaire.

Voici un cahier dans lequel il y a des exercices.

ACTIVITÉ 137 Le feu

A. 1. *flammèches/lécher/chenets/bûche.* 2. incendies/se propage/brûle/soldats 3. coin/crépiter/briller 4. braises 5. cendres

B. *Je n'ai absolument rien vu quand le magicien a fait réapparaître l'as de pique.*
↔ Je n'y ai vu que du feu !

Ce stylo n'a vraiment pas duré longtemps !
↔ Il n'a pas fait long feu.

Il meurt lentement et cruellement.
↔ Il meurt à petit feu.

Lucky Luke a tiré deux fois avec son revolver.
↔ Il a tiré deux coups de feu.

Elle est enthousiaste !
↔ Elle est tout feu tout flamme !

J'en suis sûre !
↔ J'en mettrais ma main au feu !

Les soldats ont brûlé les maisons et tué tous les villageois.
↔ Ils ont mis le pays à feu et à sang.

Rien ne presse, on a le temps !
↔ Il n'y a pas le feu !

ACTIVITÉ 138 Les expressions avec *tel*

1. *tel* 2. rien de tel 3. Telle 4. tel que 5. tels 6. tel quel 7. à tel point 8. Tel/tel
9. telles que 10. telles quelles 11. tels/telles

ACTIVITÉ 139 Les expressions avec *terre*

1. **Ø** 2. par 3. à 4. sous 5. cuite 6. ferme 7. sur 8. et 9. sur 10. en 11. sur

ACTIVITÉ 140 Conjugaison des verbes pronominaux

1. ***s'éveille*** 2. se croient 3. te promènerais 4. nous sommes ennuyé 5. se lèvent 6. vous fiiez 7. m'en irais 8. se sont inscrites 9. s'agira 10. vous prenez 11. t'y connais

ACTIVITÉ 141 Les spectacles

1. ***striptease*** 2. théâtre 3. marionnettes 4. cirque 5. solo 6. concert 7. comédie musicale 8. ballet 9. jongleur 10. prestidigitateur 11. funambule

ACTIVITÉ 142 *Faire* + infinitif

[Les phrases ci-dessous sont seulement des propositions.]

1. Il a *fait brûler* du bois dans la cheminée.
2. Il a *fait entrer* ses amis.
3. Il a *fait suivre* un suspect.
4. Il a *fait traduire* ce document en français
5. Il a *fait venir* les pompiers.

ACTIVITÉ 143 Expressions avec le mot *coup*

1. ***heures*** 2. foudre 3. fourchette 4. tête 5. premier 6. tenez 7. sûr 8. État 9. dur 10. main 11. après 12. soleil

ACTIVITÉ 145 L'indéfini *Tout*

1. ***toutes*** 2. tout 3. toutes 4. tous/tout 5. tout 6. tout 7. tous 8. tout 9. tout 10. tout 11. toute 12. toutes 13. toutes 14. tout

ACTIVITÉ 146 Les dieux et leur symbole

Apollon ↔ La lumière

Bacchus ↔ Le vin

Cupidon ↔ L'amour

Eole ↔ Le vent

Hermès ↔ Le message
Junon ↔ La maternité
Mars ↔ La guerre
Neptune ↔ La mer
Vénus ↔ La beauté
Zeus ↔ La toute-puissance

ACTIVITÉ 147 La conjugaison

1. faites 2. J'ai appris 3. doives 4. reçois 5. buvait 6. réduisions 7. croyez 8. cueillerai 9. dise 10. écrivent 11. as lu 12. promets 13. Éteignez 14. sors 15. convient 16. vaut 17. ont vécu 18. veulent 19. j'aille 20. courra

ACTIVITÉ 149 L'expression de la cause

1. Dijon est réputée *pour son excellente moutarde.*
2. Elle a réussi ses examens *grâce à son travail.*
3. Il est triste *à cause de ta méchanceté envers lui.*
4. Nous avons passé un très bon séjour *grâce à une bonne organisation.*
5. Le service est perturbé *en raison d'une grève des transports.*
6. Elle a renoncé à acheter un appartement *en raison de l'augmentation des prix.*
7. Il gémissait *de douleur.*
8. Ils n'ont pas pu skier toute la semaine *à cause du mauvais temps.*
9. Je te remercie *pour ton aide.*

ACTIVITÉ 150 *Connaître/Savoir*

1. sait 2. connaissais 3. sauras 4. avons su 5. connaissez 6. savais 7. connaîtras 8. J'ai connu

ACTIVITÉ 151 L'expression de la condition

[Les phrases ci-dessous sont seulement des propositions.]
1. Et si le blé me *file* du bonheur, /je me *ferai* peut-être agriculteur.
2. Si la chance me sourit, je *partirai en vacances au bout du monde.*
3. S'*il fait beau*, on ira se promener au bord de la Seine.
4. S'ils gagnent au loto, ils *achèteront une grande maison en banlieue.*
5. Si *tu ne te dépêches pas*, tu arriveras en retard.

6. Si tout va bien, nous *serons chez vous dans un quart d'heure.*
7. S'*ils partent au Brésil*, ils nous enverront une carte.
8. Si vous le désirez, vous *pouvez vous asseoir.*
9. S'*il y a des embouteillages*, elle viendra en métro.
10. Si elles viennent à Paris, elles *nous appelleront.*
11. Si *je suis trop souvent absent*, j'aurai des problèmes avec mon directeur !

ACTIVITÉ 152 L'environnement

1. ***cyclables*** 2. pollué 3. Le recyclage 4. trier 5. usagé 6. nocive 7. aménager 8. polluantes 9. L'essence 10. la couche 11. réchauffement

ACTIVITÉ 153 Les congés payés en France

1. 1936 2. 10 jours 3. Léon Blum 4. À la mer 5. 25 jours 6. Le Ministère du Tourisme

ACTIVITÉ 154 Les prépositions *par* et *pour*

1. ***par*** 2. par 3. pour 4. par 5. pour 6. pour 7. par 8. pour 9. par 10. pour 11. par

ACTIVITÉ 156 L'art

Art	**Artiste**	**Verbe**	**Objet d'art**
la peinture	le peintre	peindre	un tableau
la sculpture	le sculpteur	sculpter	une statue
l'architecture	l'architecte	construire	un bâtiment
la danse	le danseur	danser	un ballet
la photographie	le photographe	photographier, prendre en photo	une photo
la musique	le musicien	jouer d'un instrument	une sonate
la littérature	l'écrivain, le poète	écrire	un livre
le cinéma	le réalisateur l'acteur	diriger, interpreter un personnage	un film
la bande dessinée	le dessinateur	dessiner	une BD

ACTIVITÉ 157 Quelques Françaises célèbres

Jeanne d'Arc
↔ Elle a participé à la Guerre de Cent Ans (1412-1431).

Simone de Beauvoir
↔ Elle a mené un combat pour la condition féminine (1908-1986).

Gabrielle Chanel
↔ Elle a créé le premier tailleur pantalon pour femme (1883-1971).

Camille Claudel
↔ Elle a sculpté *La Valse* en hommage à son ami Claude Debussy (1864-1943).

Marie Curie
↔ Elle a été la première femme scientifique à obtenir le Prix Nobel (1867-1934).

Catherine de Médicis
↔ Longtemps poursuivie par une légende noire, elle est aujourd'hui considérée comme l'une des plus grandes reines de France (1519-1589).

Berthe Morisot
↔ ***Elle a peint* Le Déjeuner sur l'herbe *(1841-1895).***

George Sand
↔ Son vrai nom est Aurore Dupin (1804-1876).

La comtesse de Ségur
↔ Elle est célèbre pour ses livres écrits pour les enfants (1799-1874).

Simone Veil
↔ En 1975, elle a fait voter la loi sur l'avortement (née en 1927).

Marguerite Yourcenar
↔ En 1980, elle a été la première femme élue à l'Académie française* (1903-1987).

ACTIVITÉ 158 L'hypothèse

1. ***serait*** 2. faisait 3. pourrais 4. aurait attrapé 5. ne serait pas venu 6. avais
7. avais prévenus 8. ne serait pas tombé 9. apprenait 10. saurait 11. réussissais

ACTIVITÉ 159 Les principales formes de gouvernement

Formes de gouvernement	Ceux qui la pratiquent	Personnes célèbres
L'anarchisme	un anarchiste	Bakounine
Le despotisme éclairé	un despote éclairé	Frédéric de Prusse
La dictature	un dictateur	Hitler
La monarchie	un monarque	Louis XIV
La république	un républicain	Pompidou
La tyrannie	***un tyran***	***Caligula***

ACTIVITÉ 160 Les niveaux de langue

A. 1. « Il était infoutu de faire autre chose »

2. « pour l'évasion on était refaits. »

3. « les yeux tout riboulés »

4. « On en est restés comme deux ronds ! »

5. pisser

6. « elles nous retombaient en pleine poire ! »

7. « ce salaud se payait notre fiole »

8. « qu'on était [...] des moins que rien »

9. rigoler/se bidonner

10. crever

B. *« benêt tu **ne** peux pas savoir comment »*

*« Et tout à coup, tu **ne** sais pas, il nous a fait une grimace ! »*
*« On **ne** pouvait pas s'empêcher »*
*« Jamais je **n'**ai tant ri »*
Le ***ne*** disparaît.

ACTIVITÉ 161 Le cirque

L'acrobate
↔ Il fait des mouvements difficiles à réaliser, par exemple des saltos.

Le clown
↔ Il lui arrive toujours des malheurs et cela fait rire les enfants.

Le dompteur
↔ Il met sa tête dans la gueule d'animaux sauvages.

L'écuyer
↔ Il évolue dans les airs sur le dos d'un cheval au galop.

Le fakir
↔ Il avale des sabres, dort sur un matelas de clous ou crache du feu.

Le funambule
↔ Il marche et danse sur un fil.

Le jongleur
↔ Il manie des quilles et dessine avec elles des figures dans les airs.

Le magicien
↔ Il fait apparaître et disparaître des objets.

Monsieur Loyal
↔ Il présente et annonce les numéros des artistes du cirque.

Le trapéziste
↔ Il vole dans les airs.

Le ventriloque
↔ Il parle avec une autre partie de son corps que sa bouche.

ACTIVITÉ 162 L'exclusion sociale

Le père d'Hermine et des autres enfants ***se méfie*** du violoniste parce qu'il est étranger. Cette exclusion sociale est malheureusement présente dans toutes les **sociétés**, qu'elles soient démocratiques ou non. Le **racisme** est une forme répandue d'exclusion mais aussi le **sexisme** ou l'**homophobie**. Par exemple, certains travailleurs immigrés ont du mal à **s'insérer** dans leur société d'accueil. En effet, ils sont souvent victimes de **discrimination** raciale, religieuse ou culturelle. Parfois, ils sont aussi **exploités** sur le marché du travail même si beaucoup d'**associations** luttent pour défendre leurs droits. Une autre catégorie de personnes est aussi exclue : ce sont les **chômeurs** et les **SDF**. Ils sont **stigmatisés** par une certaine partie de la population. Mais de nombreux organismes humanitaires combattent pour obtenir un monde plus **solidaire**, comme, en France, la Fondation Abbé Pierre.

ACTIVITÉ 163 Le gérondif

A. 1. J'ai rencontré mon voisin *en même temps que je sortais les poubelles.*
2. Il a abîmé son nouveau T-shirt *parce qu'il l'a lavé à une température trop élevée.*
3. *Si vous achetez ce produit aujourd'hui*, vous ferez une économie de 30 % !
4. N'oubliez pas d'éteindre la lumière *quand vous quitterez la maison* !

B. 1. *En gagnant plus d'argent*, seriez-vous plus heureux ?
2. Il a maigri *en faisant un régime sévère.*
3. Fumez-vous une cigarette *en prenant votre café* ?
4. Il a ralenti *en voyant l'agent de police.*

ACTIVITÉ 164 Les insectes

1. ***Les bêtes à bon Dieu, les scarabées, les libellules, les papillons*** 2. la fourmi 3. l'abeille/une ruche 4. le moustique 5. la mouche 6. la guêpe 7. l'araignée/une toile 8. la cigale 9. la puce 10. la coccinelle 11. la sauterelle

ACTIVITÉ 165 L'arbre

A. La branche. Le tronc. La feuille.

B. 1. La racine 2. Le feuillage 3. Le bourgeon

C. Il rendait la justice sous un chêne.
↔ Louis IX

Ils ont mangé le fruit du pommier.
↔ Adam et Eve

Il a dit : « L'homme est un roseau pensant. »
↔ Blaise Pascal

Il porte souvent une couronne de lauriers sur la tête.
↔ Jules César

Quand une colombe est arrivée avec une branche d'olivier, il a compris que le déluge était terminé.
↔ Noé

ANNEXES

Glossaire

Académie française Institution fondée en 1635 par le cardinal de Richelieu. Son rôle est de veiller sur la langue française, notamment avec la rédaction d'un dictionnaire, et de promouvoir la littérature en mettant en valeur certains ouvrages (Grand Prix de Littérature de l'Académie Française). De nos jours, elle est composée de 40 membres, élus par les Académiciens déjà en place. La première femme à y entrer a été Marguerite Yourcenar (élue en 1980), et le premier écrivain francophone a été le poète sénégalais Léopold Sédar Senghor (élu en 1983).

Bagne de Cayenne Ancienne prison de la Guyane française

Gestapo (Geheime Staatspolizei) Police secrète du régime nazi.

Gouvernement de Vichy Nom du gouvernement qui dirige la France pendant l'Occupation* nazie entre 1940 et 1944.

Guerre franco-prussienne Guerre qui dure du 19 juillet 1870 au 28 janvier 1871 et qui oppose la France à la Prusse.

Négritude Mouvement littéraire fondé dans les années 1930 par les poètes Léopold Sédar Senghor (Sénégal) et Aimé Césaire (Martinique). Ce mouvement a pour objectif de réhabiliter l'homme noir, humilié par l'esclavage mais aussi nié par la colonisation : « La négritude est la simple reconnaissance du fait d'être Noir, et l'acceptation de ce fait, de notre destin de Noir, de notre histoire et de notre culture » (Aimé Césaire en 1934).

Nouveau-Roman Mouvement littéraire des années 1950-1970 qui repousse les conventions du roman traditionnel.

Occupation L'armée nazie occupe la France entre mai 1940 et décembre 1944.

OuLiPo (Ouvroir de Littérature Potentielle) Association fondée en 1960 par l'écrivain Raymond Queneau et le mathématicien François Le Lionnais. Elle comprend des écrivains, des mathématiciens et des poètes qui expérimentent la langue : jeux de mots, poèmes pouvant se lire dans tous les sens, etc. L'exemple le plus révélateur de ce mouvement est le recueil de *Cent mille milliards de poèmes* (1961) de Raymond Queneau.

Parnasse Mouvement littéraire de la seconde moitié du XIXe siècle qui se présente comme une réaction aux excès du romantisme. Il prône notamment la retenue et refuse l'engagement politique et social. En revanche, il revalorise le travail de l'artiste, en opposition à l'inspiration défendue par les Romantiques.

Première Guerre mondiale (1914-1918) Conflit qui oppose au départ la France et l'Angleterre à l'Allemagne. La Russie et les États-Unis soutiendront par la suite la France et l'Angleterre.

Résistance Ensemble des mouvements et réseaux clandestins qui, entre l'Armistice de juin 1940 et la Libération du territoire français en 1944, ont poursuivi la lutte contre l'Occupation nazie mais aussi contre les forces collaborationnistes. Cette lutte consistait essentiellement en actes de renseignement, de sabotage ou d'actions militaires.

Révolution française Époque cruciale pour l'Histoire de France, comprise entre mai 1789 et novembre 1799, qui marque la fin de l'Ancien Régime (la monarchie), le passage à une monarchie constitutionnelle puis à une République. L'acte fondateur est l'abolition de l'absolutisme royal et des privilèges de l'aristocratie, la déclaration de l'égalité des citoyens devant la loi et la proclamation de la souveraineté de la Nation.

Révolution russe Comprend l'ensemble des événements de 1917 qui a bouleversé le régime politique en Russie.

Seconde Guerre mondiale (1939-1945) Conflit qui oppose au départ la France et l'Angleterre (les Alliés) à l'Allemagne nazie. L'Union soviétique, puis les États-Unis, rejoindront les Alliés.

Surréalisme Mouvement artistique qui propose de nouvelles techniques de création et d'expression, utilisant toutes les forces psychiques libérées du contrôle de la raison. Les surréalistes pratiquent par exemple l'écriture automatique – fait d'écrire des récits dictés pendant le sommeil forcé.

Troubadour Poète lyrique du Moyen Âge.

Index des activités pédagogiques

(le numéro de l'activité est entre parenthèses)

Niveau A2

NIVEAU **B1**

Civilisation

Expression écrite et/ou orale

Langue

Index des auteurs

(le numéro du texte est entre parenthèses)

Impression & brochage sepec - France
Numéro d'impression : 01662111202 - Dépôt légal : janvier 2012
Numéro d'édition : 004897-05